新时期图书馆服务效能研究

白晓燕 著

中国书籍出版社
China Book Press

图书在版编目 (CIP) 数据

新时期图书馆服务效能研究 / 白晓燕著 . -- 北京：中国书籍出版社 , 2022.8
ISBN 978-7-5068-9163-9

Ⅰ .①新… Ⅱ .①白… Ⅲ .①图书馆服务 – 研究
Ⅳ .① G252

中国版本图书馆 CIP 数据核字（2022）第 159099 号

新时期图书馆服务效能研究

白晓燕　著

丛书策划	谭　鹏　武　斌
责任编辑	马丽雅
责任印制	孙马飞　马　芝
封面设计	东方美迪
出版发行	中国书籍出版社
地　　址	北京市丰台区三路居路 97 号（邮编：100073）
电　　话	（010）52257143（总编室）　（010）52257140（发行部）
电子邮箱	eo@chinabp.com.cn
经　　销	全国新华书店
印　　厂	三河市德贤弘印务有限公司
开　　本	710 毫米 ×1000 毫米　1/16
字　　数	234 千字
印　　张	14.75
版　　次	2023 年 3 月第 1 版
印　　次	2023 年 9 月第 2 次印刷
书　　号	ISBN 978-7-5068-9163-9
定　　价	85.00 元

版权所有　翻印必究

目 录

第一章 绪 论 …………………………………………………… 1
  第一节 图书馆认识 ………………………………………… 2
  第二节 图书馆服务 ………………………………………… 7
  第三节 图书馆发挥服务效能的概况 ……………………… 22

第二章 图书馆服务的国内外借鉴 …………………………… 26
  第一节 国内图书馆服务案例 ……………………………… 26
  第二节 国外图书馆服务案例 ……………………………… 50
  第三节 图书馆服务经验借鉴 ……………………………… 64

第三章 图书馆读者服务 ……………………………………… 68
  第一节 读者服务概述 ……………………………………… 68
  第二节 图书馆读者服务工作 ……………………………… 72
  第三节 图书馆读者服务工作的创新 ……………………… 82
  第四节 网络背景下图书馆读者服务工作的转变与深化 … 87

第四章 图书馆信息服务 ……………………………………… 96
  第一节 信息服务概述 ……………………………………… 96
  第二节 图书馆信息服务概述 ……………………………… 99
  第三节 图书馆信息服务模式 ……………………………… 105
  第四节 信息检索服务 ……………………………………… 111
  第五节 大数据时代图书馆信息服务 ……………………… 118

第五章 图书馆社会化服务 …………………………………… 124
  第一节 社会化服务概述 …………………………………… 124
  第二节 图书馆社会化服务的模式 ………………………… 132

第三节　图书馆社会化服务的制约因素及服务实现………… 140
　　第四节　图书馆社会化服务发展新策略………………………… 147
第六章　图书馆智慧化服务……………………………………………… 152
　　第一节　智慧化的基础服务……………………………………… 152
　　第二节　智慧化学科服务………………………………………… 160
　　第三节　个性化创新服务………………………………………… 169
第七章　图书馆人才效能提升…………………………………………… 175
　　第一节　馆员的引进和培养机制………………………………… 175
　　第二节　营造专业人才成长氛围………………………………… 181
　　第三节　提升图书馆员自身能力………………………………… 191
　　第四节　专业交流拉动学术研究………………………………… 202
第八章　图书馆服务效能提升与评价…………………………………… 205
　　第一节　公共文化服务效能提升相关理论……………………… 205
　　第二节　图书馆服务效能提升的成功经验……………………… 208
　　第三节　图书馆发挥服务效能存在的问题……………………… 214
　　第四节　进一步提升图书馆服务效能的对策…………………… 217
　　第五节　大数据环境下公共图书馆服务效能评价研究………… 221
参考文献…………………………………………………………………… 225

第一章 绪 论

文化是一个人、一个民族乃至一个国家的精神支柱。在我国五千多年的历史发展长河中,中华民族创造出了许多博大精深、享誉世界的中华文化,它们为中华民族的振兴提供了强大精神力量,同时也为整个人类文明的进步作出了不可磨灭的贡献。进入新世纪,文化已成为一个国家综合国力的重要考量。国与国之间的竞争、人与人之间的交往,越来越表现为相互间文化的碰撞与交流,加强文化建设已经成为大势所趋。现在我国已经进入全面建设小康社会的新阶段,所以加快文化建设、丰富文化内容以及提升文化品位已不仅仅是社会中的小众要求,而是全社会所追求的必然趋势。[①] 图书馆作为社会公益性的文化服务机构必然是文化建设的一个重要组成部分,其收藏的文献资料具有种类齐全、覆盖面广、形式多样等特点,可以满足社会上不同人群对信息的不同需求。图书馆对个人文化素质的构建、社会文化事业的构建正起着日益重要的作用。

图书馆是信息交汇与信息共享的资源平台。上到传承千年的人文经典,下到当今社会各种瞬息万变的资讯以及各种学科高精尖的专业技术,在图书馆人们都可以获取和分享到所需的信息,这就是图书馆的功能价值。社会上每个人对共享社会的信息资源都有平等的机会,都有权利享受图书馆的服务。在这里,无论知识的载体形态如何千变万化,图书馆都可以作为一个储存与传播的平台,将无形的知识与文明传承。作为社会信息汇集共享的中心,图书馆自然而然地担负起引领社会文化走向,引导社会核心价值观念的责任。图书馆将这些精神财富继承下来并对其进行广泛的传播与应用,潜移默化地影响着国民的整体素质,为构

---

① 刘荻,陈长英,刘勤.现代图书馆资源管理与推广[M].北京:光明日报出版社,2017.

建和谐社会起着重要的作用。

随着社会发展,人们对文化知识越来越渴求,接受再次教育的期盼日益强烈。图书馆作为公共文化服务机构,具有很强的社会宣传教育功能。通过丰富的馆藏和各种媒介,在传播先进的思想、道德、科学技术和文化知识,帮助群众提高自身素质,促进全民学习等方面都发挥重要的作用。人们在这里学习不受时间、空间、年龄和文化层次的限制,深受广大群众的喜爱。社会主义文化事业的建设发展要求我们大力发展公益性文化事业,保障人民基本文化权益。满足人民基本文化需求是社会主义文化建设的基本任务。图书馆以其公益性、便利性和广泛性受到了广大人民群众的欢迎。图书馆通过基础设施的改善,阅读、文艺表演等各类活动的开展,丰富了人们日常生活,满足了人们对精神食粮的需要,让人们普遍均等地享有公共图书馆服务和阅读权益。这对文化事业推广、科学知识传播等方面的发展起到了积极促进作用。

第一节 图书馆认识

一、图书馆的概念

图书馆是我们生活中常见的基本设施。特别是在大城市和大学里,会有一些对外开放的图书馆与我们的生活息息相关。图书馆是整理和收集书籍和资料以供阅读和参考的组织。事实上,图书馆的历史可以追溯到公元前3000年,根据考古学家的发掘,我们知道世界上最古老的图书馆位于美索不达米亚——尼尼微图书馆。这是保存最完整的图书馆,也是迄今为止出土的古代文明中规模最大、最完整的图书馆。它比埃及著名的亚历山大图书馆(古代最大的图书馆)早400年,它没有像亚历山大图书馆那样被战争摧毁。图书馆这一说法19世纪后期从日本来到我国,长期以来在社会发展中发挥着重要作用,但时间在前进,社会在发展,科学技术突飞猛进,减少了传统图书馆的功能。高科技的介入产生了新的图书馆概念,电子图书馆和数字图书馆是其中的突出代表。电子图书馆不再是纸质书籍的集合,相反,它是一个为公共服务、以电子形式存储和检索文献信息的图书馆。

数字图书馆是最新的科学技术。简而言之,与任何新的社交活动一样,数字图书馆是具有各种媒体内容的数字资源。这让用户拥有方便、快捷、优质的信息服务机制。

数字图书馆不是实体图书馆。这种类型的图书馆对应于真实的社交活动。公共信息的管理和传播,往往表现为以图书馆资源组织模式为基础,利用计算机网络通信等高科技技术,对新的信息资源和传播服务进行多样化的组织,以获取人类知识为目标,使用创造性的知识分类和准确的数据检索方法来有效地组织数据,使人们可以不受限制地访问信息。

但是,图书馆的创新和发展应该主要是为读者提供服务。传统图书馆和现代图书馆的本质是一样的,两者之间的差距仅体现在时间和技术差异的程度上。

二、图书馆的作用

（一）图书馆的宏观作用

1. 保存人类文化遗产

图书馆的主要责任是保护文明。在人类发展过程中,保护人类的文化遗产,这也是创建图书馆的主要原因。通过图书馆的设施,可以系统地培养和传承人类社会实践中的经验、文化和知识。

2. 开展社会教育

教育的定义有狭义和广义之分。狭义的教育一般来说专指学校教育；广义的教育即社会教育,任何以传授文化知识,能够影响和改变人们的思想、意识和品德,增强人们体质的活动都可以归为广义教育。图书馆的教育即是一种社会教育。图书馆是一个重要的教研机构,因为有丰富的资源和先进的设备,在开展社会教育中具有举足轻重的地位。图书馆可以通过与教材出版机构和学校合作来进行教育教学数据库的建设,来给予正规教育有力的支持。图书馆逐步降低入馆门槛,甚至"零门槛"入馆,对社会各个阶层的用户通过信息的传递进行对应的教育,是人们终身学习的基地。同时通过开展各种形式的文化娱乐活动,潜移默化地对用户进行审美教育和素质教育,有力地促进人们的全面发展。

图书馆作为一种社会教育机构是具有悠久历史的。早在封建时代的皇家书院和藏书阁，便是拥有万卷藏书之所，也是封建王朝培养自己人才的地方。在近代的图书馆史上，更是拥有一批图书馆人与教育家，如梁启超、康有为、鲁迅、胡适等，他们既是教育家，同时又都曾是图书馆人。从老子到康有为、梁启超，并非是单纯的历史巧合，必然有其内在的依据。现代的图书馆更是被称为"没有围墙的学校"，是人们进行终身教育的最佳场所。

3. 传递科学信息

现代图书馆拥有很多的价值功能，包括传递科学、传播信息等。图书信息目录的齐备、完整与系统已成为图书馆参与学术投稿的必备条件。在如今这个信息社会，图书馆本身所具有的科学数据功能变得比以往越来越强大、有效。

4. 开发智力资源

图书馆内的图书资料、文化信息经过长期的收藏与积累已经演变成一种智力资源。图书馆的这些图书资料、文化信息被人们反复运用、加工和再加工，而这个过程便是对这种智力资源进行开发、延展的过程。图书馆为用户提供这些图书资料、文化信息，就是为了让后者的智力资源得到最大程度的开发。

5. 提供文化娱乐

图书馆是社会的文化基础设施，它是一个文化和教育机构。随着社会的进步，人们的生活水平越来越高，文化需求也越来越高。为了满足他们的需求，图书馆提供了文化和娱乐功能。

(二) 图书馆的微观作用

1. 文献收集

在图书馆工作中最基本的任务和功能之一是收集文件。图书馆员必须阐明收藏原则、馆藏范围、馆藏重点和图书馆选择标准，了解图书馆馆藏情况、文档类型和份数、各种馆藏的使用级别和使用寿命以及书籍和期刊的填补等。

2. 文献整理

文献整理是图书馆管理图书、提供更好服务的基础。文献整理包括文件分类标题、描述和列表的索引,文件分类不仅是收集目录和文件的基础,也使图书馆统计更容易。文档分类和标题索引是揭示文档内容的重要方式。而文档描述是以全面和详细的方式披露文档内容的格式和性质的主要手段,方便读者通过文献的不同特点来识别某些文献,并获得所需文献的一种途径。图书馆员整齐地组织图书馆目录中的项目以展示图书馆馆藏。图书馆目录是文档定位工具,是打开知识库的钥匙。

3. 文献典藏

文档收集在图书馆的微观功能中扮演着重要的角色,包括图书馆的划分、书籍设计、馆藏收藏和文件保护。文件保护是一项专门技术,包括装订、修复、防火、防潮、避光、防霉和防虫以及防止机械损坏。

4. 图书馆服务

图书馆服务是开发和利用图书馆资源的工作,包括读者开发(如发放借书证)、读者研究、文献流通与推广服务、馆藏报告、阅读咨询、参考咨询与文献检索、读者教育等。

三、图书馆的社会价值

图书馆是社会分工的重要组成部分。图书馆工作的社会价值在于对图书馆馆藏价值的认可。

(一)进行学习的重要场所

图书馆有很多文献和资料。涵盖古、今、中、外等学科,并有多种格式支持。图书馆是无穷无尽的知识宝库,随时随地为学习者提供良好的学习环境,这是图书馆所具有的基本公共服务。

图书馆承认和保护人们在履行基本阅读权时,以读者的需求为一切工作的出发点。在日益开放的时代,图书馆在弘扬文化方面的作用更为重要。通过利用文件数据的收集、隔离、开发和使用来传播政治、法律法规和科学事实,来探索、解释、改变、继承和传递积极的文化成果,并引导先进的文化方向,促进文化的传播。

(二)精神文明建设的重要阵地

在信息领域,图书馆一直扮演着重要的角色,担任重要的信息收集和信息文件交换中心。强大的图书馆的存在,使人类精神文明的发展有了可靠的保证,营造了良好的社会文化氛围。

(三)查询、管理信息的重要部门

图书馆在收集、处理和管理整个社会的文献和资源方面发挥着重要作用。这是一个非常重要的社会部门。信息技术和网络的飞速发展扩大了图书馆馆藏的范围,图书馆馆藏形式不断增加,个人印刷文献的馆藏逐渐增多。图书馆已成为收集电子出版物、多媒体等多种形式信息的完整信息系统。光盘数据库和网络信息图书馆负责创建信息资源,一方面,增加图书馆特有资源,实现馆藏数字化;另一方面,图书馆必须实施高效规范的网络数据管理,过滤恶意、虚假、垃圾信息,对信息进行分类汇总,并在网络上将结果返回给读者。

(四)为社会服务的公益机构

社会福利是图书馆的基本服务,从图书馆出现以来一直担任这个角色,这尤其体现在图书馆为读者提供的免费服务上。图书馆同样为读者服务,而且各级各类的图书馆制度都是确保社会所有成员平等享受图书馆服务。当知识出现时,每个人都可以共享,无需额外费用。尽管图书馆不是知识生产者,但是收集知识的方式没有改变,图书馆通过收集处理和保存知识,几乎可以在不增加任何成本的情况下教育任何人,不论是富人还是穷人、大学教授还是普通工人,各行各业的人们都可以平等地使用图书馆资源。

(五)体现人文关怀的场所

图书馆尽可能为社会所有成员提供服务。尽量消除弱势群体使用图书馆的麻烦。为社会各界人士提供人性化、便捷的服务。在社会发展过程中越来越多的人涌入城市,这使得社会元素个体差异巨大,对知识的渴求也更高,正确使用图书馆不仅会提高人们的素质,对于社会的稳定与和谐也很重要。

第一章 绪 论

第二节 图书馆服务

一、现代图书馆服务的理念与原则

(一)现代图书馆服务的理念

1. 人本原理

人文主义,顾名思义就是以人为本,图书馆以人为本的原则就是以人为本的管理。人本主义的原则是,如果一个领导者要实现一个既定的目标,所有的企业活动都必须以人为本。管理人员的需求必须放在首位,管理的本质是激励人们实现他们的业务目标。作为一种特殊的社会活动,管理需要人来支持任务的发展,因此管理过程中的领导者应该以人为中心,以多种方式进行行动驱动。因此,要信任人来管理,把人作为管理的主要目标和图书馆的主要资源。领导者要充分调动工作人员的积极性,必须在多方面坚持以下原则。

(1)能级原则。领导水平反映在个人技能上。这种能力不是由领导力决定的,而是取决于先天特征(如智力)、后天努力(如专业知识、技能和道德)和身体素质。

在图书馆管理系统中,不同的管理功能是不同的,图书馆管理层级原则是指管理者将管理系统划分为不同的层次,添加相关管理内容,根据管理职责自定义管理人员,建立一些标准和制度。随着图书馆服务用户需求的增加,为了能够有条不紊地开展图书馆管理活动,对于许多图书馆来说,发展适当的能力是优化图书馆管理的重要组成部分。图书馆管理的能级需要一个基于其能级的稳定的组织模式。相对稳定的组织模型通常代表人类的三角形。三角形是稳定的,图书馆管理三角有四个层次。最高层是图书馆的管理或决策层。第二个层次是图书馆的管理层次。第三个层次是图书馆的功能层次,主要是落实到管理员的指导。最低级别是操作级别。这意味着图书馆每个职位的运营官专门负责执行基本任务。

不同级别的图书馆管理有不同的权利和义务。在不同层次的管理过程中必须按照自己的权利和义务履行职责。现代图书馆管理要求将每个职位的员工保持在适当级别以上。但要注意各个岗位和层级员工之间的互动程度,因此,培训的组织方式必须让每个岗位的员工都参与进来。

（2）动力原则。一切的发展变化都需要动力,动力越快越强,变化就会越大,反之则会停滞不前。受控运动包括两个相互关联的问题:能量来源和能量机制。管理绩效的来源是指管理过程中参与管理活动者的各种需要,如系统要求等。动态控制机制是指刺激、激发、引导和限制能源的特定条件机制。有意识的动力机制首先要唤醒动力源,同时引导人们朝着既定的方向前进,以促进目标的顺利实现。广义上讲,图书馆管理的能源主要有两大类,包括从动力源角度划分的物质动力和精神动力;从动力机制角度划分的信息动力。

2. 系统原理

系统来源于英文词汇"system",是指分散和无组织的事物的排列,形成一个连贯的单元和系统的各个元素,它们与之相互作用和相互配合。

一般来说,一个系统具有以下四个特征:客观性、完整性、层次性和相关性。所谓客观性,是指所有的图书馆建设系统都必须有一个共同的目标,并且不同的目标使得构建稳定的系统变得困难。所谓完整性,是指每个系统都不是独立存在的,每个子系统之间都会相互影响、相互作用。因此,在调整制度时,要着眼全局,从制度整体入手。所谓系统的层次性,是指系统中的子系统具有不同的功能,每个子系统都有自己的父系统,并体现一定的层次结构,它存在于每一个系统中。所谓相关性,从某种意义上说,它可以表示为子系统与系统之间的关系。子系统的存在取决于系统的存在。

3. 动态原理

图书馆管理系统具有动态性。因此,在系统管理中管理者需要按照发展比例进行有序的管理。

动态原理的本质是由系统的动态特性决定的。动态原理定义了图书馆管理的灵活性和范围。只有这样管理者才能顺利应对问题,顺利实现目标,动态原则不仅要求管理者根据图书馆的实际情况灵活、动态地管理,同时也要求管理者在管理过程中注重效率。

(二)现代图书馆服务的原则

1. 坚持求实态度的原则

图书馆运作必须符合操作条件,这将是图书馆开展一切工作的出发点和落脚点。21世纪图书馆管理需要新的发展,就必须尊重客观事实。一切工作都要从实际出发,任何人都不能一味强调创新而忽视客观现实。要将图书馆管理与人类发展和国家发展相结合。只有这样,管理者才能适应人类发展的需要,在工作中进步、成长。

2. 坚持开放式管理原则

进入21世纪,图书馆面临着社会发展的重大挑战。人们对信息的速度和便利性的要求越来越高。然而,传统图书馆无法满足读者的需求。在此背景下,现代图书馆的概念发生了根本性的变化。传统图书馆更注重收藏而不是使用,大多数传统图书馆都是对公众开放的封闭式图书馆。现代图书馆逐渐转向开放式图书馆管理并开始使用新技术。这种变化符合现代社会、经济和文化政策的发展。

3. 坚持科学决策原则

在大数据时代,图书馆可以利用大数据和云计算等先进的信息技术,收集和检索各种类型的非结构化数据,这样可以提高图书馆管理效率,减少判断失误造成的错误。

4. 坚持以人为本管理理念的原则

不管社会如何发展,图书馆应坚持以人为本、以读者为中心、应树立人性化的服务理念。图书馆员在图书馆阅读服务中扮演着重要的角色,图书馆员的态度、行为和素质直接影响阅读服务的质量。图书馆员必须了解创新服务,这就要求图书馆员在管理图书馆和满足读者的阅读需求时,尊重读者,将为读者服务作为其工作的重点。同时与读者建立良好的关系,变被动服务为主动服务。传统图书馆的被动服务无法满足现代读者多样化的需求,图书馆应该跟上时代的发展步伐。当改变服务理念时,我们应该认真了解读者不断变化的需求,更新服务内容,并有意识地为读者提供服务。作为一名敬业的图书管理员应该不断提高专业精神和工作技能,对数据源进行分类以便于搜索。

5. 质量管理的原则

图书馆资源是图书馆生存和服务读者的基石。图书馆馆藏资源的形式已经从原来的纸质文献和书籍转变为电子文献和网络资源,同时加强了读者对更新信息的获取。但是,丰富馆藏资源会带来一些问题,例如材料的复制和数据采集的复杂方法。由于不同的文献类型取决于不同的技术环境,图书馆应以不同的方式优化和整合图书馆资源。

6. 开源和节流原则

长期以来,我国的图书馆在创建内容方面存在严重的资金困难,因此在系统维护、硬件和软件升级以及人员培训方面的投资将是一项重大挑战,且在建设和运营现代化方面也面临严重障碍。图书馆管理者必须擅长设计、维护和更新设备和软件,满足各个方面的最高要求。

二、图书馆服务组织

(一)服务组织概述

服务机构中不同的服务部门、服务组织根据服务之间的实际关系进行分工。受各种因素的影响,服务组织可以分为不同的形式。根据社会需要,服务组织可以分为机关、医疗机构、慈善机构、运输公司等。根据服务机构内部的需要,服务部门的数量也按照整个服务系统的正常运行情况进行分配。大多数图书馆服务包括采编、借阅、技术和咨询等。

大多数服务组织由营利性服务组织和非营利性服务组织组成。营利性服务组织的主要目的是获得财务优势,也叫财务组织。这种服务组织形式多样,方法灵活,它们中的大多数使用单一的操作方法进行组织和操作。非营利服务组织也称为非营利组织,服务单位是免费的。非营利服务组织通常分为几个级别,各级下属关系清晰、准确,并且这种关系在形成后通常不会改变。对于我国图书馆而言,作为一个非营利性服务机构,图书馆可以分为公共图书馆、专业系统图书馆和大学系统图书馆。

服务组织系统是由一个组织组成的,包括来自社会部门服务组织的基础设备、资源和服务产品。组织结构、基础设施和数据源是服务组织体系的核心内容。由于这三个因素的影响,不同的服务组织导致不同的服务结果,影响服务质量。服务机构本身具有发展和创新的特点。将随着社会变革和技术发展更新内容、服务和范围。

(二)图书馆服务组织

1. 图书馆组织文化的设计

正确理解图书馆的定位。图书馆的发展与否取决于它的硬件和丰富的资源。但这也取决于图书馆利用其有限资源实现价值最大化的能力。正确的定位可以帮助图书馆创建更合适的企业文化。

共同设定目标。主要针对图书馆员,管理者应该深刻意识到,真正的企业文化隐藏在参与者的脑海中。领导者的作用是根据社会变化和发展制订明确的发展目标。制订良好的员工发展计划,使员工在公司内接触到许多职业机会,鼓励员工认可和接受公司文化。

引导员工创造正确的价值观。文化基本上是一种概念。它作用于人脑,并通过人们的思维和行为方式表达出来。企业文化渗透到员工的脑海中,体现为更强大的文化传承。经常被引用的精神和精神态度是企业文化的真实反映。

明确规章制度。大多数规章制度都是对技术、运营等方面的详细要求,很少考虑到员工行为等深层次的文化方面、服务语言和服务环节。完善企业文化,营造更具优势的企业文化氛围,将服务质量分类为材料标签的重要组成部分,从系统规范中定义服务行为,提高服务质量。

2. 图书馆组织文化的塑造

为了培养良好的企业文化,图书馆需要考虑两件事:首先,图书馆需要明确定义自己系统的内部目标,例如价值观、规则、法规和行为准则,通过文化塑造图书馆的良好形象,然后通过各种机制渗透,逐渐成为员工的主动行为。一旦正式的文化到位,就会制订一些适当的计划。

另外,图书馆组织不同的活动可以强化员工价值观,无形中提高并加强员工之间的团结。

建立和遵守规章制度可以将组织文化转化为现实。通过图书馆相应的规章制度,可以培养员工的服务精神。

(三)图书馆服务组织发展趋势

1.图书馆服务组织虚拟化

在信息时代,虚拟化是现代图书馆的目标,大多数"虚拟图书馆"为人们提供基于信息技术的虚拟资源和信息服务。图书馆的结构和功能一时间无法解释清楚。因此,可以进一步研究图书馆的功能、结构和行为,扩大图书馆虚拟化的研究领域。

随着信息技术的快速发展,图书馆应该寻求更高水平的专业知识和协作。并在综合实力提升的基础上,为用户提供及时、高效的优质服务。

2.图书馆服务组织协作化

图书馆要按照图书馆虚拟化的追求,加强图书馆之间的合作,实现更好的发展,提高服务效率。对于任何的服务型组织来说,自身的专业化水平再高,也没法只依靠自己去获得跨越式的进步与发展。想要最大程度地提升服务水平,增强组织内部力量,就要在保持专业化的基础上,与外界广泛地展开合作,而这种良性的合作一定能够让自身得到脱胎换骨的成长,也能为公众提供更大的价值。

图书馆合作组织的发展。图书馆未来的工作方式应该以"图书馆合作"为基础。它打破了原有图书馆独立运营的传统模式,为进一步促进信息资源的交流奠定了基础。体制问题是目前引入图书馆合作的主要障碍。这里描述的系统与作为行政组织的图书馆无关。这意味着建立图书馆合作伙伴关系,促进社区内图书馆之间利益的扩散和信息资源的交流。

与出版商建立合作伙伴关系。图书馆与能够满足需求并增加价值的出版商建立了合作伙伴关系。因为一些特殊因素,出版物和数据库的价格水涨船高,为了在激烈的市场竞争中站稳脚跟,图书馆必须加强对外合作,与出版商进行更多的有效沟通。在电子信息技术日新月异的今天,图书馆与出版商之间保持着亲密无间的合作关系,一方面出版商可以通过图书馆协作体,间接地为协作体成员提供新的商品与服务,另一方面也可确保图书馆的有效访问和资源使用。

ASP是图书馆新的合作伙伴。ASP即应用程序提供商,是指使用其网络提供托管服务的网络运营商。对用户的应用程序提供管理和相关服务。

关于 ASP,最普遍的形式是电子邮件网络系统,后者经常用于企业间的业务交流,是一款常见的日常办公软件。图书馆与 ASP 展开合作,就能通过电子邮件和其他在线工具、应用程序等获取更多的资源信息,也方便工作人员与用户或用户与用户之间的交流。通过 ASP,图书馆提供的服务质量明显上升了不止一个档次。需要注意的是,就目前而言,图书馆还未实现在线自动化,ASP 如何使它们成为图书馆的强大工具还有待研究。

3. 图书馆服务组织学习型

利用电子网络,能获得超高效率,但其环境却是复杂的,在这种情况下,图书馆和馆员不应该放弃学习,而应让自己始终沉浸在良好的学习氛围中。想要在激烈的竞争中始终保持自身的优势,更好地去组织服务,就应该不断学习,积极充实自己。学习型组织理论能够帮助推动现代图书馆的转型创新,图书馆应该将此作为思想指导,加强团队合作。

三、图书馆服务用户

(一)图书馆读者与用户

1. 图书馆读者

图书馆读者是对图书馆收藏和提供的文献资料、数据信息进行阅读和使用的对象,它指的不只是具有阅读能力和独立思考能力的个人,也包括具体的团体和部门。

随着时代的发展,图书馆读者的身份也被赋予了不同的意义,比如,在图书馆提供服务的前提下,主动或被动接受、利用相关知识信息的用户。在这种情况下,图书馆读者已经成为社会阅读系统的一个组成部分。这不仅包括图书馆的实际注册读者,也适用于尚未使用图书馆资源的大量潜在读者。真正的读者是申请借书证或从图书馆借书的社区成员。那么,什么是潜在读者呢?它指的是一群虽然还没有接受过图书馆服务,但未来极有可能与图书馆建立借阅关系,具备一定阅读能力和档案资料利用需求的社区成员。关于图书馆服务,使用书籍资源或信息的读者是注册的读者,潜在读者则是次要目标。

2. 图书馆用户

图书馆的主要目标是始终服务于图书馆用户,即为读者服务。随着社会的发展,图书馆的内涵将不可避免地发生变化,相应的,图书馆用户的内涵也会变得更丰富复杂。而现代信息技术的快速发展,使得图书馆逐渐从传统的内容形式演变为实体与虚拟相结合的复合形式。因此,图书馆的服务范围将会扩大。同时也致力于满足图书馆用户的文化、精神和娱乐需求。

(二)图书馆用户文献信息需求特点

1. 社会化

提高现代图书馆的服务质量和综合信息资源这增加了用户对信息的感知,而且他们的需求更加广泛多样。在公众需求不断增加的背景下,图书馆服务的体量也呈指数级增长:从跨地区、跨行业、跨部门的用户,到服务全社会的用户。

2. 集成化

长期以来,用户倾向于使用不同的方法。涵盖对信息的需求、对信息服务的需求以及对自己的方法和查询系统的需求。用户的数据需求分为四种:使用环境获取信息;使用技术手段收集信息;使用信息服务收集信息和使用信息收集系统。当用户调用需求和使用数据时,信息资源的碎片化和信息技术使用的分离,决定了信息收集行为基于个人需要。随着信息技术、计算机技术、电信技术和网络信息处理技术的发展,信息资源的开发、组织和分布也发生了变化。在网络环境中,多种数据采集方式并行,用户可以根据各自的客观需求获取相似的信息资源。为了实现信息和信息资源的收集和发布,集成了多功能、多渠道的数据请求模式和服务行为。

3. 综合化

用户文献信息、需求的整合,一方面是内容需求的整合,另一方面是关系到需求的整体发展。用户面临的资源正在增加。人们迫切需要内容全面的信息和知识,以及广泛的资源。由于用户的职业和角色不同,接收到的信息必须满足工作和培训的需要。因此,对用户需求的满足应是全方位的。

4.高效化

用户文档和数据要求的有效性主要体现在以下部分:首先,用户面临着任务和工作内容的快速变化;其次,只有高性能的数据服务才能提供快速的数据处理和优化的数据使用模式。信息技术用户将逐渐熟悉新技术的应用,通信网络的普及和电子信息技术的发展,将使信息技术的高效转移成为可能。

5.个性化

社会信息化的发展提高了人们对信息的感知能力和对信息资源呈指数级增长的需求。同时,网络环境也使人们能够保持私密性。现代网络信息技术可以为信息的交换和传输创造强大的机制,并为社会所有成员创造一个满足他们自我提升需求的个人空间。在网络条件下,用户的个性需求主要表现为以下四点。

一是信息的收集。在信息的获取结果上,人们更加期望网络信息服务由关注社会群体需求转变为关注社会个体的个性化特色需求。

二是信息交流。因为用户的工作行业不同,他们对社会和学术领域的渗透更为明显,而且他们的资源需求不同。因此,对知识的需求是多方面的。

三是公开。信息的发布主要是指用户向外界传递自身理论知识或研究成果,如科研项目、科研成果、工作报告等。

四是信息咨询。当人们参与研究、教学或日常工作时,通常需要有效知识或建议。

四、图书馆服务资源

(一)图书馆资源的构成

如今,人们通常倾向于将图书馆服务工作开展所需的资源分为文献信息资源、人力资源和设施资源,这是当前图书馆界较为流行的观点。

1. 文献信息资源

文档数据源也称为数据源,代表了图书馆存在和发展的基础。它包含图书馆提供和使用的所有信息,主要分为现实资源的集合与网络资源,还包含可以共享的其他设备的文献资源集合,这些资源收集在图书馆中,可以为用户提供知识和信息的网络信息资源,是使用现代计算机网络系统在线提供给用户的资源,包括数字化静态文档数据和动态社交数据。

2. 人力资源

图书馆的发展离不开人力资源的支持。图书馆工作人员是图书馆人力资源的构成部分。想要扩充图书馆的人才队伍,提高人力资源的质量,不妨将读者和用户也纳入图书馆人力资源的范畴之中。当用户被允许参与图书馆的管理和服务时,读者和图书管理员实际上是可以为图书馆行业注入新的活力。

3. 设施资源

设施资源不同于设备资源,不能将这两个概念混为一谈。它们之间的区别在于,设施资源更丰富广泛,包括图书馆馆舍、图书馆设备和图书馆用品。其中图书馆设备是主要的设施资源,包括传统设备(如书架、阅览桌椅等)和现代化设备(如计算机等)。

(二)图书馆资源的特性

1. 可用性

图书馆资源收藏的最终目的是充分满足文献等信息使用者的需求,因此可用性是图书馆资源的一个重要特征。图书馆资源馆藏具有较高的图书采购水平才可以进行可持续发展。

2. 有序性

图书馆资源必须是有序的,如果图书馆的文献和资源乱七八糟,就会导致获取资源的方式混乱,用户将无法使用,图书馆资源将失去意义。图书馆的人力资源也必须受到监管。人力资源管理是资源的整合,图书馆非常重视人力资源管理,以保证员工服务的效率,充分体现图书馆服务的最大价值,为用户提供舒适的阅读环境,并充分利用服务功能。

3. 整体性

整体性是指生命系统中以特定方式创建、连接和约束的各种元素相互协调,局部服从整体。因此,所有这些有机物质都代表了一种每个元素都没有的聚合函数,并达到了大于其各部分之和。在图书馆组织中,图书馆资源的各部分组成要素共同构成了图书馆服务的整体,各组成要素之间紧密联系、不可分割。

4. 联系性

联系性基本上包括两个方面:一方面,系统内部组件之间相互连接和交互;另一方面,系统的内部组件也与系统的外部环境有关。这种关系维护了系统的稳定性和完整性。当图书馆服务依赖于其组件的互操作性时,它仍然与外界保持着密切有序的关系,提供不间断的图书馆服务。

5. 动态性

随着时间的流逝和外部环境变化,有机系统的内部组成部分也会发生一些改变,这便是动态的具体呈现方式。现代科学技术不断向前发展,外部环境因此发生了翻天覆地的变化,为了适应这种变化,图书馆也要不断改进其资源和技能,推荐优质人才,强化自身运营体系。自图书馆发展以来,内部资源的外部形态和内容随着社会的发展而不断变化。

(三)图书馆服务资源整合

1. 不同载体、不同类型的资源间的整合

今天的图书馆拥有多种类型的资源,不仅仅是传统的印刷文件,还包括使用各种格式的电子信息技术电子资源(包括音频和视频)创建的数据库和网络资源。因此,要整合图书馆资源,首先要定义不同的资源配置标准。要有清晰、全面、系统的地图,才能让资源相互整合、连接、渗透。整合应着眼于传统文献资源的系统化、范围化和数字化。这就需要对数字化工作进行周密全面的规划,以保证图书装订的顺序和层次。

2. 各类电子信息资源的整合

图书馆目前正在收集电子书、电子期刊、光盘数据库、在线数据库、网络数据库、网络资源等电子资源,数据库的比例将进行规划,用于创建数据库的足够多的集成机制。根据读者的信息需求和学术需求,仔细分析异同、相互关系和重叠,正确配置合适的数据库资源,实现各种数据库集成和跨库检索,创建集中的数据检索平台。

3. 图书馆馆际间资源的联合整合

图书馆信息资源的整合必须考虑到图书馆与分馆之间信息资源的整合。地区图书馆,甚至全国各地的图书馆,如有可能,在图书馆之间创建不同类型的虚拟资源供用户与图书馆系统集成。

(四)图书馆服务资源共享

1. 资源共享的含义

尚未出现数字技术和计算机的时候,图书馆之间的资源共享仅限于传统印刷资源的借阅和赠送以及图书目录的交换。由于现代科学技术的飞速发展,图书馆利用信息技术作为技术创新的工具,以获取、检索、整合文献资源的形式提供必要的文献资源。这些资源可以归该图书馆或其他图书馆所有,它们可以来自国内或国外。现代科学技术的发展为文献资源的交流奠定了坚实的基础。高效、快速地共享文档信息是现代图书馆的基本特征。只有不断调整服务策略以满足用户的需求,加强库存资源的打造,才能吸引更多的用户。

2. 资源共享的对策措施

加强人力资源建设。随着现代科学技术的发展,越来越多地利用电子设施和网络技术来创造图书馆资源,图书馆管理人员应不断完善制度,推荐高水平、高素质的管理人才。同时,图书馆的人才体系应着眼于培养具有广泛纪律性和创新技能的新人才。开拓进取,跟随社会发展进步,提高水平和综合能力,加强跨学科知识的分析和整合。收集和研究具有地方特色的文学资源,并创建不同类型的数据库,例如,主题数据库和区域特定数据库。

加强政府宏观调控功能。图书馆需要通过国际合作和政府干预扩大其在许多领域的专业知识,如网络、技术和管理,必要时甚至进行组织、协调和监督。政府要充分发挥宏观调控的作用,确定图书馆建设发展方向,使图书馆建设协调规划,分工协作,加强沟通,相互促进,不断提高图书馆建设水平。

重视特色资源数据库的建设,开展多样化的信息服务。数字化和专业化是现代图书馆的主要特征。这使图书馆能够保持活力和长期的竞争优势。当图书馆失去这一特色时,将造成人力、物力和财力的巨大损失,导致图书馆失去竞争力。图书馆资源往往是优质的、独特的文献资源,并且资源之间的连接形成了一个强制性的、标准化的独特的资源系统。应利用区域资源优势,开发利用本馆独特的馆藏资源。在网络环境中创建新的文档传递服务,提高用户对图书馆的满意度和使用率。加强合作发展并建立共识。共享图书馆资源需要国家总体规划,它不仅需要相关部门和行业协会之间的分工协作,必要时也需要国际合作。这就需要建立一个跨学科的管理协调组织,一个跨行业、跨区域,采用自主开发一体化的信息资源开发模式,融合发展合作与联盟发展,建立利益分配标准和协调馆际互借。建立与其他项目的关系,促进图书馆之间的合作和资源共享。

加强版权标准化建设和质量管理。加强对法律、知识产权、获取权、信息安全等课题的研究,建立相应的法规,通过法律保护著作权人的基本权益。研发数字版权管理技术,加强政府宏观调控,确定相应的政策法规,减少错误的发生率。[①]

五、图书馆服务环境

(一)图书馆服务环境的构成要素

图书馆的服务环境应包括五个方面:服务资源、服务空间布局、信息技术条件、服务制度和服务活动。

---

① 江涛,穆颖丽.现代图书馆服务理论与实践[M].郑州:河南人民出版社,2014.

1. 服务资源

在图书馆服务资源中,文献资源是图书馆服务活动的支柱。它的实际内容既包括现实馆藏资源,同时也包括虚拟馆藏资源。

2. 服务空间布局

从空间上看,图书馆服务空间可分为图书馆建筑的整体空间设计、各功能区的科学布局、设施设备的布局与布置等。

3. 信息技术条件

信息技术条件有两个主要部分:信息服务技术和网络技术。信息服务技术与网络技术是建立高品质图书馆的前提条件,同时也为信息服务平台的建立提供了相应的技术支持。

4. 服务制度

图书馆服务体系主要包括两个方面:一是法律、法规和指令以及由政府机构出版或批准的图书馆服务指南;二是服务体系和图书馆系统本身的规则。图书馆应提供标准化的图书馆服务环境。此外,平衡图书馆系统组件之间的通信也很重要,可以确保图书馆机制正常运行,提高服务效率。

5. 服务活动

基本上图书馆是一个服务机构,其主要目标是为用户提供服务。有学者指出,图书馆服务活动不仅仅包括服务管理、服务方式和服务交流,也体现在服务活动中的服务理念和服务态度。改进图书馆服务活动是一项综合性工程,需要综合系统地考虑。

(二)建立图书馆服务环境的意义

1. 有利于实现图书馆的价值

在互联网飞速发展的当今社会,传统图书馆的功能与以往相比,削减不少,这就要求相关人员去创建更好的图书馆服务环境。比如,要充分调动图书馆工作人员的工作热情和积极性,令服务理念深入人心;其次,引入先进的信息技术去改造现有的文献信息资源系统,方便用户搜索和使用文档,为其提供高效的信息获取途径。

这将使用户更容易获取原始数据,并最终从用户的角度定义服务体系,使用户能够方便、快捷地获取信息。创设一个不仅满足用户实际需求,还要满足用户的精神需求的环境,才可以拥有广泛而稳定的群众基础。

2. 有利于树立图书馆良好的形象

图书馆用户受到许多因素的影响,例如图书馆的建设、位置、场所装修、服务质量、员工的行为和态度。用户会感受到他们的价值,因此,服务环境的好坏间接影响了图书馆的形象。

3. 有利于突显图书馆在信息服务方面的竞争优势

在图书馆服务环境中,图书馆可以不断扩展其服务范围。以积极进取的服务理念和精神,打造特色服务品牌,提升服务水平。最先进的信息设备和高水平的服务技能,如在线导航服务、网络信息服务项目、大学信息服务项目的开发,为机构提供专业的咨询服务。

(三)图书馆服务环境的营造

构建图书馆服务新环境不可能在一夜之间完成。这个目标可以通过长期的战略规划来实现。

1. 制订长远、全面的战略规划

图书馆当前的目标是为信息服务提供优质、高效的环境。需要创造一种新的服务理念和富有同理心的精神,发展员工的综合服务,建立和整合系统资源和信息技术系统,展望未来,设定目标,制订分步战略。

2. 确立全新的服务理念

图书馆管理员、图书馆员和用户需要改变思想。基于全球信息网络了解全球信息技术发展和信息服务业的现状,了解当今世界的开放性和竞争力,创造新的服务理念。

3.改善图书馆的功能布局

图书馆建筑的设计和布局是读者可以直接接触到的,对读者的影响也是最明显的。一个好的图书馆的建筑设计和布局必须与自然环境相融合,且要拥有现代化的设施和资源。此外,在图书馆的规划和建设过程中,应该对每个服务区进行充分的规划和安排。应根据各工作区的特点进行装修,建立适当的通行路线,以方便服务使用者,提高使用效率。

4.实现技术环境现代化

今天,电子计算机已经普及。电子和网络技术每天都在发展,传统图书馆的工作方式发生了根本性的变化,现代图书馆服务环境逐步走向现代化技术环境。为了更好地为读者服务,图书馆需要在技术设备上投入更多,引进现代工具和设备以及管理技能,并改进图书馆中物理和虚拟资源的收集,以便用户可以在家中舒适地阅读文档。

5.提高馆员的综合素质

随着服务理念的转变,图书馆必须加强自身的内部管理。加强馆员职业技能培训,传授馆员职业技能和资质。图书馆应制定规则和条例,以促进图书馆能力的使用以及信息资源的开发和创建,从而使图书馆资源系统各部分的功能相互联系、相辅相成,实现系统的动态平衡,提供跨领域的高质量文档数据服务。

第三节 图书馆发挥服务效能的概况

本节以深圳市福田区图书馆为例说明图书馆服务效能的发展建设情况。

深圳市全面建设"图书馆之城",形成了市、区、街道、社区四级图书馆体系,极大地推动了公共图书馆事业的发展。本节以"图书馆之城"的建设为背景,介绍深圳市公共图书馆发挥服务效能的整体情况,由此

第一章 绪 论

引出针对福田区公共图书馆发挥公共文化服务效能现状的调研。

一、总体情况

深圳市公共图书馆服务效能水平历年来呈现不断上升的趋势,与全国的平均水平,以及国内先进城市比较,位居前列。2009 年,开始实施深圳"图书馆之城"服务,将全市各区图书馆纳入统一服务平台中来。2019 年,全市各级图书馆外借书刊总量 1556.08 万册次,为 2002 年的 9.6 倍;全年接待读者 3535.3 万人次,为 2002 年的 6.25 倍;累计有效读者证 238.67 万张,为 2002 年的 8.52 倍;持证率达到全市常住人口 17.5%,比 2002 年增加了 4.67 倍。在 2019 年,由于对全市图书馆读者一人多证的情况进行了清理,因此导致有效读者数量减少。

二、政策支持,财力保障

在政府主导和政策保障下,全市贯彻落实国家、省、市关于"文化馆、图书馆总分馆制"的建设部署,高标准、深入推进深圳市的"中心馆+垂直总分馆"模式。

事业的快速健康发展离不开政府的政策支持和财政的持续投入。自深圳市启动"图书馆之城"建设项目以来,从市到各区都积极行动,认真落实,相应颁布了支持"图书馆之城"建设的各项政策文件,提出了实施的具体规划与目标,为"图书馆之城"的创新实施提供了强有力的政策保障。市文体旅游局制定了《深圳经济特区公共图书馆条例(试行)》《深圳市文体旅游局关于印发〈深圳市区级文化馆图书馆总分馆制建设验收标准〉的通知》(深文体旅〔2018〕346 号)、《深圳市建设"图书馆之城"(2003—2005)三年实施方案》《深圳市建设"图书馆之城"(2011—2015)五年规划》《深圳市民生净福利指标体系》《深圳市街道图书馆定级评估标准》《深圳市社区图书馆达标评估标准》《深圳市基层图书馆评估标准》《深圳市街道图书馆管理规范》《深圳市社区图书馆管理规范》等多项标准和规范,为"图书馆之城"建设提供了良好的政策环境。[①] 各区也相继出台相关政策。这一系列政策的重点是图

---

① 蔡艳青,张瑞芳.山西省公共图书馆总分馆制实施初探[J].农业图书情报学刊,2011,23(12):90-94.

馆设施的建设和管理，关于图书馆发挥服务效能的考核尚停留在读者证办理、文献借还、举办常规性读者活动等方面。

除政策保障外，各区政府对图书馆的投入逐年稳定增长，为"图书馆之城"的建设提供了最坚实可靠的保障，也为公共图书馆服务效能的发挥提供了先期基础保障。2003—2019年，市、区财政投入的总经费累计为51.46亿元。其中对图书馆服务效能的发挥密切相关的读者活动经费的投入快速增长。2018年总投入经费为6.84亿元，为2003年的7.45倍；读者活动经费为2478.20万元，为2003年的68.46倍。

三、精心打造文化品牌

举办读者活动是发挥公共图书馆服务效能的重要举措。

全市各级公共图书馆立足于丰富的馆藏文献资源和专业服务体系，举办各种推介馆藏资源和阅读服务的活动，同时积极开展跨区域、跨行业合作，逐步形成特色文化品牌。

阅读活动区域联合推出的品牌活动，如"4·23世界读书日"推出的"共读半小时"活动，在"读书月"推出阅在深秋"活动，都取得较大社会反响。

四、引入社会力量

社会力量对公共图书馆服务效能的充分发挥而言是有益补充。深圳图书馆、宝安区图书馆、福田区图书馆分别于2010年、2013年、2014年成立了理事会，让政府、公共图书馆、社会人士、读者代表共同参与公共图书馆的建设。尤其在公共图书馆服务效能的提升方面，社会各界人士提出了各种极具参考价值的建议，一方面，对公共图书馆为公众提供更加优质的公共文化服务进行了有益探索；另一方面，公共图书馆与政府、社会和国际的沟通交流，进一步提升了公共图书馆的知晓度和美誉度。深圳市、区公共图书馆均成立了志愿者队伍，并与所在辖区义工联有密切的合作，志愿服务已参与到深圳各图书馆的公益服务中。

五、基层公共图书馆服务效能堪忧

在公共图书馆服务效能的发挥方面,市、区级公共图书馆的工作推进比较顺利,成效显著,而基层公共图书馆在发挥公共图书馆服务效能的问题上不容乐观,成为"图书馆之城"发展的短板。主要表现在三个方面:一是基层公共图书馆布局不均衡,街道和社区公共图书馆覆盖率差异很大,有的区达到100%,有的区则低于30%。二是有相当数量的社区公共图书馆面积不足100平方米。面积的不足直接导致藏书量有限,功能单一,更遑论地理位置偏僻。三是基层员工队伍不稳定,服务效果难以保证。

第二章 图书馆服务的国内外借鉴

通过对国内外图书馆服务的研究,分析了国外成熟的图书馆知识服务的共性特征,总结了国内比较成功的图书馆服务中的经验,提出通过借鉴国内外实践经验提升图书馆服务的观点。

第一节 国内图书馆服务案例

一、北大图书馆服务创新

馆舍、馆藏资源日趋同质化的当下,提升与创新图书馆服务显得尤为重要。在这个追求新颖、崇尚个性的时代,图书馆传统的读者活动已很难满足读者日益多样化的需求。读者亦是资源,充分利用读者资源,也许会成为图书馆服务创新与发展的重要着力点。如何突破传统,吸引读者深度参与图书馆的服务设计,提升读者体验已成为当下高校图书馆服务变革的一个方向,北大图书馆"密室逃生"活动便是在这方面的一个大胆探索。

北大图书馆在馆内开展的融合科技、人文等方面知识的大型智力挑战闯关活动——"密室逃生",旨在以立体动感的形式全方位展示图书馆的资源与服务,引导读者发现和体验不一样的图书馆,以独具匠心的设计,富有趣味性、知识性和挑战性的内容吸引读者深度参与,让读者在探索中提升信息素养,增强人文底蕴。该项活动的成功举办,帮助图书馆拓展了资源与服务的宣传途径,也帮助读者提高了综合素质,提升和丰富了图书馆的形象,让读者不但感受到图书馆深沉蕴藉的精神魅力,更领略了图书馆的青春活力。

同时,北大图书馆通过该活动的服务实践,探索并开辟了图书馆与学生社团深度合作,共同创意、策划、实施大规模读者互动活动的新模式。北大图书馆"密室逃生"活动的成功举办得益于充分挖掘并利用读者这项资源,在此基础上,实现了图书馆与学生社团紧密、良好的合作。之所以选择与学生社团合作,是因为学生社团更贴近学生生活,更了解学生真正喜欢什么样的寓教于乐的活动;此外,他们出色的策划、组织、写作、协调等能力,以及全身心的投入,也是本次大规模读者活动圆满成功的重要因素。究其根本,还是图书馆对读者需求的把握,这就要求图书馆必须细分读者群体,深入了解特定读者群体的具体需求及情感需要等,然后针对特定读者群体的心理和需求,大胆借鉴其他行业和领域的成功活动案例,把图书馆的资源和服务与之相结合,设计出更具有知识性、趣味性、参与性、互动性的新颖活动以吸引更多读者参与。

前期准备阶段,由5名北大图书馆学科馆员和北大IEEE学生分会20多位同学组成的项目团队,历经多次头脑风暴、缜密设计、场景实地调研等,最终,图书馆创造性地引入了深受学生读者喜欢的融故事性、挑战性和互动性于一体的真人版智力挑战闯关活动"密室逃生"。在此过程中,图书馆员与学生社团共同完成了项目进程安排、活动主题内容策划、馆内用于活动的处所的选择、将图书馆的资源与服务融入各个活动"关卡"的初步设计、各个关卡道具及场景的制作和现场布置、整体活动流程的预体验、制定活动成绩计算方式及奖励方式、活动相应环节的现场维护管理安排准备工作,于2013年11月底借助IEEE校园公益项目的平台,联手正式推出了"北大图书馆版的密室逃生"活动。

该活动以一个老教授雨夜离奇失踪的故事作为引子(2万字的故事脚本是由学生社团中的一位同学独立完成),一切又一切的线索都指向图书馆,大批读者被其中的连环谜题所吸引,纷纷化身为"侦探",以个人之力或者自行组队,深入图书馆探求教授失踪之谜。整个过程中,参与活动的读者必须充分利用图书馆的馆舍、馆藏资源,突破设置在图书馆内的多重"连环关卡"方能逃出"密室",从而获取真相,并依据"通关"的用时时长,赢取相应精美奖品。

该活动采用的闯关模式,通过设置在遍布图书馆各楼层的重重"关卡"立体、鲜活地展示了图书馆的空间布局、馆藏分布、纸本及电子资源的使用等内容,也有助于读者在体验中发现其未知的资源与服务。其中的多重"连环关卡"的设计,均涉及对图书馆的馆舍、馆藏资源和服务进行重新包装。

从公共空间到专业阅览室、从书架到墙上的宣传画、从纸本资源到电子资源、从借阅服务到咨询服务,图书馆大大小小、边边角角的各种元素都被挖掘和重新组织,融入各个谜题当中,成为活动的载体,从而让读者在游戏中了解图书馆,以活动的视角展示图书馆诸多方面。例如,活动第一关的起始设置在馆内一层标志性的屏风处,读者须通过查阅工具书了解屏风上的象形文字的释义后,结合活动现场给出的图片提示,来获取一串字符密码,然后再根据这个密码去寻找第二关的地点及其相关线索;再如,活动第二关最后获得的密码是一个艺术化的索书号,读者只有在馆内以最快速度找到该书,才能及时获取关于第三关的更深入的线索——"一张由故事中的老教授留下的字条",该字条的内容指向"馆内供读者独立使用的学习、思考的处所",这时,读者根据自身经验或咨询馆员,可以得知字条所指即是分散在馆内人文社科阅览区及自然科学阅览区的六个"研究包厢";当读者赶至"研究包厢"后,会发现它们都被设置成了不同主题的小密室,他们须综合利用自身的文献检索能力、信息获取能力,以及通识性的数理化、人文历史、社会科学、琴棋书画等等方面的知识,按顺序逐个解开每个小密室内的谜题,才能找到通往下一关的线索提示。

值得一提的是,活动进行的过程中,也出现了一些意想不到的小困难、小问题,最终,经过图书馆员与学生社团的通力合作,及时应变,商量对策,保证了整体活动的流畅性。例如,活动开始的当天上午,报名参加活动的读者的人数远远超出预期,而图书馆馆内空间有限,且馆内拒绝噪音,活动不能影响其他读者的正常阅读自习,当时,图书馆员与学生社团临时、迅速制定了不同时段参与活动的合理规则及排队规则,使得活动顺利进行,并避免了不良影响。

可以说,活动中每一关的设计都是以寓教于乐、帮助读者提升综合素养为出发点的。闯关过程既有趣又极富挑战性,谜题内容涉及面广,综合性强,涵盖了人文社科、理工科技等诸多学科知识。读者需借助于图书馆的各种学术资源,综合应用信息检索等各项技能,来激发自己的思维和思路,并通过团队协作,方能通关,也在潜移默化中提升了自身的综合素养。

新颖有趣的北大图书馆版"密室逃生"活动,在短短2天时间内,就吸引了超过700名校内外读者参与其中,这一惊人的数字是百年书城遇见"密室逃生"后,擦出的绚烂火花,同时,也是图书馆员与学生社团合作创新读者服务的模式带来的惊喜,是图书馆继续探索以该模式创新图书馆服务的动力。对于图书馆来说,通过与读者合作该活动,将读者服务推陈出新,吸引了更多的读者参与其中,塑造了图书馆的新形象,改变了读者心中图书馆的刻板印象,提升了图书馆对读者的亲和力,让读者更加关注和喜爱图书馆。对于读者来说,通过这个集知识和趣味于一体,将知识融于图书馆的藏书、电子资源、景观中的活动,许多读者表示在寻找谜题的线索、解开谜题的过程中,重新认识了图书馆的常用馆藏、特色资源、空间资源等。

此次活动的北大IEEE学生团队的总负责人毛逸飞同学在活动后也给出了他的感想:图书馆是整个活动的载体,如果我们社团是一艘船,那图书馆就是大海,琴棋书画、人文地理、数理化科,都能在这片海里找到。船,无论是为了去捕鱼、还是去探索未知岛屿,都需要大海载着前行,可以没有船,却不能没有海。团队的另一负责人马晓同学也谈道:对学生社团,平台最重要,图书馆给我们提供了很好的平台。

此外,参与活动的读者也纷纷在微博、人人网等社交媒体上留言道:"在图书馆办密室逃生真是突破性的想法!很多密码设计得挺有意思,觉得一天玩得挺不错。""昨天多媒体室里也是一堆人来拍照,今天换了个地方又是女生的尖叫声四起,对于像这样的活动的组织者,我只想说:我也想报名BBS的十大,道出了我对这次图书馆密室逃脱的切身感受!""感谢师兄和研会的各位组织了这么好的一场活动!贪婪地期待它成为我校的年度品牌活动!""北大图书馆密室逃脱真是高洋上玩high,已化身福尔摩畅!""梦寐已久的密室逃生居然是在北大图书馆玩的!"

二、合肥工业大学图书馆O2O服务

图书馆的核心竞争力不仅是资源,更重要的是服务。在数字化时代,读者的需求、获取信息的方式都呈现出多元化的趋势,图书馆必须创新,建立起适应数字化需求的读者服务模式。高校图书馆必须在传递信息的途径和对用户的服务方式上不断创新。

图书馆服务创新是根据目前发展形势和读者获取信息需求的变化,应用新技术和新思想来改善和变革现有的服务。图书馆只有提高现有服务质量和服务效率,改善服务方式和手段,扩大服务的范围,才能提升服务的创新能力。

合肥工业大学(以下简称"合工大")图书馆创建于1945年,在70多年的建设与发展中,坚持"以人为本、读者第一、服务创新"的理念,以建设"有特色的,现代化的服务与研究并重型图书馆"为目标,以丰富的文献馆藏、高素质的馆员队伍、强大的服务能力、优质的服务水准,为提高学校教学质量、提升学校科研水平、传播积极向上的校园文化等做出突出的贡献。

(一)服务创新平台

1. 基本概况

图书馆(合肥校区)现有馆舍45000m^2,阅览座位4000余席。馆藏图书267.49万册,电子图书88.13万种、148.13万册;中外文电子期刊2.6万种;订阅中外文期刊2446种。2015年,图书馆主页独立访问量246.79万人次,读者借还图书94.82万册次,馆藏外文文摘数据库浏览量和全文数据库下载量为343.5万次(篇),主要中文数据库浏览、下载和电子图书阅读量为647.1万次(篇、本)。

该馆现已实现基于RFD技术的读者自助借还、阅览座位预约、自助复印打印、报刊机器阅读、数字图书馆应用终端(PAD)等多样化自助服务平台。读者可以使用手机、PAD等移动终端登录合肥工业大学移动图书馆,等于将图书馆装进口袋,带回家中。

2. 数字资源的基本概况

图书馆续订和新增中外文单体数据库共计76个,数据库总数达到209个。其中,中文数据库除保留了万方、维普和中国学术期刊网、读秀学术搜索等原有中文电子资源外,新增EPS全球统计数据/分析平台、高教网考研精品课程数据库、中文在线书香中国数据库、中国经济社会发展统计数据库和超星等1.5万种电子图书。外文数据库继续保留原有大型文摘数据库SCIE、EI、CPCI、Inspec的续订和Elsevier、IEL、SpringerLink、EBSCO、SAE、ASCE、ASME、APS、ACS、OSA等全文数据库的续订;为帮助读者更好地利用馆藏资源,新增了XOPAC系统平台,实现了图书馆现有的OPAC系统的扩展,提高了馆藏文献利用率。

同时,该馆积极同CALIS中心和数据库商协作,拓展信息渠道,通过DRAA网站、相关图书馆网站、数据库商和代理商介绍以及同行评议等方式广泛收集数据库的信息,试用了InCites、欧洲数学学会(EMS)期刊库等共计45个数据库。

(二)图书馆O2O服务

1.积极应用与推广新技术

随着新技术纷呈,读者获取信息的需求也日新月异,图书馆的服务方式亦需随之与时俱进。合肥工业大学图书馆于2013年、2014年分别在屯溪路校区、翡翠湖校区2个图书馆,投资引入RFID智能馆藏管理系统,新技术的应用为建设新型、智能化、高水平大学图书馆提供动力和活力。RFID智能馆藏管理系统的应用极大地提升了图书馆的服务效率,简化了借还书程序,缩短了读者借还书时间。馆员不需要对读者所借还的图书进行逐本扫描条形码,RFID自助借还机便可代替手工操作。通过这个系统,读者最大可一次完成9本图书的借还,它具有24小时自助借还及实现全天候的自助归还、续借及查询等功能,提高了图书的利用率和周转率。图书馆运用图书定位系统技术,将RFID标签所存储的图书信息,包括图书所在的楼层、库房和架位信息绘制出数据地图,存入到定位系统。读者通过查询定位数据库,获取图书信息,提高用户检索图书的精确度。馆员在整理图书的过程中,手持点检仪扫描书架上的层标,若有图书摆放错位则会发出"嘀嘀"的报警声,管理员根据提示音对错架图书进行整理,保证图书按序排放。读者也可根据定位技术很快找到所需的图书,极大提升了用户满意度。

2.图书馆线上服务方式

在信息资源建设方面,合肥工业大学移动图书馆为信息用户提供了移动App书架,其中有3万多种电子书,适合在碎片时间用手机方式阅读,满足了平台用户休闲阅读的需要。读者既可以点击"手机电子书",以文本方式在线阅读;又可以选择将文献传递到邮箱,将全文下载到本地查看;还可以通过移动交流平台,与专家、学者及图书馆馆员共同交流、互动,共享信息资源。

构建业务信息处理系统。该系统能够提供用户登录的认证、借阅证挂失、馆藏查询、个人借阅历史查询、图书续借、咨询等管理内容。业务信息处理系统还应充分发挥移动终端的信息交流功能，开辟通知公告、新闻发布、新书推荐、热门书排行、借书到期提醒、预约取书等信息发布。这个系统的构建不仅能够方便信息用户利用图书馆资源，而且还能使许多复杂的查找过程变得简单。用户只需掌握简单的操作，智能化的检索系统就会把用户所需的检索结果显示出来。用户可以通过智能分析系统对检索结果实施分析，并将检索结果保存起来。业务信息处理系统的构建与传统的检索方式相比将更加智能化，为用户带来更多便利。

3. 图书馆线下服务方式

线下（offline）以读者到馆体验和纸本资源为主。图书馆实施 RFID 智能化馆藏系统后，对馆舍空间优化，注重用户体验，进一步提高了馆藏资源利用率和信息服务质量。

（1）设立主题阅读空间

根据读者不同时期的阅读需求，图书馆设立不同主题的阅览空间。读者需要一个特定的服务空间，能够进行分享、交流的平台；依据自己的需求进行信息获取；图书馆开辟一些特定的服务空间（不同的主题），鼓励用户进行学习交流：丰富的资源满足不同的用户需求。例如，为加强学校"两学一做"专题学习教育，图书馆专门设立"两学一做"主题阅读空间。图书馆因地制宜，注重利用、发挥资源优势，在屯溪路校区和翡翠湖校区分别设立了面积 $300m^2$ 和 $180m^2$ 的"两学一做"学习教育主题阅读空间。主题阅读空间集阅览、会议空间、小组讨论区为一体，集中摆放了《习近平谈治国理政》《习近平总书记系列重要讲话读本（2016年版）》以及中国共产党党史、党建等方面的书籍，同时，还配放了相关内容的期刊、报纸等，为全校党群读者提供了专题学习的空间，鼓励和方便全校党员进行学习、讨论等学习教育活动。有利于进一步加强党员的党史教育；有利于增强党的创造力、凝聚力、战斗力；有利于党员明确基本标准、树立行为规范。

合肥工业大学于 2012 年 12 月获得教育部部级科技查新工作站资质。教育部科技查新站通过引进高校优秀博士毕业生、科技人才，优化馆员队伍结构，加强学科服务和科研分析，提高科技查新服务的质量和水平。科技查新站为学校师生在科研课题立项、科技成果鉴定、科技成果挖掘、专利申请等方面提供了更加方便优质的科技查新服务，为学校的科学研究提供了更加良好的服务条件和环境,为教学、科研管理、学科建设、人才队伍建设等提供了准确、客观的情报信息咨询和报告分析。这进一步拓宽了图书馆的信息服务领域。

2016年度,图书馆持续在人力、政策、对外联系等方面进一步加大对查新工作站的建设,积极与安徽省图书馆、安徽省内部分高校图书馆、部分企事业单位进行科技查新合作,不断拓展科技查新项目来源,面向校内外开展科技查新工作,全年共完成查新568项。作为安徽省教育厅指定的检索机构之一,承担了大量查收、查引任务,为省属院校老师申报职称、奖励等提供检索证明,全年共接待校内外读者近千人次,检索SCIE、EI、ISTP、CSCD、中文核心期刊等文章8260余篇。同时,还完成了学校学科建设办要求的学校2012—2015年ESI扩展版(前3%)分学科论文检索及信息处理等工作,充分地发挥了科技查新工作对学校的科研、博士生培养以及省内高校、科研机构、企业的科学研究和科技发展的支撑作用。

(2)嵌入式学科服务

该馆积极探索开展学科化服务,真正嵌入高校的教学和科研过程中。图书馆在机构设置上进一步强化了学科化服务。2016年5月,图书馆新设立了信息咨询与学科服务部,主要开展数字资源的试用、采购、发布、宣传推介等工作;通过采用现代教育技术,加强信息素养课程体系建设,完善和创新新生培训、专题讲座的形式和内容;对全校学生进行文献检索课程教学与信息素养教育,开展文献传递、信息交流等各类咨询服务,建设及维护博硕士学位论文数据库、特色数据库。高校图书馆馆员能力提升是实现服务模式转型的关键。图书馆要重视培养高层次的情报学专家和引进优秀的博士人才;鼓励工作人员通过在职学习和进修,提高知识和业务水平,至少掌握图书馆学专业以外的其他一门专业学科知识。激励馆员通过继续教育,拓宽学术视野,提高馆员的业务能力和综合素质,以应对高等教育信息化带来的挑战。馆员信息素养是图书馆服务能力的体现。当馆员对信息的认识由感性上升到理性,就能够利用丰富的专业知识和多样化的信息手段,如微博、微信、QQ、BBS、RSS等,向用户推送最新的信息资源,及时解答用户的疑问,获取用户的反馈信息,不断改进图书馆的服务水平,使用户潜在的、不断增长的信息需求得到满足。

图书馆利用文献计量理论与方法等对学科发展态势、人力资源等进行客观评估,有效地利用数据库进行科研评价与对比,对合肥工业大学高质量学术产出整体情况和近十年高影响力学科和论文进行分析和比对,出具《基于 WOS 和 ESI 的合肥工业大学的科研产出分析报告》和《基于 Derwent 数据库和上海知识产权(专利信息)公共服务平台的合肥工业大学专利检索分析报告》,并向学校提供 2016 年 SCI-E、SSCI、CP、CIS 和 EI 中收录合肥工业大学校作者论文数量以及其中第一作者的论文数量;通过 RSS Feed 获取数据最新更新信息,推出合肥工业大学 SCI-E/CPCI-S 最新收录专栏,及时报道合肥工业大学作者论文最新收录情况,每周五第一时间发布在图书馆主页上,并通过校园网页链接,供全校师生查阅。同时,为加强学科服务水平,分析评价工具进行学科态势追踪,图书馆引入了 Clis 学科服务平台的测试试用以及各学科服务机构知识库平台的试用,为后期选购学科服务平台等相关平台做好基础工作。

(3)读者服务

鼓励广大读者充分利用图书馆的文献资源,引导校园师生多读书、读好书,品读经典,弘扬社会主义核心价值观,积极倡导校园全民阅读,营造书香校园文化氛围。

2016 年度,图书馆、出版社在全校范围内持续开展年度性的"合肥工业大学读书王"排行榜评选活动;积极利用图书馆文献检索课、微博、微信、读者 QQ 群、志愿者团队、学生社团等媒体、团体,宣传和推广书香江淮"品读经典·对话信仰·弘扬社会主义核心价值观"和书香工大的主题阅读;持续指导翡翠湖校区"春风读书会"社团工作,有效地促进了阅读推广,提高了文献利用率。

图书馆积极采取多种形式进行读者教育和用户培训,广泛宣传图书馆馆藏文献资源和信息服务,努力提高广大读者的信息意识和图书馆文献资源利用率。主要手段如下:①开设"计算机信息检索""图书馆利用""电子资源概论"等选修课程教学,并组织参加安徽省高校数字图书馆网络课程校园推广活动;②编印《图书馆读者指南 2016 版》发放给新生,制作新生入馆教育 PPT 课件和微信推广短片,开展新生入馆培训和测试,为新生了解和利用图书馆奠定了良好的基础;③组织本校研究生参加中国科大举办的以"空间再造·未来学习"为主题的"安徽省高校第四届研究生信息素养夏令营";④举办 IMechE、CNKI、SciFinder、数学评论、IOP、Taylor & Francis、ProQuest、SCIE、CIDP 等数据库现场培训讲座15场,有3500多人次的读者参与,联系、开通网络培训220多场;⑤成功举办"超星云舟杯"专题创作大赛以及"智赢未来·我爱数字图书馆"有奖知识竞赛活动;⑥与建筑与艺术学院的学生社团"红月社"在图书馆共建大学生志愿服务基地,在文献资源宣传推广、读者问卷、文化建设、读者培训等方面相互合作,架构起图书馆与读者的桥梁;⑦组建学科服务志愿者队伍,制定相关规章制度、组织志愿者参观培训、收集针对图书馆各方面的意见和建议等。

图书馆还开展了多种形式的网络信息咨询服务:完成麦达学位论文提交系统的试用、2834条硕博士学生的信息导入、2465篇学位论文的提交接收与审核工作;完成"安徽省高校文献咨询管理平台"的文献传递工作、维护更新图书馆主页在线咨询题库、QQ咨询、E-mail咨询、电话咨询各项咨询服务工作;完成微博、微信等平台的日常管理、维护和信息发布工作,积极推广图书馆的文献资源和读者服务,加强与读者的良性互动,解答读者在日常使用图书馆资源过程中所遇到的各类问题。

(三)图书馆"创客空间"

1. "创客空间"和"菁菁学园"

图书馆"创客空间",从宏观上来说是图书馆为使用户能发挥创意和实现创意提供工具资源和交流的平台,让用户在实践过程中实现知识学习和知识创新的一种新型图书馆服务模式。从微观角度来说,图书馆"创客空间"是为图书馆用户提供工具资源,让有共同兴趣爱好的用户聚集在一起在实践过程中学习交流和创新的空间场所。在"大众创业、万众创新"的创客时代,蕴藏着无穷创意,为创客们开启了广阔的未来。

"菁菁学园"成立于2008年,位于合肥工业大学翡翠湖校区图书馆,秉承着"服务师生、服务社会、勤工助学、自强创业"的宗旨,全心全意服务于广大师生,学生自立自强,互帮互助,在人际交往和沟通能力方面得到了极大提高,为在校大学生创新、创业打下基础。

2. 服务创新理念

图书馆"创客空间"主要为大学生创客提供服务,它是一个真实存在的物理场所,所配置的技术设备相对简单,主旨是为大学生创业者营造低成本、开放式的创业平台。

"菁菁学园"主要由学生自主策划、自主经营、自主管理,从设计、实施、货物采购、商品摆放、内部管理到销售服务全过程基本都由学生自己完成,这一计划为学生提供了很好的自我教育、自我管理、自我服务和自我激励的机会,极大地提高了学生在人际交往、团队协作、社会适应等方面的能力。"菁菁学园"与"莘莘助学超市"共同设立"莘莘助学金",连续资助学生1500余人次,发放助学金100余万元,实现了资助资金从"资助"到"自助"再到"助他"的良性循环。

"创客空间"的学生自立自强、艰苦奋斗,他们怀着一颗感恩的心,用自己的力量回报学校师生的关心和帮助。学生创客空间还将致力于打造一个为更多学生提供多方面锻炼的实践平台。

图书馆服务创新是指运用新的服务创新理念、服务方法及新技术,对图书馆的资源、服务内容、物理空间等进行重构,改进现有服务模式,以提高服务质量、满足不同用户需求,从而形成核心竞争力。服务创新是实现图书馆价值增值的主要途径,是图书馆发展的主要动力源泉。

三、安徽医科大学阅读推广服务创新

(一)案例背景

随着安徽医科大学(以下简称"安医大")在图书馆资源建设方面的投入逐年增加,各种出版类型的馆藏书刊达到120余万册,中外文数据库共计31个。面对如此丰富的馆藏资源和电子资源,图书馆亟待解决的问题是如何利用好这些资源,做好资源推广。

安医大图书馆传统的资源推广模式有以下几种:新生入馆、网页宣传、展板展示、数据商培训、文检课教学以及深入院系的讲座和培训。在以往的工作中,这些模式发挥着不可替代的巨大作用,但是也存在着一些问题。一方面,理论授课模式形式单调、内容枯燥,其以馆员为中心,读者被动接受信息,难以引起共鸣;缺乏充分的互动,不能深入了解读者。另一方面,受众多且信息素养参差不齐、沟通少、实践少,效果存在差异。图书馆需要一种更为灵活,更贴近生活、贴近实际、贴近大学生的阅读推广形式。

（二）目的和意义

美国麻省理工学院的教授提出这样的观点，人们通过阅读，可以学习到 10% 的知识；通过听闻可以获得 15% 的知识；而通过亲身体验一件事，可获得 80% 的知识。因此游戏作为现代社会一种流行的生活方式，同样可以发挥教育的作用。美国图书馆界早在 2005 年就开始探讨图书馆是否应该提供游戏服务，2008 年，美国图书馆协会发起了首届"国家游戏日"，2009 年还发布了馆员的游戏指南，取得了不错的效果。近年来，游戏服务在国内高校图书馆界也悄然兴起。在这样的背景下，安医大图书馆分别于 2015 年和 2016 年做出了新的尝试，借世界读书日系列活动的契机举办了图书馆大型互动游戏："疯狂图书馆"和"爱上图书馆—Run—Run—Run—"。

本次游戏活动"疯狂图书馆"旨在通过体验式游戏，改变读者对图书馆的旧有印象；宣传图书馆的使用指南、馆藏分布、文检教学等资源和服务；营造轻松愉悦的资源推广环境，提高资源推广的效果；增强读者体验感，培养用户忠诚度并吸引更多的潜在读者。

（三）前期策划和宣传

举办一个好的活动如同拍摄一部电影，需要组织策划、内容设计、方案实施等环环相扣。本次活动的策划团队分别来自文献检索教研室、参考咨询部、技术服务部、文献阅览部。前期调研时，策划组先是走访一线部门，收集了各部门需要推广的资源和服务，同时也收集了大学生读者感兴趣的综艺文化节目（《奔跑吧兄弟》《中国诗词大会》《疯狂动物城》电影）的相关素材。策划组经过反复讨论，设计了四个闯关任务，并将本次活动命名为"疯狂图书馆"——寓意着同学们像《疯狂动物城》中的兔朱迪一样，能够通过本次活动在图书馆里有所收获，获得成长。为了理顺各环节的衔接，把握关键点，通过社团志愿者的参与，策划组对游戏进行了测试，并适当调节了游戏难度，以确保活动顺利进行。

策划案完成后，在学生社团的协助下，在食堂、宿舍楼、宣传栏以及各院系门口散发传单、张贴海报，同时结合官微、官网，将活动广而告之。

参赛成员三人一组，自由组队，共计 12 个代表队，36 人参加。参赛人员来自临床医学、医学影像、妇幼保健、麻醉等 12 个专业。在赛前一周,策划组邀请参赛队在图书馆会议室召开了一次赛前培训,详细讲解了游戏的规则、流程,并强调了游戏过程中需要注意的安全事项。

（四）活动实施

为确保活动有序进行,12个参赛队通过抽签的形式,分三个批次入馆,时间间隔为15分钟。

队员们首先要协同完成第一关——"体力拓展,舞动青春",本关设置了循环踢毽子、转呼啦圈、跳绳、你比我猜,队员们需要通过协作完成所有项目,才能顺利过关并获得下一关的任务卡。

第二关为"畅游书海,智慧搜寻"。关卡设置了数字密码,队员需解码获取目标书籍的题名,通过OPAC系统检索到相应的分类号,再到书架上找到该图书,即为闯关成功。

第三关是"学科核心,志在必得"。队员首先要根据任务卡上对期刊的要求,借助期刊分类目录和字顺目录找到指定期刊的题名和排架号,再到期刊架上找出藏在该刊中的神秘人线索,在同楼层中寻找神秘人并对出诗句,即为闯关成功。为避免对诗失败导致任务无法继续,该环节还设置了惩罚补救,读完神秘人提供的绕口令亦可获得下关任务卡。

第四关是"信息挖掘,终极PK"。队员首先要利用中国知网数据库检索到指定的文献,在文献中找到特定的作者或作品,并在图书馆各楼层的文化建设展墙上找到相应展框,全体成员与之合影,并发布到微信朋友圈,最后前往终点向裁判展示朋友圈内容即为结束比赛。

以游戏起始时间至朋友圈发布时间计算,完成所有关卡用时最少的参赛队获胜。

（五）活动总结

1. 大胆尝试

本次活动在游戏情景中融入了图书馆的空间资源布局、图书分类排架规则、学术资源介绍、信息检索技巧、古典诗词、医学人文等知识,体验式教学模式效果更佳。首次引入了学生社团的参与、官方微信的发布、选手微信的转发,借助新媒体加强了宣传,一定程度上扩大了图书馆在大学生读者中的影响力。阅读推广借助游戏的形式更加贴近大学生生活,帮助读者缓解了压力,为图书馆和读者建立起良好的交互体验和情感依附,增强了用户忠诚度和黏性。

2. 成效显著

本次活动具有知识性、普适性、趣味性、互动性、亲和性和可持续性。于读者而言,增强了其体验感,加深了对图书馆的了解;增强了信息意识,提升了信息技能,提高了信息素养。于图书馆而言,重塑了图书馆的形象,赢得了更多潜在读者的关注;馆内资源和服务得到了进一步宣传和推广;通过情景,及时捕捉到了读者的使用障碍点以及兴趣点,从而可对资源的采购和服务提升作进一步改进。本次活动受到了同学们的一致好评,许多同学纷纷表示,下次活动一定还要报名参加。

(六)启发和反思

本次活动依托游戏参与者、志愿者和执行者的力量,发挥了良好的团队效应,游戏队员是活动的主体,代表着大学生群体,图书馆只有充分了解读者的兴趣、需求以及使用难点,做好赛前准备和赛后反馈信息的收集,才能进一步做好阅读推广工作。社团志愿者是活动的好帮手,游戏当日志愿者分布在图书馆门口和每个关卡的关键点,在比赛过程中负责秩序维护、路线引导、结果统计;比赛结束后负责比分的统计和宣布;在活动结束后负责反馈意见的收集。他们既是活动的执行者,又是活动的宣传者和见证者。志愿者的加入,既保证了公平性、公正性,又充分借助了学生群体的创意,在活动中起到了非常好的桥梁作用。馆员是活动具体的策划者、组织者和执行者,充分发挥馆员,尤其是一线馆员的主观能动性和创造性,鼓励他们平时注意相关资料的积累,才能更好地将资源和服务的内容嵌入活动当中。

反思本次活动,由于欠缺经验,还是存在诸多不足的,例如,采取了顺序制的入场方式,导致某个环节同时涌入的参赛人员相对较多,而其他环节都空无一人,设备和人员的服务效率相对不高。在今后的活动中,可以采取乱序制的方式加以改进。

图书馆游戏服务已经成为吸引读者关注、宣传图书馆资源与服务、培养学生信息意识、提高学生信息素养能力的新途径。在今后的活动当中,我们将继续坚持"以人为本、需求即动力"的原则,充分考虑读者需求,利用更符合贴近读者、更符合潮流的活动形式,重塑图书馆形象,提高资源利用率。

四、知识服务创新

知识服务的提出最早产生于知识密集型服务业（Knowledge Intensive Business Services, KIBS）,被认为是知识管理（Knowledge Management, KM）、知识组织（Knowledge Organization, KO）和知识市场（Working Knowledge, WK）的结合,其目的是帮助企业提升利润和竞争力。知识密集是与劳动密集、资源密集对应的一个专业术语,在国内相关研究成果中出现的频率很低。国外学者从20世纪90年代中期开始进行知识密集型服务业和知识密集服务（Knowledge Intensive Services, KIS）的相关研究,并产生了一系列成果。

20世纪90年代初期,部分发达国家的政府部门开始关注知识服务产业,知识服务的相关研究也随之成为国外学术界的热门。1995年,欧洲委员会将知识服务定义为基于专业知识背景,为其他组织提供知识密集型服务,认为其主要包括两种模式：T-KIBS（科技知识服务）和P-KIBS（传统知识服务）。1997年,美国专业图书馆协会（SLA）在*Information Outlook*上开设专栏,对知识管理相关研究进行探讨。盖伊·圣克莱尔（Guy St. Clair）指出知识服务作为有效利用组织信息的新途径,可以帮助用户实现知识的快速获取、整合和创新。知识服务此后逐步显现出如企业培训服务、技术创新服务、信息咨询服务等多种形式的多元化发展趋势。

国内外学者对于"知识服务"的定义不同。因为"知识服务"是由"信息服务（Information Service, IS）"演化而来,目前国内外尤其是国外学者在有些文献中依然把"知识服务"归为"信息服务"的范畴,将"知识服务"和"信息服务"合为一体进行研究。后来随着学术界对"知识服务"的研究增多,国外学者大多称其为"知识密集型服务业"。目前国内外学者开展的有关大数据环境下高校图书馆知识服务模式问题研究的相关内容主要包括以下几个方面。

第二章　图书馆服务的国内外借鉴

（一）知识服务内涵

国内学者如张晓林[1]认为知识服务是以专业知识和相应的知识获取、处理、分析的专业能力为基础，依据用户的要求为用户提供动态和连续的服务，解决用户所不能解决的问题，通过知识的应用和创新来实现价值；姜永常、尤如春认为知识服务是为适应经济发展和知识创新的需要，经过信息的析取、重组、集成和创新而形成的解决客户问题且符合客户需求的知识产品服务；孙成江[2]指出知识服务不仅包括提供专业知识、解决问题的服务，还应该提供例如网上技能培训、多媒体实习、专家系统等多种形式的体验式知识服务，为客户提供过程化和程序化的专业知识；金雪军[3]深入分析了知识服务的一般流程，即通过互联网，以信息化的形式提出满足用户需求的专业方案；李霞等[4]将知识服务流程作为依据重新分类了知识服务形式，并定义了知识服务的主体和客体，指出服务主体即知识的提供者，掌握专业知识和技能，拥有强大的专家团队，服务客体即知识的接收者，通过掌握知识来满足需求、解决问题并进行知识创新；徐孝婷[5]通过文献综述认为企业知识服务是以用户为目标，面向用户需求，解决用户问题并使知识不断升值的服务。

（二）高校图书馆知识服务体系

国内的高校图书馆知识服务体系相关研究最早出现在 2008 年，随后研究成果逐渐增多。关于高校图书馆知识服务体系建设的研究主要有保障体系建设和服务体系建设两种思路。

在高校图书馆知识服务保障体系建设方面，专家学者主要关注知识服务保障体系人力资源、信息资源、技术资源、基础设施等的建设。如宋

---

[1] 张晓林.走向知识服务：寻找新世纪图书情报工作的生长点[J].中国图书馆学报，2000，26（5）：32-37.
[2] 孙成江，吴正荆.知识、知识管理与网络信息知识服务[J].情报资料工作，2002（4）：10-12.
[3] 金雪军.中国知识服务业发展问题探析[J].软科学，2002，16（3）：12-16.
[4] 李霞，樊治平，冯博.知识服务的概念、特征与模式[J].情报科学，2007，25（10）：1584-1587.
[5] 徐孝婷，程刚.国内外企业知识服务研究现状与趋势[J].情报科学，2016，34（6）：163-169.

春智[①]认为高校图书馆知识服务的平稳运行需要以高素质人才队伍、完善的基础硬件设施、先进的信息技术、完备的知识服务机制、丰富的网络知识资源、多样的宣传渠道和开放的国际交流环境等为保障;陈钟彬[②]认为高校图书馆知识服务保障体系建设应以满足知识创新需求和信息服务发展要求为目标,并构建包括信息资源存储建设、知识服务模式建设和管理体系建设三个方面的高校图书馆知识保障体系;唐金秀[③]提出在高校图书馆面向中国大学慕课MOOC的知识服务过程中,应坚持"以用户为中心",完善知识资源保障体系、人力资源保障体系、技术保障体系、知识服务产品体系和组织管理保障体系,为MOOC用户的知识获取和知识应用活动提供保障;黄长伟等[④]认为高校图书馆参与智库信息服务保障体系的建设应以馆藏特色资源库和高校机构知识库为基础,通过了解智库信息需求,提高图书馆信息分析与数据处理能力,构建信息保障协调创新机制和区域高校图书馆联盟智库,从而提高高校图书馆的知识服务和社会服务能力;姚梅芳和宁宇[⑤]基于复杂的网络视角,构建包括政府部门网络、图书情报机构网络和创新创业专业科研机构网络三个层面的高校创新创业知识保障体系复杂网络,并提出高校创新创业知识服务保障体系的实施,应从政府战略规划高度和各级各类图书情报机构两个层面分别开展;刘巧英[⑥]认为高校图书馆面向创新创业的知识服务保障体系建设应以新一代信息技术为手段,以智慧服务为支撑,以价值共同体为核心,通过显性和隐性知识在横向和纵向的相互流通、相互作用,发挥高校图书馆创新创业知识服务保障体系的整体效能。

在高校图书馆知识服务体系建设方面,研究主要集中在知识服务体系存在的问题、构建知识服务体系的关键要素及如何构建知识服务体系

---

① 宋春智.高校图书馆知识服务保障体系研究[D].哈尔滨:黑龙江大学,2008.
② 陈钟彬.论高校图书馆知识保障体系的构建[J].图书馆,2010(1):102-103.
③ 唐金秀.面向MOOC的高校图书馆知识服务保障体系构建研究[J].科技资讯,2016,14(2):135-136;160.
④ 黄长伟,陶颖,孙明.高校图书馆参与智库信息服务保障体系建设研究[J].图书馆工作与研究,2018(7):11-14.
⑤ 姚梅芳,宁宇.复杂网络视角下的高校创新创业知识保障体系研究[J].情报理论与实践,2019,42(8):54-58.
⑥ 刘巧英.高校图书馆面向创新创业的知识服务保障体系构建研究[J].情报探索,2021(4):8-13.

第二章 图书馆服务的国内外借鉴

等方面。如黄思玉[①]提出高校图书馆现有学科知识服务体系存在馆员制度不完善、资源建设不全面、服务推广不充分等问题,各高校需要重视学科化知识服务平台的建设,推动泛在化资源系统的创建,加强服务推广和信息反馈,从而构建高校图书馆学科化服务体系;袁红军[②]认为构建高校图书馆网上知识咨询服务体系首先应在充分调研兄弟院校知识咨询服务体系的基础上,结合国内外知识咨询服务体系相关研究理论设计方案,然后联合同省市院校建设信息资源共享协作网,实现高校联合知识咨询服务,最后根据实际运行情况注意新技术、新模式的及时更新;李艳等[③]认为高校图书馆知识服务体系的构建应基于"大数据+微服务",以后端大数据平台和前端微应用服务的信息交互为支撑,推动高校图书馆知识服务模式的创新,为用户提供个性化知识服务需求;沈洋等[④]在对"双一流"背景下制约高校图书馆学科服务创新发展的问题和障碍进行深入挖掘的基础上,吸收国内外高校图书馆学科服务的先进经验,认为我国高校图书馆应积极融入"双一流"建设战略,找准学科服务发展定位,强化学科服务顶层设计,充分开发学科服务人力资源,创新学科服务高效运行机制,从而构建"双一流"战略背景下的高校图书馆学科服务发展体系;任萍萍[⑤]将相关研究向前推进,提出要构建"双一流"驱动下的高校图书馆学科知识服务能力体系模型框架,同时高校图书馆学科知识服务能力体系的构建,应以一流学科科研用户的需求为中心,通过优化顶层设计,组建一流学科知识服务团队,建设学科文献资源保障体系,为学科科研用户提供嵌入式智慧服务;顾佐佐等[⑥]创新提出智慧图书馆全景式知识服务新模式,并提出应从智能知识服务层、知识发现层、数据处理层、支持层和数据资源层五个层面建设智慧图书馆

[①] 黄思玉.泛在知识环境下高校图书馆学科化服务体系构建[J].图书馆学刊,2013,35(10):59-61,64.
[②] 袁红军.郑州都市区高校图书馆网上知识咨询服务体系构建[J].农业网络信息,2014(9):65-68.
[③] 李艳,余鹏,李珑."大数据+微服务"模式下的高校图书馆知识服务体系研究[J].图书馆理论与实践,2017(3):99-103.
[④] 沈洋,李春鸣,覃晓龙.融入"双一流"战略的高校图书馆学科服务体系建构研究[J].现代情报,2018,38(10):121-125.
[⑤] 任萍萍."双一流"驱动下高校图书馆学科知识服务能力体系建设研究[J].情报科学,2019,37(12):93-97.
[⑥] 顾佐佐,陈虹,李晓玥,等.智慧图书馆动态知识服务体系构建与平台设计[J].情报科学,2020,38(10):119-124.

知识服务云平台。

(三)高校图书馆知识服务影响因素

高校图书馆知识服务能力受到多种因素的共同作用,因此探索影响高校图书馆知识服务的关键影响因素对于提高图书馆知识服务能力具有重要意义。目前,关于高校图书馆知识服务影响因素的研究主要集中在高校图书馆知识服务驱动因素、其相互关系及影响机理等方面。如翟莹昕[1]认为高校图书馆知识管理受到知识组织、知识开发、知识共享、知识服务和知识创新因素的影响;武海东[2]在系统品质、信息品质、服务品质之外对数字图书馆系统绩效影响因素进行扩展,认为主观规范和自我效能也是影响数字图书馆系统绩效的重要因素;赵静[3]提出特色信息资源库是图书馆知识服务核心能力的源泉,高素质人才是图书馆知识服务核心能力的后盾,知识内容是衡量图书馆知识服务核心能力的标杆;夏丽君[4]在充分梳理信息系统成功模型相关研究的基础上,结合高校图书馆微服务效果调研情况,认为改进的信息系统成功模型中影响高校图书馆微服务效果的六大因素为微内容质量、微平台系统质量、微服务质量、个体认知、持续使用意向和用户满意度;康英[5]认为双创环境下高校图书馆精准知识服务的影响因素包括高校图书馆、双创用户、知识、知识技术和知识环境五大维度,共计23个影响因素,然后根据解释结构模型将其划分为表象层、中间层和根本层,并对其相互影响关系和作用机制进行了深入探讨;薛飞[6]以信息系统成功模型为基础,对大数据环境下高校图书馆知识服务质量的影响因素进行研究,发现系统构造、系统性能、信息质量、组织理念、受众需求和受众信任是大数据环境下高校

---

[1] 翟莹昕.高校图书馆知识管理影响因素辨析[J].长春理工大学学报(社会科学版),2011,24(12):141-142,194.

[2] 武海东.基于信息系统成功模型的数字资源统一检索系统评价[J].情报杂志,2013(4):177-182.

[3] 赵静.高校图书馆知识服务核心能力研究[J].图书馆学刊,2014(4):87-90.

[4] 夏丽君.高校图书馆微服务效果影响因素研究[D].南京:南京农业大学,2018.

[5] 康英.双创环境下高校图书馆精准知识服务的影响因素及作用路径研究[J].情报科学,2019,37(9):54-61.

[6] 薛飞.论大数据背景下高校图书馆的知识服务质量影响因素[J].甘肃科技,2020,36(19):99-101.

图书馆高质量知识服务平稳运行的保障；尹达和杨海平[①]认为高校图书馆知识服务质量由图书馆内部和外部环境共同影响，其主要驱动力为技术驱动、需求驱动和数据驱动。

（四）国内高校图书馆知识服务实践

目前国内有关高校图书馆知识服务实践研究的主要内容涉及高校图书馆知识服务典型案例研究、高校图书馆知识服务现状调研及高校图书馆知识服务对比研究等方面。如张雨婷和胡昌平[②]以高校数字图书馆社区为对象，对我国39所"985"高校的图书馆的学生用户进行了数字图书馆社区知识交流与交互服务用户满意度调查；申峰[③]选取北京大学、清华大学、武汉大学、浙江大学、复旦大学与上海交通大学六所"2015—2016中国高校社会影响力排名"前六的大学的图书馆和郑州大学、河南大学、华北水利水电大学与河南财经政法大学四所河南高校的图书馆为调查对象，对我国高校图书馆知识服务模式和开展情况进行分析探讨；姜董勇[④]采用网络调查、实地调研、案例分析等方法，探究美国和中国高校图书馆面向创新创业的服务实践现状，对比发现中美图书馆在服务的开发性、深度、广度等方面均存在显著差异；唐银和蒋雅竹[⑤]对国内高校图书馆服务创新创业的举措进行梳理，在对广西大学、广西科技大学、广西民族大学等高校图书馆创新创业服务现状进行充分调研的基础上，提出广西高校图书馆双创服务提升策略；汪青和赵惠婷[⑥]通过文献调研和抽样调查方法分析高校图书馆学科知识服务现状，并以三峡大学图书馆为例分析其学科知识服务实践模式及在信息环境、员工素养和协调合作方面存在的问题，提出相应的对策和建议。

[①] 尹达，杨海平.知识服务理念下高校图书馆教学科研支持体系研究[J].教育理论与实践，2020，40（18）：13-15.
[②] 张雨婷，胡昌平.数字图书馆社区知识交流与交互服务用户满意评价[J].图书馆论坛，2014（12）：89-93，130.
[③] 申峰.高校图书馆知识服务模式比较研究[J].河南医学高等专科学校学报，2018（2）：211-214.
[④] 姜董勇.面向创新创业的中美高校图书馆服务实践与比较研究[J].图书馆学刊，2019，41（1）：138-142.
[⑤] 唐银，蒋雅竹.国内高校图书馆服务创新创业现状及对广西地区的启示[J].教育现代化，2019，6（A2）：285-286.
[⑥] 汪青，赵惠婷.地方高校图书馆开展学科知识服务的实践与思考：以三峡大学图书馆为例[J].内蒙古科技与经济，2020（9）：101-104.

(五)高校图书馆知识服务平台及模式构建

高校图书馆知识服务模式作为高校图书馆为高校师生提供知识服务的基础,是知识服务相关研究中必不可少的组成部分。目前,国内外专家学者在高校图书馆知识服务模式构建过程中,多关注高校图书馆知识服务平台搭建及知识服务模式构建两部分。

在高校图书馆知识服务平台中,现有研究主要集中在以下几点:一是技术支撑。张兴旺等[1]通过阐述云计算、物联网、人脸识别等新兴技术及可信应用设计方法在云图书馆平台构建过程中的应用契机,提出云图书馆知识服务平台的构建应依托服务感知与适配技术、资源虚拟化技术与云服务化技术、云服务业务管理技术、支持异构协同的云计算技术、可信服务机制设计技术和信息整合与决策研究技术等的实现;赵帅[2]通过分析大数据知识服务模式的特征,认为人机交互平台、大数据组织与分析和大数据处理等技术是构建大数据知识服务平台的关键。二是实现方式。常金玲等[3]认为微信作为深受广大青年好评的社交媒体软件,可以帮助高校图书馆构建知识服务平台,从而为高校师生提供精准性、即时性的知识服务;程卫萍等[4]以浙江省科技创新云服务平台为例,论证了知识服务平台的实现方式;罗铿[5]提出高校图书馆应以网络问答社区知识服务模式为参考,建设自身网络问答社区平台;刘惠等[6]认为目前高校图书馆移动服务平台的构建主要有依托微信、微博等热门社交软件和自行开发移动图书馆应用软件两种实现方式。三是平

---

[1] 张兴旺,麦范金,秦晓珠,等.挑战与创新:重新审视云图书馆构建的技术走向[J].情报资料工作,2012(4):37-41.
[2] 赵帅.基于大数据的知识服务平台构建关键技术研究[J].自动化与仪器仪表,2018(12):44-46.
[3] 常金玲,胡艳芳.基于微信公众平台的高校图书馆个性化知识服务建设研究[J].图书馆学研究,2016(20):22-28.
[4] 程卫萍,王衍,潘杏梅.基于科技云平台的跨系统图书馆联盟协同知识服务模式研究——以浙江科技创新云服务平台为例[J].图书馆理论与实践,2016(6):70-74.
[5] 罗铿.网络问答社区对高校图书馆知识服务的影响研究[J].大学图书情报学刊,2017,35(6):7-10.
[6] 刘惠,胡素敏.2013~2017年我国图书馆知识服务领域研究概况分析[J].情报探索,2018(7):128-134.

第二章 图书馆服务的国内外借鉴

台特征。胡小丽[①]认为高校图书馆可以借助 Lib Guides 平台改进知识服务方式,提高用户体验满意度,并加强平台移动化服务功能,为用户提供泛在式学科化知识服务;徐军玲等[②]提出图书馆开发平台的知识服务应具有专业化、泛在化、即时性和个性化特征。

高校图书馆知识服务模式的探讨主要集中在个性化服务模式、学科交叉服务模式、智慧图书馆服务模式和科研服务模式等方面。如等对高校图书馆现行知识服务模式进行总结,包括咨询台式服务模式、学科馆员式服务模式、门户网站式服务模式、知识库服务模式等;还有学者提出了机读式信息服务模式、用户自我服务模式、参考咨询服务模式、专家知识服务模式等高校图书馆知识服务模式,面向用户的图书馆知识服务模式包括用户自助服务、专业化服务和个性化服务三种模式,图书馆网络环境个性化信息服务新模式,泛在图书馆知识服务模式,融合替代计量指标的数字图书馆知识服务新模式等等。

(六)高校图书馆知识服务评价

国内外学者对高校图书馆知识服务评价的研究也是高校图书馆知识服务研究中的重要组成部分,主要包括知识服务模式评价、质量评价、绩效评价和能力评价四个方面。

在知识服务模式评价方面,冉小波[③]在总结当前高校图书馆主要知识服务模式的基础上,构建高校图书馆知识服务模式评价指标体系,共包括利用效率、开展效果、图书馆发展和成本投入四个方面,然后运用模糊综合评价法对图书馆主要知识服务模式进行综合评价;丁晓燕[④]在探讨高校图书馆学科服务评价模式的基础上,选取10位专家学者基于20项评价指标对某市理工大学图书馆学科服务能力进行调研打分,然后运用层次分析法对该校图书馆学科服务进行评估。

[①] 胡小丽.国内图书馆基于 Lib Guides 学科知识服务平台的应用调查与对策研究[J].图书馆学研究,2013(6):81-86.
[②] 徐军玲,徐荣华.高校图书馆的开放知识服务架构设计[J].图书馆杂志,2014,33(8):70-73.
[③] 冉小波.高校图书馆知识服务模式评价研究[J].情报科学,2009,27(8):1169-1172.
[④] 丁晓燕.基于层次分析法的高校图书馆学科服务评价模式:以某市理工大学图书馆为例[J].西部素质教育,2017,3(2):21.

在知识服务质量评价方面,徐军华[①]借鉴"LibQUAL+"研究计划,认为信息服务质量评价指标体系应包括信息服务工作者、现代化技术手段、信息资源建设、信息用户满意度和效益五个维度;周佳骏[②]从网站的设计与链接、访问技术与安全、灵活性、可靠性、个性化支持、通信与交流、用户关系、独立操作、情绪感知、功能感知、知识服务的实现手段、服务内容、应用和反馈十四个维度构建三维二阶分层递进的图书馆2.0知识服务质量评价指标体系(LKSQE 2.0),并采用因子分析法测度广西壮族自治区桂林市三所"一本"高校图书馆知识服务质量;刘洪等[③]借鉴美国研究图书馆协会(Association of Research Libraries,ARL)的LibQUAL+TM与ClimateQUALTM评价工具,从用户和馆员两个视角分别建立学科知识服务用户满意度评价指标体系和学科馆员知识服务组织环境评价指标体系,对高校图书馆学科知识服务质量进行评价;宋雪雁等[④]运用SERVQUAL模型,从安全性、易获取性、精准性、有用性、整合性、规范性、创新性、特色性、续航性和前瞻性10个方面构建高校图书馆微信公众号知识服务质量评价指标体系,然后采用MUSA模型和标杆管理对吉林大学、重庆大学与国防科技大学的图书馆微信公众号服务质量进行测度。

在知识服务绩效评价方面,孙小鸥[⑤]运用平衡计分卡理论,从投入与产出维度、内部业务流程维度、用户维度和学习与成长维度构建高校图书馆知识服务绩效评价指标体系,然后采用层次分析法确定指标权重,通过问卷调查和模糊综合评价法求得评价值,进而对山东大学图书馆知识服务绩效进行评估。邱裕[⑥]在充分参考国内外知识共享理论的基础上,运用头脑风暴法构建高校图书馆知识共享绩效评价指标体系,包括馆舍建设、知识贮存效果、人员分配协调情况等20个指标,然后基

---

① 徐军华.知识管理环境下图书馆信息服务质量评价模式[J].图书馆理论与实践,2006(5):47-49.
② 周佳骏.基于Web 2.0的高校图书馆知识服务体系评价模式[J].中华医学图书情报杂志,2013,22(5):38-44.
③ 刘洪,曾莉,李文林.高校图书馆学科知识服务系统的构建与评价——以南京中医药大学为例[J].高校图书馆工作,2014,34(1):24-27.
④ 宋雪雁,张祥青.基于微信公众号的大学图书馆知识服务质量评价研究[J].现代情报,2020,40(2):103-113,152.
⑤ 孙小鸥.高校图书馆知识服务绩效评价研究[D].济南:山东大学,2014.
⑥ 邱裕.高校图书馆知识共享体系绩效评价研究[D].广州:华南理工大学,2015.

第二章 图书馆服务的国内外借鉴

于问卷调研数据采用层次分析法对绩效评价模型的有效性进行验证。Amirhosein Mardani 和 Saghi Nikoosokhan 运用基于偏最小二乘法（PLS）的结构方程模型（SEM），基于伊朗电力财团 120 家公司的数据，验证知识创造和知识整合因素对知识管理绩效的正向影响。唐毅等[①]将知识网格技术引入高校图书馆知识服务领域，从投入、产出角度构建高校图书馆知识服务绩效评价指标体系，然后采用 CCR 模型对北京大学、清华大学、复旦大学等 10 所高校图书馆知识服务效率进行测算。

在知识服务能力评价方面，知识服务能力评价是指采用一种或综合多种评价方法，对高校图书馆知识服务要素（如知识服务基础设施、知识资源、专业技术人员、服务流程、服务方式、服务成效和管理制度等）按照一定标准，进行定性和定量等一系列复合分析，从而确定知识服务的能力、绩效、满意度水平的判断过程。目前，已经有一些关于高校图书馆知识服务能力评价的研究成果，如张展[②]从知识服务意识、专业基础知识和知识服务技能三个方面构建了图书馆员服务能力评价指标体系；白娟[③]将探索性分析法引入图书馆知识服务能力评价研究中，基于"两个空间"内的探索空间构建多层次能力指标体系和多分辨率模型体系"两个体系"，然后通过实体模型分析、中间模型分析、评估模型分析"三层分析"得出结果，进而实现对图书馆知识服务能力评估的探索性分析；燕珊[④]基于知识服务相关理论，构建了包括知识服务资源、人员能力、方式、质量和结果五个维度的高校图书馆知识服务能力评价指标体系，然后采用模糊层次分析法测度了 H 高校图书馆知识服务能力；郁文景[⑤]以"211"高校为例，探讨了高校知识服务绩效评价问题；周莹[⑥]等从知识获取过程、知识组织过程、知识开发过程、服务提供过程等方面构

---

① 唐毅，高燕. 基于知识网格的高校图书馆知识服务绩效评价[J]. 图书馆学刊，2019，41（11）：40-45.
② 张展. 图书馆员知识服务能力评价体系构建[J]. 江西图书馆学刊，2011，41（3）：119-122.
③ 白娟. 探索性分析在图书馆知识服务能力评价中的应用[J]. 情报理论与实践，2015，38（10）：100-103；109.
④ 燕珊. 基于 FAHP 方法的高校图书馆知识服务能力评价研究[D]. 哈尔滨：黑龙江大学，2015.
⑤ 郁文景. 高校知识服务绩效评价研究：以 211 高校为例[D]. 蚌埠：安徽财经大学，2016.
⑥ 周莹，刘佳，梁文佳，等. 数字图书馆知识服务能力成熟度评价模型研究[J]. 情报科学，2016，34（6）：63-66，86.

建了数字图书馆知识服务能力成熟度评价指标体系;付永华[①]从知识服务资源、知识服务人员能力、知识服务方式、知识服务质量、知识服务结果等方面构建了高校图书馆知识服务能力评价指标体系;杨春静[②]从知识服务资源、知识服务人员、知识服务方式方法、知识服务技术平台、知识服务内容、知识服务组织结构和管理制度、知识服务效果等方面构建了科技情报机构知识服务能力评价指标体系;齐晓丹[③]在信息资源能力、技术资源能力、人力资源能力、结构组织能力、文化构成能力等方面探讨了数字图书馆知识服务能力评价问题。

第二节 国外图书馆服务案例

在大数据、人工智能、物联网、移动互联等现代信息技术快速发展的知识管理时代,英国、日本、美国等发达国家高校图书馆非常重视面向校内外用户的知识服务工作,加大经费投入,高度重视知识资源库、特色资源库和知识库建设,构建先进的网络化知识服务平台,采用线下和线上相结合的方式,积极开展支持教学科研、学科、学生学习与成长、创业就业以及社会化知识服务等活动,积累了丰富的经验,有不少做法和经验值得我国高校图书馆学习借鉴。

从已有的研究成果看,目前对发达国家高校图书馆知识服务研究的主题相对集中,采用的研究方法主要以调查研究、对比研究、总结归纳为主,但真正在篇名中体现知识服务的成果并不多见,对知识服务平台建设、知识资源库建设、知识服务模式、知识服务能力评价、面向企事业单位和科研院所知识服务的研究成果还较少。因此,对发达国家高校图书馆知识服务进行全面系统深入探讨,对其好的经验进行总结归纳分析,所得结论对我国高校图书馆开展知识服务具有一定的参考价值和借

---

① 付永华.基于 FAHP 方法的高校图书馆知识服务能力评价研究[J].创新科技,2016(8):50-53.
② 杨春静.科技情报机构知识服务能力研究[D].蚌埠:安徽财经大学,2017.
③ 齐晓丹.数字图书馆知识服务能力评价研究[J].江苏科技信息,2018,35(21):17-19.

第二章　图书馆服务的国内外借鉴

鉴意义,对提高我国高校图书馆知识服务能力和水平具有重要的理论和现实意义。

一、发达国家高校图书馆知识服务实践概述

目前国内外学者也在积极开展针对发达国家高校图书馆知识服务的研究工作,主要涉及社会化知识服务、科研和教学支持服务、学科知识服务、学生学习和成材成长服务、特色资源库建设和专业技术人才队伍建设等方面。

在有关发达国家高校图书馆开展社会化知识服务方面,贾米勤[1]对英国、美国、日本三国高校图书馆参与社会服务的情况进行了比较研究;封洁[2]对英国高校图书馆政府信息服务情况进行了调查分析;刘水[3]探讨了美国高校图书馆社会化服务实践问题,并得出了对我国高校图书馆的启示;李巨龙[4]对美国高校图书馆社区服务实践问题进行了探讨,并指出值得我国高校图书馆借鉴的有关经验;廖瑶和蒋芳芳[5]对美国高校图书馆校友服务情况进行了调查分析,同时总结了对我国高校图书馆的启示;刘倩雯和束漫[6]对英国高校图书馆面向中小学服务的情况进行了调查研究,并得出了对我国高校图书馆的启示。

在有关发达国家高校图书馆开展科研和教学服务支持服务方面,Corral Sheila 等[7]探讨了英国高校图书馆开展科研数据管理服务问题;

---

[1] 贾米勤.发达国家图书馆参与社会服务的比较研究——以英国、美国、日本为例[J].农业图书情报学刊,2014,26(6):175-180.
[2] 封洁.英国高校图书馆政府信息服务调查分析[J].新世纪图书馆,2016(10):88-91.
[3] 刘水.美国高校图书馆社会化服务实践及其启示[J].河北工程大学学报(社会科学版),2017,34(4):21-23;36.
[4] 李巨龙.美国高校图书馆社区服务实践研究及启示[J].晋图学刊,2019(3):44-49.
[5] 廖瑶,蒋芳芳.美国高校图书馆校友服务调查及启示[J].图书情报工作,2019,63(9):135-143.
[6] 刘倩雯,束漫.英国高校图书馆面向中小学服务的调查及启示[J].大学图书馆学报,2020,38(3):80-88.
[7] CORRAL SHEILA, KENNAN MARRY ANNE, AFZAL WASEEM. Bibliometrics and research data management services: emerging trends in library support for research[J]. Library Trends, 2013(3):636-674.

Tenopir C.等①探讨了英国学科馆员与科技数据管理服务问题;张莎莎等②研究了美国高校图书馆科研数据管理服务问题;钱国富③以兰卡斯特大学为例,探讨了英国高校图书馆数字人文服务问题;王岚霞④探讨了面向科研成果转化的美国高校图书馆服务问题;毛玉容和李庭波以英国剑桥大学图书馆为例,探讨了国外高校图书馆科学数据管理政策问题;杜琪和高波⑤分析了英国高校图书馆科研数据管理现状及启示;王利君等⑥探讨了英国"常春藤联盟"高校图书馆科研数据管理服务实践与启示;陈廉芳等⑦探讨了美国一流高校图书馆科研支持服务调查与启示;成舒云⑧对美国高校图书馆推动科研数据管理实践的有效途径问题进行了研究;苏敏⑨探讨了美国高校图书馆开展数字人文服务的路径与启示;金秋萍⑩探讨了美国高校图书馆科研支持服务的实践及启示。

在有关发达国家高校图书馆开展学科知识服务方面,张毓晗等⑪对英国高校图书馆学科服务现状进行了调查和分析;章望英⑫探讨了日本

---

① TENOPIR C, SANDUSKY R J, ALLARD S, et al. Academic librarians and research data services: preparation and attitudes[J].IFLA Journal, 2013, 39(1):70-78.
② 张莎莎,黄国彬,邱弘阳.美国高校图书馆科研数据管理服务研究[J].图书馆杂志,2016,35(7):59-66.
③ 钱国富.英国高校图书馆数字人文服务探析——以兰卡斯特大学为例[J].大学图书馆学报,2017,35(4):30-34.
④ 王岚霞.面向科研成果转化的高校图书馆服务探析:基于美国高校图书馆科研成果转化服务的启示[J].图书馆建设,2018(7):60-64;71.
⑤ 杜琪,高波.英国高校图书馆科研数据管理现状及启示[J].图书馆工作与研究,2019(11):58-65.
⑥ 王利君,吴淑芬,杨友清.英国"常春藤联盟"高校图书馆科研数据管理服务实践与启示[J].图书馆学研究,2019(16):89-95.
⑦ 陈廉芳,常志卫.美国一流高校图书馆科研支持服务调查与启示[J].现代情报,2019,39(4):108-114.
⑧ 成舒云.美国高校图书馆推动科研数据管理实践的有效途径研究[J].图书馆研究与工作,2020(8):80-84.
⑨ 苏敏.美国高校图书馆开展数字人文服务的路径与启示[J].情报理论与实践,2020,43(7):194-201.
⑩ 金秋萍.美国高校图书馆科研支持服务启示——基于美国30所高校图书馆的调研分析[J].四川图书馆学报,2021(2):73-77.
⑪ 张毓晗,WALLER L, GALLIMORE V,等.英国高校图书馆学科服务现状调查和分析[J].图书情报工作,2017,61(11):63-70.
⑫ 章望英.日本教学研究型高校图书馆学科服务发展态势及启示[J].图书馆工作与研究,2018(12):21-27.

第二章 图书馆服务的国内外借鉴

教学研究型高校图书馆学科服务发展态势及启示;黄娜等[1]对美国高校图书馆开展学科服务的特色进行了研究;张诗博[2]总结和归纳了美国高校图书馆大学生学习支持服务的特征及其启示;侯茹[3]对美国高校图书馆创业服务问题进行了研究;鄂丽君和马兰探讨了美国高校图书馆的本科生研究支持服务问题。

在有关发达国家高校图书馆支持学生学习和成才成长服务方面,刘倩雯等[4]对英国高校图书馆支持学生健康服务状况进行了调查分析;李琛[5]以美国常春藤联盟和国内C9联盟高校图书馆为例,对基于能动学习的图书馆学习支持服务问题进行了探讨。

在有关发达国家高校图书馆特色资源库建设方面,曹琴仙和沈昊[6]对日本高校图书馆信息资源共建共享概况及启示进行了探讨;赵婷[7]对日本一流高校图书馆文化遗产特色馆藏建设与服务问题进行了研究。

在有关发达国家高校图书馆专业技术人才队伍建设方面,周晓燕和尹亚丽[8]对国外高校图书馆科研数据服务人员知识结构进行了分析;鄂丽君和王启云[9]从高校图书馆招聘视角,对美国高校图书馆专业馆员职业能力进行了调查分析;刘翠青[10]对美国高校图书馆招聘学科馆员的能

---

[1] 黄娜,谭亮.美国高校图书馆开展学科服务的特色和启示[J].图书馆研究,2018,48(4):96-103.
[2] 张诗博.美国高校图书馆大学生学习支持服务的特征及其启示[J].图书馆理论与实践,2018(1):83-88.
[3] 侯茹.美国高校图书馆创业服务研究及启示[J].图书馆学刊,2018,40(4):138-142.
[4] 刘倩雯,谈大军.英国高校图书馆支持学生健康的服务调查与分析[J].大学图书馆学报,2021,39(2):107-114;12.
[5] 李琛.基于能动学习的图书馆学习支持服务研究:以美国常春藤联盟和国内C9联盟高校图书馆为例[J].图书馆工作与研究,2021(2):50-55.
[6] 曹琴仙,沈昊.日本高校图书馆信息资源共建共享概况及启示[J].河北大学学报(哲学社会科学版),2015,40(4):153-154.
[7] 赵婷.日本一流高校图书馆文化遗产特色馆藏建设与服务研究[J].新世纪图书馆,2021(1):81-87.
[8] 周晓燕,尹亚丽.国外高校图书馆科研数据服务人员知识结构分析:以IASSIST网站中2015年的招聘信息为例[J].图书情报工作,2016,60(3):76-82.
[9] 鄂丽君,王启云.美国高校图书馆专业馆员职业能力调查与分析——高校图书馆招聘视角[J].图书馆论坛,2018,38(1):128-134.
[10] 刘翠青.美国高校图书馆招聘学科馆员能力需求研究及启示[J].高校图书馆工作,2019,39(6):3-47.

力需求进行了分析,并归纳了对我国高校图书馆的启示;张毓晗[①]从招聘视角,对英国高校图书馆人才需求进行了分析。

二、英国高校图书馆知识服务的实践

在现代信息技术快速发展的大数据时代,英国高校图书馆非常重视面向校内外用户开展知识服务工作,在特色知识资源库建设、专业知识服务团队建设、教学科研与学科知识服务、社会化知识服务等方面都积累了比较丰富的经验。具体来说,有以下几个方面。

1. 高度重视特色知识资源库建设

英国高校图书馆拥有丰富的特色馆藏资源,主要通过特殊文献建设项目、特色馆藏数字化项目、特色馆藏建设调查项目等强化特色馆藏资源建设工作。英国高校图书馆非常重视特色资源库建设,充分发挥其在知识服务中的作用,积极提供给校内外用户使用。一些拥有珍稀馆藏的高校图书馆,如牛津大学、剑桥大学图书馆等,充分发挥学科专业、科学研究和社会服务优势,实时对其部分特藏资源进行数字化建设,建立特色资源知识库,并通过网络化、在线 App 等方式及时提供给校内外用户使用,以提升图书馆的全球影响力。

2. 知识服务形式以网络化为主

英国高校图书馆知识服务的形式已经从过去的人工服务转变为以自助和网络化服务为主,网络化服务形式多样,移动互联技术广泛使用。网络化的知识服务平台大大提高了知识服务的效率和质量。多数高校图书馆基于 YouTube、Instagram、Facebook、Twitter 等欧美主流社交媒体平台开展知识服务,同时也通过网站主页提供在线咨询服务。

3. 专业团队进驻,提供优质知识服务

大部分英国高校图书馆除有自身的专业服务团队外,还有馆外的专业技术人员或团队进驻图书馆,为校内外用户提供各类专业知识服务。

---

① 张毓晗,WALLER L,GALLIMORE V,等.英国高校图书馆学科服务现状调查和分析[J].图书情报工作,2017,61(11):63-70.

主要服务内容包括信息技术支持服务、数据支持服务、科研论文写作支持服务、心理健康辅导、职业生涯规划、创业就业服务等。馆外专业技术人员或团队的加盟，不仅缓解了图书馆知识服务专业技术人员短缺问题，而且能为用户提供高质量的专业服务，进一步提高了图书馆知识服务能力和水平，增强了图书馆知识服务的竞争力。

4. 高度重视学科知识服务

高度重视学科知识服务是英国高校图书馆的显著特点，如曼彻斯特大学图书馆和牛津大学图书馆等大部分图书馆拥有专业的知识服务团队，他们既依托网络平台，也重视现场服务。具体包括以下三种方式：一是进驻院系服务，即学科馆员定期、定时深入院系，主动提供现场咨询服务；二是教学服务，即根据需求为系统的课程提供教学环节服务；三是科研项目服务，即为科研项目提供专业的研究支撑。张毓晗等对英国高校图书馆的学科服务内容、组织架构、教学和培训的方式、新技术和反馈手段等进行调查，得出的结论是：英国高校图书馆的学科服务内容由传统的馆藏资源建设、学科联系、信息素养培训逐渐外延，面向用户提供多项科研支持服务。

5. 积极开展社会化知识服务

英国高校图书馆充分利用自身拥有的知识数字资源和专业服务优势，积极面向校外用户开展社会化知识服务工作。如伯明翰大学图书馆与当地公共图书馆合作开展读者账户共享服务；考文垂大学图书馆为中学生开展服务等。英国高等教育调查发现，超过半数的大学图书馆与当地中学存在各种形式的联系，并提供相应服务。刘倩雯等[①]调查了英国高校图书馆针对中小学的知识服务现状，指出高校图书馆应拓展服务范围，面向校外尤其是中小学群体提供知识服务。

6. 高度重视支持教学科研服务

英国高校图书馆高度重视支持教学科研知识服务，主要体现在：一是重视科学数据管理知识服务，这也是知识服务工作的一大特色。科研数据管理服务是基于科研数据全生命周期所产生的有关服务，包含数据

---

① 刘倩雯，束漫.英国高校图书馆面向中小学服务的调查及启示[J].大学图书馆学报，2020，38（3）：80-88.

管理计划、元数据的创建与转换和数据监督等。如英国剑桥大学图书馆长期以来重视科学数据管理服务,构建了系统完善的科学数据管理政策体系,为用户提供个性化的科学数据服务,包括科学数据管理计划制订、科学数据集创建、科学数据组织整理、存储访问及共享、科学数据素养教育等;拥有专业服务团队,开发了集成化科研服务平台,采用专题网站、公开咨询等多种方式。英国高校图书馆为保证科研数据管理服务顺利开展,制定了4项保障措施:科研数据管理的政策规范、科研数据管理的技术平台、科研数据管理的工具资源、科研数据管理的咨询培训。二是重视开展面向科研和数字人文的知识服务。孟祥保[①]对英国23所高校图书馆开展科研知识服务现状进行了调查分析,得出结论是:23所高校都开展了内容丰富、形式多样的科研知识服务。如牛津大学图书馆开展科研知识服务主要涉及学术出版、科研数据管理、科研讲座与培训、数字人文、特藏等。英国高校图书馆科研知识服务的主要内容包括文献资源获取与管理服务、科研信息管理服务、科研数据管理服务、开放存取与学术出版服务、科研评价服务和用户科研培训等。

7. 积极开展支持学生成长成才知识服务

英国高校图书馆非常重视开展支持学生成长成才的知识服务,具体包括支持学生的学习、科学研究、创新就业、健康等多个方面。刘倩雯、谈大军[②]对英国30所高校图书馆支持学生健康的服务现状进行了调查研究,得出的结论是:英国高校图书馆提供了信息资源、物理空间与活动项目三方面的健康支持服务,服务策略包括开展合作、设立团队、关注特殊需求、强调学生参与服务、加强服务营销等。

8. 非常重视专业技术人才队伍建设

英国高校图书馆非常重视专业技术人才队伍建设。英国是世界上最早实行图书馆职业资格认证的国家,对从业人员的资质、职业能力等很早就建立了比较完备的规范和体系。高校图书馆对馆员职业能力的要求较为务实,对年龄和学历没有具体要求,非常看重馆员的实践能

---

① 孟祥保. 英国高校图书馆科研服务现状调研及启示[J]. 图书情报工作, 2017, 61 (13): 53-61.
② 刘倩雯, 谈大军. 英国高校图书馆支持学生健康的服务调查与分析[J]. 大学图书馆学报, 2021, 39 (2): 107-114.

力、沟通能力、IT、工作态度等。周晓燕、尹亚丽[①]通过调查研究发现,国外高校图书馆对科研数据服务人员的要求为:硕士以上学历且有社会科学、图书情报或特定领域学科背景,擅长计算机编程和统计分析,具有较强的信息技术能力和数据挖掘分析能力,同时需要有一定的实践能力和工作经验。

三、日本高校图书馆知识服务的实践

日本高校图书馆积极开展面向校内外用户的知识服务,在具体知识服务实践中,尤其重视以下几方面的工作。

1. 重视特色资源库建设

日本高校图书馆重视特色知识资源库建设。一流高校图书馆基于文化遗产类特色馆藏资源,积极开展对外服务,主要方式是借阅、检索、复制、扫描、咨询、宣传培训等,并针对特色馆藏出台了专门的服务制度。

2. 积极开展学科知识服务

开展学科服务也是日本高校图书馆知识服务的一个特色。章望英[②]以日本10家教学研究型高校图书馆为研究样本,对其学科服务现状及发展态势进行了调查分析。结果表明,日本教学研究型高校图书馆不仅注重学科服务与科研活动的深度融合,以学科馆员支撑信息素养教育服务,而且还提供定制化、一体化的参考咨询服务,形成了贯穿学科服务全生命周期的全流程服务体系。

3. 高度重视学生学习支持知识服务

日本高校图书馆非常重视学生学习支持的知识服务,且涵盖了学生成长发展的全方面,主要提供生活咨询、科研论文写作辅导、学习咨询、

[①] 周晓燕,尹亚丽.国外高校图书馆科研数据服务人员知识结构分析:以IASSIST网站中2015年的招聘信息为例[J].图书情报工作,2016,60(3):76-82.
[②] 章望英.日本教学研究型高校图书馆学科服务发展态势及启示[J].图书馆工作与研究,2018(12):21-27.

信息检索辅导、信息技术辅导等服务。此外，不少图书馆还基于数据分析和资源推荐提供特色学习支持服务。如九州大学图书馆在网站中设立了集在线课程大纲、讲座等信息于一体的"学习"专栏，大阪大学图书馆提供了"学习用书目推荐"。

4. 高度重视联盟知识资源库建设

日本高校图书馆为了提高自身知识服务能力和水平，非常重视知识资源的共建共享建设，尤其是在联盟知识资源库建设方面很有特色。高校图书馆知识资源共建共享体现了很高的组织性和统筹规划性，有全国性的，也有区域性、行业性和系统性的，它们共同形成了交叉联系的知识资源共享网络。其中，日本大学图书馆联盟和日本国立信息研究所是具有代表性的两个组织。此外，还有九州地区高校图书馆联盟和京都地区高校图书馆联盟等区域性高校图书馆联盟，以及日本药学图书馆联盟和日本看护图书馆联盟等学科图书馆联盟。日本大学图书馆联盟基于日本高校图书馆，以资源共建共享为目的，实现信息资源的集中购买和共享，降低了信息资源的采集成本，目前已基本形成了类型多样、结构完整的具有统一的协议、技术标准和信息资源系统的组织体系。作为日本综合学术信息系统发展的中心机构，日本国立信息研究所基于自身资源及背景优势，承接了学术信息收集、整理和提供服务，还积极开展电子图书馆服务、综合书目数据库系统、学术信息网络和馆际互借系统等信息资源共建共享工作。

5. 积极开展社会化知识服务工作

日本高校图书馆高度重视社会化知识服务工作。一是图书馆向社会用户开放，如提供借阅服务、电子知识资源服务等。二是提供在线访问数字化珍本资料服务。例如，东京大学图书馆允许社会组织借阅珍本书籍，并在需要时进行再版、出版、展示和展览，由于版权问题，服务受到严格审核。三是根据馆藏知识资源的特点、服务方向以及学校学科专业特色，积极向社区、企事业单位及科研院所提供知识服务或者开展合作。

第二章 图书馆服务的国内外借鉴

四、美国高校图书馆知识服务的实践

美国高校图书馆非常重视知识服务工作,在支持学科、教学科研、数字人文、学生成长成才、社会化服务等方面都取得了明显成效。

1. 积极开展社会化知识服务

美国高校图书馆普遍重视社会化知识服务工作。从 20 世纪 60 年代起,美国高校图书馆就开始了社会化知识服务工作,经过多年实践,积累了丰富的经验。刘水[1]通过对美国 36 所高校图书馆开展社会化服务情况的调查,得出的结论是,美国绝大多数高校图书馆为社会读者提供参考咨询服务、图书借阅服务、读者卡服务、专题馆藏服务、数据库服务等各种形式的知识服务。如加州大学伯克利分校图书馆,其社会化知识服务主要内容为远程信息服务、针对性借阅服务和现场参观服务等。

美国高校图书馆开展社区知识服务由来已久,将自身定位为大学与社区之间的桥梁,在开放图书馆知识资源及服务、培养社区成员信息素质、建立合作交流和伙伴关系、协同组织展览与学术活动等方面开展了大量卓有成效的探索,积累了丰富的服务经验,采用了愿景管理模式、打造延伸服务文化、构建延伸服务体系和依托项目落实服务等举措。如俄亥俄州立大学图书馆推动馆藏和教育资源的开放获取;石溪大学图书馆建立了完善的社区服务活动体系。

美国高校图书馆高度重视面向校友开展知识服务工作,明确将毕业校友划分到校外读者的类型中。廖璠、蒋芳芳[2]调查了 *U.S. News & World Report* 于 2017 年发布的美国高校综合排名前 30 的高校图书馆,发现图书馆面向校友提供的服务内容主要包括文献借阅服务、电子资源服务、参考咨询服务、空间服务、校友捐赠、参观校园等。同时,不少美国高校图书馆还为校友提供体现学校优势和特色的个性化知识服务。美国高校图书馆面向校友开展知识服务时,有时会发挥地方校友会或学校校友管理机构的作用,校友所访问的电子知识资源中有不少资源是由

---

[1] 刘水.美国高校图书馆社会化服务实践及其启示[J].河北工程大学学报(社会科学版),2017,34(4):21-23;36.
[2] 廖璠,蒋芳芳.美国高校图书馆校友服务调查及启示[J].图书情报工作,2019,63(9):135-143.

校友会或校友管理机构提供的。如哈佛大学校友可使用由校友会提供的知识资源库；美国高校图书馆为校友提供形式多样、内容丰富的知识服务，比如电话咨询、邮件咨询和实时在线咨询等，同时为校友提供空间服务。

美国高校图书馆非常重视开展专利信息服务，向用户提供专利信息资源、专利检索培训和信息咨询、专利信息资源及服务导航、专利信息资源及服务推广等。服务对象为校内外用户，校外用户主要是企业。

2. 重视面向科研教学开展知识服务

重视科研教学知识服务是美国高校图书馆普遍的做法。金秋萍[1]采取网络调研法，选取美国排名前30的高校图书馆为样本，归纳和总结了图书馆科研支持服务的主要做法和实践经验。哈佛大学、普林斯顿大学和麻省理工学院等大学图书馆都明确将科研支持服务作为重点发展战略，写入发展战略规划中。美国高校图书馆突出以科研人员为中心，除了提供常见的科研技术服务、科研咨询外，还针对科研人员需求，提供数字化服务、学术知识资源使用、数据查询、写作指导等科研支持服务。

美国大学图书馆重视科研过程支持服务，主要是针对科研人员在科学研究全过程中的各种需求，提供各种学术知识资源和科研支持服务。具体内容包括研究工具服务、数据监测服务、科研指南、数字化服务、科研咨询服务、学术交流服务、技能培训服务等。

美国高校图书馆非常重视科研数据管理服务工作，其主要内容包括开展科研数据管理教学培训、协助制订科研数据管理计划、提供科研数据安全保障服务。主要方式包括举办研讨会、开放咨询柜台、开放咨询邮箱和建立专题网站，以及独立或与学校其他部门合作开展科研数据管理服务等。

美国高校图书馆高度重视数字人文服务。苏敏[2]以2019年 *U.S. News & World Report* 发布的世界大学综合排名前50名的美国高校图书馆为调查对象，发现这50所美国高校图书馆均开展了数字人文服务。该服务包括数字人文科研支持服务、数字人文项目服务、数字人文教学

---

[1] 金秋萍.美国高校图书馆科研支持服务启示——基于美国30所高校图书馆的调研分析[J].四川图书馆学报，2021（2）：73-77.
[2] 苏敏.美国高校图书馆开展数字人文服务的路径与启示[J].情报理论与实践，2020，43（7）：194-201.

支持服务及数字人文相关课程等。

美国高校图书馆积极开展科研成果转化知识服务。在具体科研成果转化过程中,图书馆主要向科研人员提供信息培训服务、信息调查服务和信息检索服务。具有服务优势的图书馆还会向科研人员提供更加专业的知识挖掘和知识发现服务。科研成果转化服务方式主要有支付—咨询模式、商业化团队模式和创业匹配模式。支付—咨询模式是美国大学图书馆广泛采用的科研成果转化服务模式。该模式可将科研成果相关学科的图书馆员纳入高校商业计划和创业计划中,为参与商业或创业计划的人员提供相关咨询,或采用教学的方式为企业人员、研究人员和其他人员提供培训服务。商业化团队模式是指图书馆专门建立一个嵌入商业计划的商业化团队,帮助企业人员和科研人员收集数据和提供信息服务,以满足高校科研成果转化的需求。创业匹配模式是企业根据其需要与高校合作的高端模式。高校图书馆根据该模式可精准匹配学校的创业计划与企业的商业计划,帮助企业获取相关技术的使用授权。此外,商业馆员还可以负责制订相关商业计划。

3. 积极开展学科知识服务

美国高校图书馆高度重视学科知识服务,学科服务也是其知识服务最重要的内容。不少研究型大学图书馆都建有学科图书馆,多数高校图书馆都设立了学科馆员制度,拥有一支专门的学科知识服务专业人才队伍。学科馆员在学科服务中发挥着重要作用,不仅仅是为院系的教学和科研提供学科信息、开发学科馆藏,而是拓展到课程设置、教学资源选择、学生的成长成才,学科服务更加强调知识和智力服务。同时,美国高校图书馆也非常重视学科知识服务平台建设,积极采用网络化的服务方式,主动服务、网络服务、定题服务、个性化服务是其学科服务通行的做法。如哈佛大学图书馆将学科服务的馆员分成研究馆员、学科馆员和院系联络人三类,紧紧围绕学校的教学和科研,充分利用新技术开展学科服务;康奈尔大学图书馆有500多名馆员,其中学科馆员80多名。学科馆员关注学科发展动向,及时了解院系发展需求,并成立专门机构来负责全部学科馆员管理和培训工作,提供高质量的学科服务。学科服务除了提供馆藏资源、参考咨询、教学培训、联系院系外,还拓展至学术出版与传播、数字工具开发、科研数据管理、资源发现与管理等方面,并提出要将学科服务融入教学科研活动、人才培养、学生成长成才的全过程。

4.积极开展面向学生成长成才的知识服务

美国高校图书馆积极开展面向学生成长成才的知识服务。一是积极开展支持学生学习的知识服务。如哈佛大学图书馆为不同主题提供定制的课程,并提供特殊收藏来支持这些课程,为本科生推荐同行研究员,提供基本研究帮助,并将其嵌入所需的图书馆服务,为学生创造不同的学习体验。达特茅斯学院图书馆通过学习社区、研究写作和信息技术学习中心以及学习促进中心为学生提供学术支持服务。普林斯顿大学图书馆提供写作研讨会、课程指南、数据和统计建议等研究数据服务。康奈尔大学图书馆针对本科生的研究过程,开展了选择研究主题、查找书籍、资源评估、整合引用来源等一系列服务;此外,图书馆还提供指导和写作辅导研讨会,重点关注图书馆资源、研究工具、研究方法和信息素养,以创建最有效和最佳的指导课程。哥伦比亚大学图书馆为本科生和研究生提供写作支持,并开设指导课程和写作中心,同时还提供研究数据服务、嵌入式参考咨询和研究帮助。耶鲁大学图书馆针对本科生获取图书馆资源的需求,为每个本科生配备一名图书馆员。二是重视开展本科生研究支持服务。鄂丽君、马兰[①]通过对美国高校图书馆开展本科生研究支持服务调查,发现其服务内容主要包括研究咨询、提供研究用空间、为本科生讲授课程、设立图书馆研究奖、设立图书馆研究员计划、协助本科生发表、保存与展示研究成果、提供研究指导信息等。美国高校图书馆本科生研究支持服务的经验主要是重视本科生研究支持服务中的合作,促进本科生使用图书馆资源,开展嵌入本科生研究过程的服务。三是非常重视开展创业知识服务。通过调查发现,美国高校图书馆构建了全过程、立体化的创业服务体系,主要内容包括创业文献资源服务、创业课程支持性服务、咨询服务、创客空间相关服务等。同时,美国高校图书馆将创业服务列入图书馆战略规划,鼓励馆员协调创业服务工作,协同校内外合作力量共同推动创业服务,开展图书馆创业服务评估,设置图书馆创业服务专职岗位等。通过积极探索多要素创业服务

---

① 鄂丽君,马兰.美国高校图书馆的本科生研究支持服务[J].图书馆论坛,2020,40(2):159-164.

模式,美国高校图书馆总结提取出三种典型的图书馆创业服务经验:一是依托信息资源开展创业培训,以培养大学生创业素养为重点,加强相关资源建设,并通过整合利用商业信息的获取及使用等开展创业培训;二是依托创客空间支撑校园知识创新和科技孵化,以馆舍空间改造为切入点,依托创客空间整合资源,实现从创客体验到企业孵化的顺利推进;三是依托各类竞赛开展创业演练,通过创业活动、创业竞赛等形式,鼓励和支持大学生开展创业实战演练。

5.重视知识服务专业队伍建设

美国高校图书馆非常重视知识服务专业技术人才队伍的建设,注重人才的综合素质、专业能力、信息技术能力和沟通能力等,在学科馆员的选拔、数字人文馆员等方面都设置了较为严格、具体的标准和要求。鄂丽君、王启云[①]基于高校图书馆招聘视角,以美国图书馆协会Job LIST网站发布的高校图书馆专业馆员招聘信息为数据源,对美国高校图书馆专业馆员职业能力展开调查与分析。研究发现,美国高校图书馆专业馆员的职业能力可以归纳为四大类:学历、经验、知识与技能、能力。专业馆员的图情专业教育受到美国高校图书馆的关注,招聘专业馆员时图书馆从业经验是不可缺少的要求。在学历方面,美国高校图书馆绝大多数专业馆员具有较高的教育背景,专业馆员以图书情报学硕士为主,其他学科硕士为辅。在经验方面,美国高校图书馆普遍看重专业馆员已经具备的经验。如亚利桑那州立大学图书馆要求特色馆藏主管具有3—5年馆藏发展从业经验,以及5—7年图书馆学术研究的专业工作经验。在知识与技能方面要求也很具体,如宾州州立大学图书馆要求馆员理解定量方法,研究学术或图书馆环境中的新兴实践、标准和趋势,包括数字学术、开放获取,以及数据发现和使用。美国高校图书馆数字人文馆员知识结构主要包括:一是专业和学历结构,如普林斯顿大学要求应聘者具有社会科学、图书馆学、人文科学或者其他相关学科的博士学位。二是专业知识要求,主要具备图书情报学、数字人文、计算机网络等知识。三是综合素质和能力,以组织管理能力、人际交往与协作能力、服务意识能力、环境适应与学习能力为主。纽约大学图书馆、德州农工大学图书馆、普渡大学图书馆等要求应聘者具有很强的服务理念;麻省理工

---

① 鄂丽君,王启云.美国高校图书馆专业馆员职业能力调查与分析——高校图书馆招聘视角[J].图书馆论坛,2018,38(1):128-134.

学院图书馆、迈阿密大学图书馆等表明会优先选择有项目管理经验的应聘者。四是相关工作经验。多数高校要求应聘者具备相关工作经验,很多单位甚至要求或优先考虑具有多个相关工作经验的应聘者。伊利诺伊大学香槟图书馆和斯坦福大学图书馆在必要和预期条件下要求5份以上的工作经验。斯坦福大学图书馆规定,申请人必须有5年或以上的工作经验,加州大学圣克鲁斯图书馆要求至少4年的工作经验。因此,各种相关工作经验的积累对于数字人文服务具有重要意义。

第三节　图书馆服务经验借鉴

英国、日本、美国等发达国家高校图书馆知识服务的实践,在知识资源库、特色资源库、联盟知识建设,服务教学、科学、学生成长成才,网络化知识服务平台建设,社会化知识服务等方面积累了丰富的经验,值得我国高校图书馆开展新时期知识服务借鉴。

一、要高度重视社会化知识服务

《普通高等学校图书馆规程》明确指出:高等学校图书馆要积极参与各种资源共建共享,发挥信息资源优势和专业服务优势,为社会服务。因此,我国高校图书馆要加强自身建设,充分利用知识资源等优势,积极开展社会化服务。一是面向企事业单位和科研院所开展知识服务,及时了解这些单位的知识需求,充分利用现代信息技术和知识服务平台,为他们提供战略决策、创新发展、参与竞争所需要的知识;二是加强与社区的合作,了解社区的知识需求,积极面向社区开展内容丰富、形式多样的知识服务;三是面向中小学开展知识服务,利用图书馆的知识资源优势,了解中小学知识需求,积极开展知识服务;四是面向校友开展知识服务,校友是高校最重要的资源,高校图书馆要将校友知识服务制度化,服务内容不限于一般的文献借阅服务,应该提供参考咨询、竞争情报等服务,服务方式以个性化、网络化为主;同时高校图书馆要加强与学校校友管理机构、地方校友会的合作,共建知识资源库,联合开展校友知识服务,展现校友知识服务的广度和深度,提高校友知识服务的质量和水平,扩大学校图书馆知识服务的影响力。

二、积极开展学科、教学科研知识服务

《普通高等学校图书馆规程》明确指出:高等学校图书馆要建设全校的文献信息资源体系,为教学、科研和学科建设提供文献信息保障。英国、日本、美国等发达国家高校图书馆在学科、教学科研知识服务等方面积累了非常丰富的经验,有很多好的做法值得我国高校图书馆学习和借鉴。在现代信息技术快速发展的大数据时代,我国高校图书馆尽管也开展了学科、教学科研知识服务,但与发达国家相比,差距还是很明显的。以科研数据管理服务为例,北京大学图书馆、复旦大学图书馆和武汉大学图书馆都开展了此类服务,但与发达国家高校图书馆相比,在服务制度、服务人员、服务方式、服务内容、用户培训等方面存在较大差距。因此,我国高校图书馆要提高学科、教学科研的知识服务能力,就必须在以下几方面下功夫:一是要进一步提高学科、科研教学知识服务的理念,充分利用自身知识资源和专业服务优势,积极开展学科、教学科研知识服务;二是进一步完善学科馆员、科学数据管理馆员、数字人文馆员制度,加强专业人才队伍建设,提高馆员队伍的综合素质和能力;三是要充分利用现代信息技术和科学数据管理服务平台、数字人文服务平台、学科服务平台,采用以网络化为主的服务方式,积极开展学科、教学科研的知识服务;四是在服务方式上,可以深入院系进行现场服务,也可提供在线服务;五是在服务内容上,要及时掌握和识别用户的知识需求,精准施策,为用户提供针对性强、高质量的知识资源;六是在服务团队上,可以采用图书馆专业团队独立服务,也可以采用图书馆专业团队和其他专业团队联合服务的方式;七是充分发挥特色知识资源优势,积极开展特色化服务。

三、大力推进学生学习支持和成长成才知识服务

发达国家高校图书馆开展学生学习支持和成长成才知识服务是其重要特色,有不少好的做法和经验值得我国高校图书馆学习和借鉴。为学生学习和成长成才提供知识服务是我国高校图书馆的重要功能之一。

我国高校图书馆要进一步提高学生学习支持和成长成才的知识服务意识,创新服务方式和方法,充分利用现代信息技术和知识服务网络平台,及时了解学生需求,针对学生的课程学习、科学研究、社会实践、能力提升、升学深造、职业生涯规划、创业就业、学科竞赛、社团活动、学术交流、心理健康等方面提供专业化的知识服务。要以主动服务、个性化、网络化服务方式为主,加大图书馆公共学习空间的开发与利用,为学生营造良好的学习研讨环境。

四、高度重视特色知识资源库、联盟知识资源库建设

《普通高等学校图书馆规程》明确指出:高等学校图书馆是学校的文献信息资源中心,要建立健全全校的文献信息服务体系,方便全校师生获取各类信息。发达国家高校图书馆非常重视发挥自身的学科专业和特色馆藏等优势,建立特色资源知识库,及时为校内外用户提供知识服务。因此,我国高校图书馆,要充分发挥自身的学科专业、特色馆藏及资源优势,加大特色知识资源库的建设力度,同时加快特色知识资源数字化的进程,通过专业化的知识服务平台,及时为用户提供知识服务,扩大图书馆知识服务的影响力,提高学校图书馆的知名度。

发达国家高校图书馆非常重视通过加强联盟知识资源库建设,来提高图书馆的知识服务能力。因此,我国高校图书馆要积极加入国家、区域、行业或系统图书馆、情报系统联盟,如全国图书馆参考咨询联盟、中国高等教育文献保障系统、高校图书馆联盟、长三角高校图书馆联盟、地区高校图书馆联盟等,加大知识资源共建共享的力度,提高图书馆知识服务能力。

五、重视网络化知识服务平台建设

在互联网、大数据、云计算、物联网、人工智能、移动互联网快速发展的新时代,我国高校图书馆要提高知识服务能力,一方面要积极借鉴发达国家高校图书馆知识服务平台建设的做法和经验。另一方面,要加大资金投入,统筹规划,积极构建一体化的知识服务平台:一是建设专业知识服务平台,如学科服务知识平台、科研数据管理服务平台、数字人文服务知识服务平台、专利标准知识服务平台等;二是积极加入国家、区域、行业或系统图书馆和情报联盟,接入图书馆联盟、情报联盟知识服务平台;三是要接入国际联机检索系统,共享其丰富的知识资源。

六、积极进行知识服务人才队伍建设

我国高校图书馆要提高知识服务能力,就必须要在知识服务专业技术人才队伍建设上下功夫:一是积极借鉴发达国家高校图书馆专业人才队伍建设好的做法和经验;二是要做好图书馆知识服务专业人才队伍建设规划;三是要制定专业人才队伍建设的标准,如学科馆员队伍建设标准、数字人文馆员队伍建设标准等,强化知识结构、专业能力、综合素质、信息能力、道德品质、工作经验等;四是要出台相关管理制度,严格专业人才队伍的管理;五是要加强培训和教育,持续提高他们的专业素养和能力。

七、高度重视联盟知识资源库建设

英国、日本、美国三国高校图书馆为提高知识服务的能力和水平,进一步拓展知识资源,高度重视知识资源的共建共享,积极开展联盟知识资源库的建设,积极加入国家、区域、行业、系统的图书馆或情报机构联盟,建立联盟知识资源库,为图书馆知识服务工作提供坚实的知识资源保障,进一步解决用户的知识需求,提高用户的满意度,扩大图书馆知识服务的竞争力和影响力。

第三章　图书馆读者服务

我国著作权法及实施条件中尚未对数据库问题做出专门规定,而由于世界各国在数据库问题上利益不同,意见也不一致,因此,高新技术尤其是数字化技术已经使知识产权陷入了前所未有的复杂关系中。值得期待的是,在国家自然科学基金项目"高新技术知识产权保护及其传统知识产权制度的影响"的研究中建立知识产权与社会公共利益,包括知识产权与图书馆、公共信息机构、教育与社会公众之间的利益平衡问题已被当作了重点研究的目标。图书馆是时代的产物,必然随着时代的进步而发展,对读者服务工作而言,更是随社会环境、读者阅读需求的变化而不断创新和变革。

第一节　读者服务概述

为读者服务是图书馆的根本宗旨,也是图书馆工作的出发点,这就决定了读者服务工作在整个图书馆业务工作中占有重要的地位,起着重要的作用。读者工作是图书馆的第一线工作,直接关系到图书馆的社会效益。读者工作也是联系读者与藏书的桥梁。图书馆要把收藏的大量藏书宣传推荐给读者,为满足读者阅读需求而准确地提供书刊资料,这些都离不开读者服务工作。做好读者服务工作,发挥文献资源的价值是图书馆义不容辞的责任。[1]

---

[1]　程应红.图书馆管理与利用[M].合肥:安徽大学出版社,2009.

第三章　图书馆读者服务

一、读者服务

图书馆业务工作体系,一般可以分为藏书工作体系和读者服务工作体系两个方面。藏书工作体系主要包括文献收集、整理和收藏、保管等方面的基础性工作;读者服务工作体系主要包括文献流通、参考咨询、文献检索、信息服务和宣传导读、读者组织、读者研究等方面的研究性、服务性工作。从图书馆工作的全局看,藏书工作和读者服务工作是相互联系,互为条件,彼此促进,相辅相成的关系。

现代图书馆是一个为社会大众提供文献信息服务的公益性机构,广大读者是图书馆的生存基础。长期以来,图书馆在社会公众心目中的形象总是高高在上,只有知识分子才会利用图书馆,普通民众与图书馆之间的距离显得十分遥远。图书馆也往往自认为是一个文化机构,而忽视了图书馆同时也是一个服务机构,肩负着为最广大的人民群众提供基础服务的任务。图书馆事业要发展,就必须牢固地树立起服务是灵魂,服务是核心,服务是基础,服务是一切工作的出发点的价值观和理念,并依据这一价值观和理念来调整、完善,并创新我们的管理体制和服务方式。[①]

二、读者服务工作在图书馆中的地位和作用

(一)服务是图书馆存在的社会价值

就目前而言,图书馆正处于从传统图书馆向未来概念图书馆——数字图书馆、虚拟图书馆过渡阶段,与其他所有过渡阶段的事物一样,此时的图书馆处在传统图书馆和未来图书馆的中间,兼具两者的特点,这造就了此时图书馆的矛盾地位。目前的不争事实是,无论过重倚向哪一方,都会有不可忽视的"服务危机"存在。[②]

众所周知,改革开放以后,我国国民经济发展迅速,各行各业呈现出勃勃生机,图书馆事业也得到了空前发展。从宏观方面看,图书馆事业确实得到了迅猛发展,在馆舍建筑、馆舍面积、馆藏数量等方面都较之

---

① 张枫霞.图书馆读者服务[M].北京:海洋出版社,2009.
② 姚新茹,刘迅芳.现代图书馆读者服务[M].北京:海洋出版社,2006.

以前有质的提高。但就单个图书馆而言,在经过20世纪80年代初期稳步发展以后,开始出现了生存危机。由于明显的营养不良,供血不足,许多图书馆呈现出虚脱状态。因此,图书馆界出现了"低谷论"。

(二)在传统与技术之间正确定位服务工作

传统图书馆向数字图书馆、复合图书馆过渡的时期,我们暂且称之为转型期图书馆。①

1. 认识传统图书馆服务优势

对于预言无纸社会的出现,必将导致图书馆的灭亡,现在看来还为时太早。应该说在相当长的历史时期内,实体图书馆仍将存在,并继续发挥重要作用。转型期的图书馆作为公众服务机构,仍将承担着为社会服务的重任;传统服务作为信息传递手段仍然担任重要角色;传统印刷型文献载体,仍然保持优势地位。

图书与期刊的发行量,仍在不断的增长。因此,图书馆仍然是收藏文献最集中的地方,用户的信息需求,仍然需要图书馆的帮助。图书馆除提供原始文献外,二次文献、三次文献的提供,仍然是非常受读者欢迎的信息。我国公共图书馆近二十年来迅速发展,到馆查阅书刊的读者呈上升趋势。因此,图书馆要根据用户需求,收藏有特色的文献,并尽可能利用现代化手段提供相应的服务。

2. 传统服务方式的提供

传统服务方式仍然是用户使用文献的主要方式,一般图书馆向用户提供文献服务,均是公益性的。传统服务方式在图书馆的经费支出较低,因此一般的服务不收费或收取少量的成本费。目前我国公共图书馆的服务工作是面向大众的,传统服务仍然是主流,被公众认可。由于我国网络化发展比较快,有些费用比较高,一般公众难以接受,这也是传统服务受欢迎的原因。因此,在转型期图书馆仍然要做好传统服务工作,不能一味追求新的服务方式和盲目地改善设施条件。

3. 图书馆设施和环境的提供

在传统图书馆,宽敞明亮的大开间阅览室、卡片式目录、手工式外借

---

① 姚新茹,刘迅芳.现代图书馆读者服务[M].北京:海洋出版社,2006.

手续与证件等,仍为公众所喜爱。传统图书馆是一个特定的场所,它以其特定的环境吸引着广大用户,它的馆舍包括书库、阅览室、外借处、复制台、读者休息室、餐厅等服务设施。许多读者来图书馆阅读图书,查阅文献和信息,是为了享受图书馆的服务和氛围,因此,图书馆的环境和服务仍然是用户的主要选择。

在我们认识传统图书馆服务的优势同时,也不能"倚老卖老"。还应清楚地看到传统图书馆在服务方式上存在的复杂性。归纳一点,就是优化服务流程,简便是服务的核心。[①]

图书馆的服务水平虽然在不断提高,读者却并未为此感到满意。其原因是读者对服务的期望也在提高。尤其是一些新建图书馆,不仅外观漂亮,而且内部装修现代,馆舍宽敞明亮,但是其服务却没有跟上硬件的建设步伐。即使有印刷精美的服务指南,初来乍到的读者也会茫然。所以提高服务质量和服务效果,是图书馆学和图书馆工作的永恒主题。

三、读者服务工作的发展趋势

(一)读者服务工作的历史发展

在中国,如果说古代图书馆的设立是为了贵族阶级所利用,是一种封闭式的服务,馆阁对平民阶级来说,是一种游离于其身外的神秘物;那么到了魏晋南北朝时期甚是兴盛的私家藏书互通有无的借阅、借抄已颇风行,宋代官府藏书允许公开出借,清代亦无禁例,准予公开借阅。

(二)读者服务工作的变化

探讨图书馆读者服务工作的发展趋势之前,有必要先了解一下在现阶段图书馆读者服务工作的变化。因为只有根据其变化,我们才能得出其发展趋势。

图书馆变革的根本原因和动力即在于阮冈纳赞所说的"图书馆是一个发展的有机体",是开放的社会机构。因为是发展的有机体、开放的机构,就必然要从周围环境中输入新元素,并在图书馆"肌体"内消化代谢,生成新的可以向社会输出的产品和服务,并将社会对它的反应再反馈回"肌体"内部;因此随着社会的发展,技术的进步,图书馆基本功能

---

① 蔡莉静.图书馆读者业务工作[M].北京:海洋出版社,2013.

随着社会的发展保持了下来,但是它与社会关系的集中体现——服务,无论是作为制度基础的法律,还是实践的基本内涵,如服务的内容、方式和方法却都在不断地变化和变革中。

当今社会是网络信息社会,网络在人们的学习、生活中占有愈来愈重要的位置。置身于此的图书馆服务,尽管还存在许多传统方式,但服务途径和手段与过去相比已有巨大变化。

(三)图书馆服务环境的变化

21世纪是知识经济时代,知识与信息已成为经济活动中的生产要素。知识经济的不断发展,加快了知识创新的速度,促进了信息的交流与利用,人们信息需求不断增加,对图书馆信息服务提出了新的要求。由于受到社会环境变化的影响,图书馆服务环境也发生了重大变化。

第二节 图书馆读者服务工作

一、我国图书馆读者服务工作理论与实践的发展变化

(一)古代藏书楼时期

在我国相当长的封建时代,早期的图书馆实际上是各种形式的藏书楼。这些藏书楼以收藏图书为主要职能,成为封建社会的图书收集、整理、保存机构。由于生产比较落后,科学研究处于科学家个体活动阶段,图书文献的生产艰难,数量稀少,图书的利用尚未形成广泛的社会需要。因此,藏书楼的掌管者比较注重图书的收集、校勘、整理、保存,对于藏书利用限制很严,只有少数人经特许方可入室查阅。整个藏书楼时期,读者服务工作尚未开展,当时的社会也不具备开展此项工作的历史条件。无论是私人还是官方的藏书都是重藏轻用,有的甚至秘不示人。据记载,明代著名的天一阁藏书万卷,却有"代不分书,书不出阁"的规定,并有"锁藏图书"之称。由此可见古代藏书楼的封闭性和保守性。[1]

---

[1] 袁明伦. 现代图书馆服务[M]. 成都:四川大学出版社,2013.

(二)近现代国外图书馆读者服务工作理念的发展变化

从17世纪到19世纪,在长期的读者服务工作实践中,人们对读者服务工作的认识逐步提高,读者服务观念发生了很大变化并升华为理论,用于指导图书馆读者服务工作。其中杜威、阮冈纳赞、列宁的读者服务思想影响较大。杜威是美国近代图书馆事业家、图书馆学教育家。他提出图书馆服务的"三适当"准则,即"在适当的时间,给适当的读者,提供适当的图书"。"三适当"准则从读者需要的角度出发,将文献的选择与提供同为读者服务结合起来,是"服务至上"的萌芽,具有开拓意义。

阮冈纳赞的图书馆"五法则"是杜威"三适当"准则的继承和发展。吴大中认为,"五法则"的中心思想体现在第一法则上,书是为了用的。图书馆的使命就是通过收集、组织和揭示各类信息,用各种有效的手段将这些经过整理的信息展示和传递给读者,并有针对性地满足读者的各种信息需求。

列宁在长期的革命斗争实践中,不间断地利用图书馆丰富的藏书,从切身的实践中深刻体会到,图书馆在人类社会生活中有着极其重要的地位和作用。他一生都非常关注图书馆事业的发展,在他的倡议和参与下,苏维埃制订了一系列有关图书馆的方针政策,形成了一整套丰富而深刻的思想体系,为图书馆学发展留下了宝贵的理论遗产。

在列宁的图书馆学思想中,有关读者服务工作的论述较为集中地体现在以下六篇文献中:《对于国民教育能够做些什么》《论彼得格勒公共图书馆的任务》《给教育人民委员部》《全俄社会教育第一次代表大会》《给鲁勉采夫博物院图书馆》和《列宁对克鲁普斯卡娅起草的关于集中管理图书馆事业的法令草案所作的补充与修改》。在规章制度、办馆方法等方面,给图书馆读者服务工作指明了方向。他的读者服务工作思想的实质就是"一切为了读者",一直以来,它都是指引图书馆读者服务工作理论研究的思想依据。

二、读者服务工作的内容和方法

图书馆是人类知识的集散地,读者服务工作又是图书馆一切工作的出发点和归宿,自有图书馆以来,读者服务便是学者们关注研究的重点,经过不断地改进、不断地创新、不断地完善,读者服务工作的内容和方法早已自成体系。①

(一)文献外借服务

1. 外借服务的功能与类型

外借服务满足读者将文献借出馆外的需求,也弥补了图书馆条件与设备不足的缺陷。为了方便读者,最大限度地发挥图书馆外借服务的有效功能,根据外借服务对象、文献来源、外借方式等方面的差别,外借服务的形式可以采取个人外借、集体外借、馆际互借、预约借书、阅览服务、复制服务、邮寄服务等。②

(1)个人外借。个人外借是图书馆外借形式中最主要、最基本的服务形式。读者可以凭图书馆发放的借书证,以个人读者的身份在馆内设置的借书处外借馆藏文献。按照读者外借文献的需求和馆藏文献的种类以及读者成分的不同,图书馆可以设置功能不同的借书处,用于满足读者的不同需求。在整个外借服务中,个人外借,从品种到数量都占外借书刊的绝大部分。

(2)预约借书。预约借书是读者向图书馆预约登记某种指定需要而暂时借不到的文献,待图书馆读者所需文献入藏或别的读者将文献归还图书馆后,按预约登记借阅顺序通知读者借书。一般地说,读者一时借不到所需文献,主要原因:一是读者所需文献已经被别的读者借阅,暂时尚未归还;二是读者所需文献虽然已经采购到馆,但尚未加工完毕,尚未入库流通;三是读者所需文献因排架出现差错,一时无法满足借阅。预约借书对于降低拒借率,满足读者的特定需要,都是行之有效的外借服务。

(2)馆外流动借书。目前,馆外流动借书已经成为许多图书馆主动为读者服务的重要方法之一。馆外流动借书的具体服务方式主要有如下几种:一是在工矿企业、事业单位、国家机关、城乡居民点等人口相对集中的地方,建立"流通服务站",挑选实用性强的优秀文献,采用定期交换的办法,通过"流通服务站"为读者开展借阅服务。二是由图书馆

---

① 宫昌利.图书馆服务思维研究[M].长春:吉林人民出版社,2019.
② 袁明伦.现代图书馆服务[M].成都:四川大学出版社,2013.

装备汽车或其他运输工具,将经过挑选的文献送到馆外读者集聚的地点,开展巡回流动外借服务。三是针对重点服务单位、重点服务对象和那些急需文献而又不能到图书馆借阅的读者用户,图书馆采取主动送书上门的外借服务方式。这种外借服务方式深受重点读者、弱势读者的欢迎,对图书馆为科研课题开展跟踪服务也十分有效。

2. 外借服务方式

(1)闭架外借。所谓闭架外借,是指读者在借阅图书馆的馆藏文献时,自己不能进入书库自由挑选书刊,只能通过查阅目录,填写索书单,请馆员帮助提取并办理借阅手续。

(2)半开架外借。所谓半开架外借,是指图书馆根据馆藏书刊复本量的多少、是否热门书刊、是否最新到馆的书刊等情况,将最新书刊、热门书刊和复本书刊等向读者部分实行开架。

(3)开架外借。所谓开架外借,指的是读者在借阅图书馆馆藏文献时,自己可以进入书库自行挑选书刊。当确定了自己需要的书刊后,请馆员帮助办理外借手续,即可携出馆外自由阅读。

图书馆采用何种"外借方式"为读者服务,各个图书馆可因地制宜,灵活掌握。一般情况下,读者需要量最大的书刊,可实行"开架借阅",品种较少、价值较高的书刊可实行"半开架借阅",流通量较少的过期书刊或珍贵稀少的文献可实行"闭架借阅"。从图书馆借阅体制发展的趋势来看,"开架外借"方式已经成为一种趋势。各个图书馆都应当努力创造条件,尽可能地采用完全开架、自由开架的外借方式,为读者利用图书馆馆藏文献提供更多的便利。

(二)文献阅览服务

阅览服务是图书馆的一项重要的服务内容,是图书馆工作前期工作之一,是读者利用书刊资料进行学习和科学研究的重要形式。大力开展阅览服务,可以提高馆藏文献利用率;同时在阅览室中,读者还可以得到工作人员的辅导和各种帮助。[1]

---

[1] 徐子民.现代图书馆管理工作实践与探索 第1卷[M].中国知识出版社,2008.

1. 阅览室的类型

当前,图书馆收藏的文献不但类型越来越多,而且载体也多种多样。就文献类型来说,不仅有图书、报刊,而且还有专利、标准、会议记录等。文献的载体更是多样的,既有印刷型,也有缩微型;既有音像型,也有数字型。因此,将同一出版类型文献集中在一个阅览室,满足读者查找阅览的特殊需要,如报纸阅览室、期刊阅览室、工具书阅览室、多媒体电子阅览室、视听阅览室、缩微资料阅览室等。

(1)报刊阅览室。此室主要陈列现刊和当月当日的报纸。以开架陈列方式供读者在室内阅览。这里的文献资料出版周期短、速度快、内容新、情报性强、信息量大,是图书馆开设的主要阅览室。

(2)工具书阅览室。工具书一般包括字典、词典、百科全书、年鉴、手册、表谱、图录、人名录等。我们在阅读文献、分析情报资料时,往往会碰到这样一些问题,诸如生僻字、专业名词术语、学者名字、某种科学理论、历史事件、年代、数据等以及需要了解其典据性的专业知识。为了适应上述需要,图书馆收藏了大量的种类繁多的参考用书,也就是参考工具书。这些工具书一般价格昂贵、复本少,所以不外借。为了便于读者查检利用,将这部分藏书集中放在一个地方,即工具书阅览室。

(3)多媒体阅览室。这是近年来随着校园网的普及和计算机技术的发展而建成的一种新型阅览室。在这种现代化的阅览室中,读者可以利用计算机浏览互联网的信息资源,或检索其他网络数据库,或通过网络访问其他图书馆的馆藏资源。

2. 阅览服务的发展趋势

目前,由于大部分图书馆的各个工作环节,基本上都实行了计算机管理,因此,按学科设置阅览室,实行开架阅览服务,打破传统的外借、阅览分离的状况,在许多图书馆已成为现实。阅览服务体制正朝着藏、借、阅一体化的方向发展。

藏、借、阅一体化的服务模式将阅览室与书库合并,在充分实现开架借阅的基础上,流通中有阅览,但以流通为主;阅览中有流通,但以阅览为主。有人称这种服务模式为"大流通、大阅览"模式。国外和国内一些高校图书馆都有采用这种管理模式。从运行情况看,读者得到了最大的便利和自由,馆藏文献利用率得到大幅度提高,效果良好。

实现藏、借、阅一体化必备的条件。一是合理的馆舍结构。随着高等教育规模的不断扩大，许多高校图书馆都建设了新馆舍。这些新馆舍是符合建筑标准要求的"三统一"大空间。这种新型格局使得楼层的各部分可以灵活划分，并可根据不同时期的不同需求进行动态调整。在面积设计上，内部房间都是一些大开间或无隔断的大厅，具有开放性。从硬件上看，满足了藏、借、阅一体化的服务需求。二是操作性较强的安全保障系统。藏、借、阅一体化的最大特点是开放性，开放虽然大大方便了读者，但也给管理带来了一定难度。因此，要想保证此服务模式正常开展运行，除加强读者教育、强化管理外，还必须建立有效的安全保障系统，才能保证服务顺利开展。三是高素质的管理队伍。实行藏、借、阅一体化的服务模式，也会带来一些问题，如图书丢失损坏严重，管理难度加大等。这就要求图书馆员必须具备以下几方面的素质：良好的职业道德、较高的业务技能、开拓创新精神、组织管理能力。

（三）复制服务方法

复制服务，是以文献复制为手段，提供流通和传递使用文献资料的一种新的服务方法。读者在学习、研究的过程中，常常需要收集资料，通常的情况是，或需要长期使用某一部分资料，或只需要某份资料中的一小部分。由于受种种条件的限制，如数量、品种、时间等，不允许或不可能把这些资料借出长期占用，也不可能腾出大量的时间去抄写。

复制服务就解决了读者在使用文献资料的过程中遇到的这一难题，它加快了文献的传递速度，提高了文献的利用率，满足了读者对特定文献占有的需要，同时，也节省了读者获取文献的时间和精力。[1]

由于文献复制具备的优点和作用，复制手段也不断发展变化。如手工抄写复制、键盘打字复印、静电机械复印、缩微照相复印、光电誊影复印、电脑存储复印等，这些复印方法都曾在图书情报部门不同程度地得到应用。目前，常用的复印方法主要是电脑存储复印。

以上这三种服务方法是图书馆传统的、基本的文献提供与流通方式，而参考咨询等其他服务方法则是图书馆读者服务工作不断深化的结果。

---

[1] 刘广明，王来军，朱萍，等.信息时代大学图书馆读者服务工作理论与实践[M].北京：北京图书馆出版社，2004.

（四）咨询服务方法

咨询服务方法是图书情报部门针对读者提出的疑难问题,利用各种参考工具、检索工具及有关文献,为读者查找、提供文献及文献知识、文献线索,以解答读者问题的一种服务方法。

（五）检索服务方法

它对科学研究活动有着十分重要的意义。

1. 文献检索的程序

文献检索的程序,就是根据既定的课题,利用适宜的文献检索工具,通过不同的检索途径,按照一定的方法把合乎需要的文献挑选出来的过程。其程序可分为以下4个步骤。

（1）分析研究课题。包括分析课题内容,确定查找需要的学科分类或主题概念,分析确定所需查找的文献类型。由于文献类型繁多,查找不同类型的文献资料,可能取得完全不同的检索效果。因此,课题所需的文献属于哪种类型,必须认真分析;分析查找年代,要根据课题的时代背景确定合适的查找年限,以提高检索效率;分析利用已知的文献线索,以便迅速准确地查找所需的未知的文献;分析研究课题是查找文献的第一步,也是关键的一步。

（2）选择检索方法。文献检索的方法,一般有以下三种。

①追溯法。这是指利用文章或专著后面所附的参考文献目录,追踪查找文献资料的方法。它不必利用检索工具,只根据附在书后的参考文献目录跟踪追溯,扩大检索范围,获取文献线索,直至达到检索目的,满意为止。其中,要特别注意反映最新科技成果的科技报告和科学论文。因为一些最新的科研成果出现后,其有关资料不可能立即在检索工具中集中收录反映,而往往能从其所附的参考文献目录中找到重要的参考线索。另外,要注意利用述评和专著,因为述评和专著中所附的参考文献一般是多而全、准而精,等于是一个小型专题文献索引,据此进行追溯,可大大提高追溯出的检索效果。

②常用法。利用各种文献检索工具进行文献查找,是文献检索工作中经常使用的一种方法,因此称常用法。它可分为顺查法、倒查法和抽

查法三种。①

　　A.顺查法。由远到近逐年逐卷进行查找,一边查找一边筛选,找出所需文献。由于是逐年逐卷地查阅,因而漏检率较低,又由于在检索过程中进行不断筛选,因而误检率也较低。顺查法的查全率和查准率较高,适用于科研课题复杂、查找范围大、时间长的文献需要。其缺点是费时费力,检索工作量较大。

　　B.倒查法。由近而远,回溯而上,逐年逐卷进行检索,一边查找一边筛选,找出所需文献。倒查法适用于新兴的研究课题。其优点是节省查找时间,为科技人员所常用。但是,漏检率较顺查法高。

　　C.抽查法。根据课题所属学科的发展特点及情况,查找学科发展兴旺阶段的文献,从而可得到较多的对口文献。因为任何学科的发展都有可能出现起伏变化。处于发展兴旺阶段时,发表文献就相应较多。反之,当学科发展处于低落阶段,发表文献会随之减少。利用抽查法查找文献,检索效率较高。但使用这种方法,在查找文献前,必须了解该学科的发展情况。

　　从以上三种查找方法,可以看出一个必须注意的问题,即检索课题的时间性。从何时开始查找,或回溯查找到何时,或抽查何时的文献,都必须在了解学科发展的情况下加以认真考虑。

　　③循环法。也叫分段法或交替法,即指追溯法和常用法的交替进行,综合使用。或者先在文献后所附的参考文献书目里找到有关资料线索,然后根据已获得的线索再利用检索工具(如利用著者索引、主题索引、分类索引等)进一步扩大检索范围,取得满意的检索效果;或者先在检索工具里找到有关的文献线索,获取原始文献。然后再根据文献后附的参考文献书目,进一步扩大检索范围,取得满意的检索效果。也就是说,要善于根据不同的情况,灵活采用不同的方法,努力提高检索效率。

　　(3)选定检索工具。检索工具的种类很多,选择使用何种检索工具,取决于用户对检索工具的熟悉程度。在选择检索工具时,还要考虑该工具质量如何。衡量检索工具的质量,一般须考虑以下几个因素:收录的文献面、报道的文献量、编制质量、传递速度及索引齐全情况等。

　　(4)确定检索途径。各种检索工具具有不同的检索途径,其中包括:

---

① 李立国.现代图书馆馆长工作方法与创新:领导艺术、业务实践、管理创新中[M].北京:中国知识出版社,2006.

①分类途径。按照文献内容所属学科的性质,从分类索引入手查找文献的途径,就是分类途径。常用的工具书有图书分类目录、文献资料分类索引等。

②主题途径。根据文献主题内容,从主题索引入手查找文献的途径就是主题途径。利用主题索引,关键在于选准主题词。常用的工具有主题索引、关键词索引等。

③著者途径。根据文献著者编制的著者索引入手查找文献的途径,就是著者途径。著者索引在检索工具中是最常见的,人们常通过著者索引来集中查找某一学者或机构的主要文献。

④其他途径。包括号码索引、分子式索引、地名和地区索引等,这类索引往往是某些专业性或特种文献的检索工具所特有的辅助性检索途径。

确定检索途径,就是在上述诸多检索途径中选择查找所需文献的最佳途径。一般来说,主题途径和分类途径是文献检索的主要途径。在已经掌握著者、号码、分子式或地名等已知条件的情况下,可利用相应的索引迅速查取所需文献。

总之,在进行课题检索时,要善于根据已知条件,综合利用各种检索途径,才能得到满意的检索效果。

(六)报道服务方法

报道服务,广义地说就是图书情报部门利用二次文献工具,向读者揭示通报文献信息的服务方法;狭义地说,就是图书情报部门通过各种报道刊物,编辑书本式题录索引、简介、文摘等二次文献及部分三次文献,向本地区、本系统以至全国范围内广泛深入地通报文献资料,这种文献服务形式,即专门意义的报道服务方法。

(七)讲座、培训、展览

图书馆作为社会信息集散中心,为社会提供多种形式的信息服务,在信息影响方面的地位是举足轻重的。讲座作为图书馆的读者服务形式之一,为广大听众提供了丰富的信息和资源,拓宽了信息获取的途径和渠道。

图书馆开展一系列讲座、培训等活动有如下几个方面作用。

第一,指导读者利用图书馆。帮助读者了解图书馆的性质、职能、任务和发展状况,介绍图书馆藏书资源的范围、重点、布局结构及其使用方法,介绍本馆的服务机构分布、服务手段、设施、借阅规则、程序、手段方法等。介绍的方法通常采用新读者集体入馆参观、现场介绍,印发图书馆简介资料,馆内播放录音、录像磁带,以及设置专门的咨询台,随时回答读者的询问等。

第二,指导读者利用图书馆目录。图书馆目录有"打开人类知识宝库钥匙"之称,读者要查阅图书馆藏书,首先必须学会查目录。帮助读者了解图书馆设有哪几种读者目录、各种目录的作用及反映藏书范围,介绍目录卡片的著录事项、索书号的组成及其组织方法,目录组织体系说明、分类目录、字顺目录的组织体系及检索使用方法,说明本馆采用分类法的分类体系、大类类目表、标记符号及特殊分类规则、字顺目录排列取字方法与查找方法,以及填写借书单的方法和要求。指导读者利用图书馆目录,可采用集中讲课的方式,也可设置目录辅导员,随时指导读者查找各种中外文馆藏目录,并在目录厅公布各种目录的体例表。

第三,指导读者利用参考检索工具。各种专业的目录、文摘、题录、索引,是教学科研人员掌握文献资料线索、查找文献资料的一把钥匙。掌握了它的使用方法,就能迅速、准确地查到与自己课题有关的文献资料。掌握中外文工具书,可以有效地提高学习与工作效率;掌握科技文献检索工具,能使科技人员在短时间内,迅速、准确地查找到自己研究课题所需的文献资料线索等。

第四,指导读者阅读图书。阅读指导是图书馆对读者的阅读目的、内容和方法给予积极影响的教育活动,目的在于提高读者的阅读能力和阅读效率。指导读者阅读图书,包括两层涵义:一是对读者阅读内容的指导;二是对读者阅读方法的指导。要引导读者掌握正确的学习与阅读方法,如在什么情况下采取浏览法阅读、什么学科应采取精读法,以养成良好的自学习惯,提高学习效率和自学的效果。

第五,指导读者利用图书馆数字资源。随着网络的日益普及,数字资源在馆藏资源中所占的比重越来越大,指导读者学会使用图书馆各种中外文数字资源是每个图书馆义不容辞的任务,也是网络环境对图书馆提出的要求。

第三节　图书馆读者服务工作的创新

一、加强馆员与读者的沟通，建立读者意见反馈系统

（一）加强采访人员与读者的沟通

高校图书馆采购文献资源是为学校教学和科研服务，最终目的是为了更好地满足读者的需求。因此，应加强采访人员与读者的沟通，采购文献时要从读者的实际需求出发。高校图书馆应开设导读中心及读者服务专栏等服务项目。目前，许多高校图书馆有导读书目、新书推荐、借阅排行榜、读者荐购、信息咨询、馆际互借与文献传递等服务，条件好的高校图书馆还有科技查新、名人讲坛等服务。图书馆应通过多渠道的服务，让读者了解图书的动态，参与采访工作。

获取读者图书推荐信息的方式有多种：首先，图书馆可以定期将图书预订书目发送给读者，由读者勾选图书；其次，图书馆可以通过采购系统、网站、信箱、微信公众号等平台，让读者随时将所需图书的信息发送给图书馆；最后，图书馆可以邀请科研人员、专家学者参加图书现场采购，增加专业选书的力度。应提高图书的质量、读者的满意度，发挥图书利用率及时效性，使图书采访更加具有针对性、计划性、合理性、实用性。

采访人员应改变观念，把读者服务作为自己的主要工作来做。[①] 应加强与图书馆其他工作人员和读者的沟通，和谐相处，做到一切为读者服务。采访人员除了做好本职工作外，还必须了解图书馆其他业务，遇到读者咨询的时候，应该对答如流。应多开展读者现采活动，如读者选书、图书馆买单等活动。采访人员在坚持传统的采访工作模式的同时，应注入新的采访元素，促进图书馆的发展。

---

① 江莹.基于信息资源建设与读者服务的高校图书馆发展研究[M].长春：吉林大学出版社，2020.

（二）加强编目人员与读者的沟通

编目人员应加强与读者的互动,通过与读者的沟通和交流,了解读者的检索习惯及所需文献信息的类型、中心内容、主题、关键词等,从而进行有针对性的文献信息编目服务工作。编目人员与读者的互动方式有:①面对面地听取读者的意见;②开通图书馆在线咨询服务;③举办有关编目和检索的讲座等活动,及时服务于读者,提供与读者交流的平台。

（三）加强前台服务人员与读者的沟通

前台服务工作是一线工作,是图书馆的服务窗口。随着技术的革新和现代设备的引进,图书馆正在酝酿一场变革,前台服务工作重心由图书借还、现场咨询、读者服务转向信息技术服务。

目前,图书的借还大多数由自助借还机完成,于是咨询工作成为前台服务工作的重点。咨询内容包括新书及馆藏文献的查询、检索工具的推荐、知识点的查询,以及收集读者对图书馆的一些意见、建议等。当前读者对前台工作人员的要求提高了,所咨询问题的深度也在增加。前台服务工作人员需要好的状态和仪表,因为其代表图书馆的整体形象。前台服务工作人员应针对读者在前台咨询的问题进行归类、分析,了解读者的阅读倾向,甚至可引导或指导读者的阅读方向,培养读者的阅读兴趣。当读者咨询自己不太熟悉的领域时,前台工作人员应反馈给其他部门。[①]

二、开展图书馆阅读推广活动,倡导让读者爱上阅读

随着时代的进步,人类越来越重视学习能力和信息素养的培养,"全民阅读"已经成为信息社会的共识。阅读推广成为图书馆的重要工作,成为图书馆界的研究热点。图书馆要顺应时代发展和挑战,做好阅读推广工作,培养读者的阅读兴趣,引导读者的阅读方向,并把阅读推广工作发展成符合图书馆核心价值观,且具活力的、自觉的、主动的服务。

阅读推广就是推广阅读,由推广主体、推广媒介、阅读主体、阅读对

---

① 肖竹青.高校图书馆文献采编与读者服务研究[M].北京:企业管理出版社,2019.

象等要素组成。高校图书馆的读者具有很强的专业知识,到图书馆主要是为了获取专业文献,所以高校图书馆阅读推广服务的模式和方式有别于公共图书馆。

阅读推广要根据读者的不同类型采用不同的模式。

(1)对于具有较强阅读能力的读者,图书馆的服务模式是提供优质的阅读空间和非干扰型的阅读推广环境,帮助读者更高效地利用图书馆。图书馆应设计服务平台,让读者对自己所借的文献有记忆。

(2)对于缺乏阅读意愿的特殊人群,图书馆应通过阅读推广的引导,培养其阅读兴趣。图书馆在阅读推广活动中可以采取生动有趣、形式多样的措施吸引读者参与,使其感受阅读的魅力。

阅读推广活动形式多样,有知识竞赛、阅读推广讲座、真人图书馆、朗读者、读书会、图书推荐等。阅读推广是图书馆的一种服务,是一个新兴领域,需要借鉴其他相关学科的先进理论来完善。

三、开展新生入馆教育,帮助其充分利用图书馆资源

高校新生入馆教育是图书馆读者培训中最重要的一环,新生入馆教育效果直接影响到新生对图书馆的利用情况和图书馆本身各项职能的发挥。新生入馆教育工作由图书馆专门的一个团队负责,首先是发放《读者指南手册》,让新生初步了解图书馆的各项规章制度、图书馆的基本概况、馆藏文献资源的分布、借阅规则、检索途径及方法等;其次是统筹安排新生参观图书馆,系统地向新生介绍图书馆设备的使用方法、文献借阅服务、各阅览室的分布和功能、文献及数据库查询方法等。通过入馆教育,可以让新生迅速了解图书借阅方法、图书分类体系,学会利用图书馆的文献资源。

高校图书馆一般是新生入馆教育考试通过后,才开通读者借阅权限。传统的新生入馆教育通常采用发放宣传资料、授课培训、参观讲解、参加入馆考试等方式。但随着数字化服务的兴起,传统模式已不太适应时代的发展,图书馆在新生入馆教育方面进行了新的改革,如利用网络提供在线咨询、在线答题、自助学习系统、虚拟图书馆展示、新生入馆教育视频等。甚至在有些高校图书馆可以利用手机下载学习通,进行入馆学习和考试,新生入馆教育变得更便捷、效果更好、效率更高,也更人性化。

第三章 图书馆读者服务

四、拓展和深化学科服务,更好地为学校教学和科研服务

学科服务在我国高校图书馆备受重视,取得了用户的认可和较为不错的成果。由于各个图书馆自身条件的限制,学科服务层次存在差异性,如重点院校的师资较强,对学科服务的要求较高,所以学科馆员也比较齐全,而普通地方院校学科服务内容单一,学科馆员缺乏相关的专业背景知识,在信息服务质量上存在一定不足。目前,各高校正在开展"双一流"建设,对学科服务的要求有所提升。图书馆要做好学科服务,就必须开拓学科服务领域,创新学科服务方式,深化学科服务内容,增强自身的服务能力,使学科服务向学科服务专业化发展。图书馆要根据服务对象知识层次的不同进行不同的学科服务,如将用户分为学习型用户、教学型用户、科研型用户等。高校图书馆在学科服务转型发展中要提升服务理念,挖掘特色重点学科资源,加强与用户的即时沟通,建立具有互动功能的服务平台。

五、改善图书馆服务环境,吸引读者爱上图书馆

(一)嵌入现代化管理设备和引进全息成像技术

图书馆要引进座位管理系统、自助借还机、现代移动图书馆架等创新技术和管理设备,改善服务环境。还可以将全息成像技术引入高校图书馆读者服务工作,全面改变广大读者学习知识、分享知识,乃至创造知识的方式,让读者爱上图书馆。

(二)为读者提供美好的阅读空间

现代高校图书馆为了满足读者服务与馆员业务的需要,致力于提供实用、舒适、美观、安全的阅读环境,使图书馆空间成为认知文化与审美文化沟通的桥梁,成为读者的阅读家园。

现代图书馆阅读空间应以人为本、内涵深广、协调统一、造型典雅、结构合理、功能齐全,具有一定的艺术文化品位及生态人文环境。例如,法国国家图书馆的外形像四本打开的巨书,具有很强的视觉冲击力与感染力;法国的密特朗图书馆位于巴黎塞纳河畔,那里景色宜人,水光山色,构成一幅动态的油画;德国斯图加特新图书馆建筑以极简主义的方盒子外观和内部空间的秩序感,达到使读者心境肃然的效果;新西兰Birkenhead 图书馆的墙壁和天花板以环保材料制成的镂空花纹板作为装饰,色调柔和统一,给读者带来一种特殊的艺术亲和力;美国克利夫兰公共图书馆的建筑中心是一座呈椭圆形的玻璃塔,周围环绕着四座高度与图书馆主楼一致的玻璃塔,在灯光照耀下,玻璃塔像水晶般透明,艺术氛围浓厚;深圳大学城图书馆充分利用了山水环境,建筑整体依山跨水,犹如蛟龙盘桓在山水之间,令读者心旷神怡。

高校图书馆是现代城市文化环境的一部分。文化是人与环境相互作用的产物,文化一旦形成,又会制约着人与环境的关系。人类生存与发展离不开优良的自然生态与文化生态,文化生态包含悠久的历史、文化及社会意义,对人格塑造和素质建设有着潜移默化的作用。高校图书馆应营造和谐的校园文化氛围,构建良好的学术生态。图书馆文化与社会文化的关系是一个双向交流的过程,社会的辐射力度具有相应的生态价值意识,人类文化由科学文化向生态文化的演进也将改变图书馆的生态。应注重人、信息和环境的和谐与平衡,打造图书馆生态的新天地,推进现代图书馆的可持续发展。同时,要加强对图书馆用户的生态教育,让生态意识进入每一位用户的心灵。[1]

六、加强图书馆的其他服务

(一)图书馆主页服务

读者登录图书馆主页,可以查看个人资料、个人设置、借阅详情、读者推荐,还可以修改密码及进行证件挂失。此外,读者可以查看推荐图书的订购情况,检索感兴趣的图书,查看其在图书馆当前的借阅情况,以及查看自己在图书馆的借阅历史,了解当前所借图书的应还日期,按时还书或进行网上续借。

(二)创客空间服务

创客空间是一种集创意和实践于一体的空间,它为人们提供了一个可以自由创造并且分享创意的场所。

---

[1] 肖竹青.高校图书馆文献采编与读者服务研究[M].北京:企业管理出版社,2019.

图书馆的创客空间真正起始于美国雪城大学信息工程学院一个研究生的提议,她建议在公共图书馆内建造一个创客空间,使人们能够合作、创造并且进行制造。创客空间的目的是开展阅读活动,培养读者的阅读能力、思考能力和学习能力,为读者提供学术生活据点、研究中心及实验室、小型的商业中心等。创客服务是图书馆读者服务的一个方面,是一种新形式的读者服务模式。

第四节　网络背景下图书馆读者服务工作的转变与深化

随着计算机技术、网络技术、通信技术以及数字化技术的进一步发展,云计算、云资源等环境的形成,让读者的阅读习惯、阅读需求发生很大的变化,传统的图书馆读者服务工作适应不了时代发展的要求,网络环境必然使图书馆的读者服务工作得到进一步的转变和深化。

图书馆读者服务是图书馆工作的中心,也是图书馆建设和创新的重要环节。图书馆的各项功能最终都是通过图书馆读者服务来实现的,图书馆各项工作流程的价值也都是通过图书馆读者服务来体现的,图书馆文献信息资源采访的合理性、信息(数据)资源建设和利用的深度与广度、馆藏建设的科学性等都可以从图书馆读者服务中获得体现。可以说,图书馆的读者服务是衡量图书馆各项工作的风向标,是检验图书馆建设和发展的重要指标之一。网络背景给图书馆带来的深刻影响是全方位的,而首先是图书馆读者服务。

一、对读者服务理念的影响

因受限于技术因素,传统图书文献资源都是以纸质媒介为载体,传统图书馆文献资源的采访、加工、存储和利用都是围绕纸质文献资源而展开。就读者服务而言,在传统图书馆下,为读者提供优质的纸质文献资源借阅服务是其唯一的服务方式。故而传统图书馆的服务理念也是在对各种纸质图书文献资源借阅的过程中逐步形成和产生的,以"书"为中心是传统图书馆服务理念的核心。受该服务理念的影响和支配,传统图书馆的读者服务呈现出封闭性、保守性、被动性等显性特征。但随着"互联网+"新技术在图书馆的广泛应用和推广,图书馆原有的文献资源服务壁垒被打破,大量的网络信息资源不断丰富着图书馆馆藏,馆际互借、资源共享、数字图书馆建设等成为现实。移动互联网技术的发展使得读者阅读时间呈现出碎片化,读者可以随时进行阅读,在阅读方式上呈现出"浅阅读""碎片化阅读",声音、图像、视频、网络在线浏览等成为主要阅读形式,在获取文献信息资源的渠道上呈现出多样化,读者不用再到图书馆就可以获取所需要的个性化阅读信息资源。同时,图书馆与读者的交互性也在不断增强。这一切都迫使图书馆不得不转变服务理念,即要建立"以读者为中心"的服务理念。[①]

首先,图书馆全体馆员要认真研讨网络的内涵,高度重视其给图书馆所带来的深刻影响;要用积极的心态、开放的思维主动去适应网络化的社会环境,要深入分析网络给图书馆带来的新问题,新情况;要充分认识到"互联网+图书馆"并不是对传统图书馆的简单替代,也并没有改变图书馆提供读者服务的本质属性。

其次,要深刻认识到"互联网+"对图书馆的意义在于能够帮助图书馆为读者提供高效率和高质量的服务,实现图书馆的转型升级。从事读者服务的馆员要积极学习网络新技术在读者服务中的应用,要认认真真地研究网络下读者的心理、阅读习惯、阅读兴趣和阅读爱好,要切实认识到在网络下,读者就是图书馆的上帝。没有读者,图书馆就失去了存在的意义。每一个馆员要有建立以"人(读者)"为中心的"互联网+图书馆"服务观念的信心和决心。优化服务流程、拓展服务渠道、完善服务方式、重组服务结构,以满足用户即时获取和个性化的需求。

再次,要充分认识到,在"互联网+"下技术已然成为一种生产要素,并推动社会的发展,同样也孕育着图书馆的新生。图书馆要切实依托互联网新技术构建起统一的图书馆网络平台,让读者与图书馆直接互联,进行零距离的交互,真正体现以读者为中心,尊重读者需求,充分满足读者的即时所需和个性化的需求,让读者愿意和喜欢进入图书馆,在图书馆能感受到最人性化、最温馨的服务。只有这样,才能实现图书馆的增值创新。

最后,图书馆要高度重视加强网络新技术学习的重要性,要变消极、

---

① 徐岚.互联网+与图书馆[M].成都:电子科技大学出版社,2018.

被动式服务为主动式服务,要以开放、共享、整合等理念促进图书馆资源的合理配置,推动读者服务的移动互联化、数据化、共享化。无论是服务流程的重构、服务方式的重塑还是服务结构的重组,都要围绕读者展开,尤其是要注重读者的参与和体验,也只有这样,才能推动和促进图书馆服务理念的创新。

二、对读者服务方式的影响

传统图书馆读者服务方式就是为读者提供文献资源借阅服务,这种单一的服务方式一方面决定了读者的借阅必须在固定的时间和固定的地点才能完成;另一方面也造就了图书馆固有的被动和保守的服务状况。

所谓被动式服务,即有读者,就提供借阅服务;没有读者,图书馆也不会主动地采取一些措施来吸引读者走进图书馆。所谓保守式服务,即指读者需要什么书,馆员就借给读者什么书,馆员不会根据读者的阅读兴趣主动向读者介绍或推荐阅读什么书。这种状况对于传统图书馆来说还可行,因为无论是公共图书馆还是高校图书馆,其辐射范围是有限的。一所高校通常只有一个图书馆,许多城市尤其是中小城市也只有一个图书馆,读者有阅读需求就必须到图书馆。但在网络时代,互联网新技术尤其是移动互联网的广泛应用,不仅使得读者随时随地阅读成为现实,而且也使得读者需求越来越高。这就要求图书馆要拓展读者服务方式,不仅能提供传统的借阅服务,更能提供个性化的咨询、定制服务;不仅能提供传统纸质文献资源借阅服务,也能提供数字化文献资源、大数据开发和利用等服务,更能提供图书馆远程访问服务。

互联网新技术,大数据、云计算技术和物联网技术等可为图书馆馆际互借、资源共享和统一网络服务平台的建立提供可靠的技术支持,也可促使图书馆服务方式从传统的单一服务方式向多元化、多层次的服务方式拓展。

1. 协同式读者服务

在网络下,每个图书馆都不是单兵作战,都是整个无边界图书馆联盟上的一个节点,都可以通过网络和云阅读服务平台,实现图书馆智慧化管理,并通过资源共享、协同服务、共同开发信息资源为每一位读者提供可随时获取、可共享、按需使用、安全可靠的阅读、访问、咨询等服务。协同式读者服务真正体现了网络与图书馆跨界融合的成效。

2. 体验式读者服务

图书馆推送式读者服务还包括提供快速的配送服务(第一时间能够送书上门)。当然,要完成这样极致的读者服务关键还在于物流,没有给力的物流支持,读者的极致体验就是纸上谈兵。众所周知,京东商城上线不久,就迅速获得了广大用户的喜爱,其最大特点在于配送速度极快。所以,如果图书馆能够为读者提供免费的快速送书到家的服务,一定也能提升读者体验,黏住读者。

4. 移动 App 式服务

国内已有不少高校馆和公共馆推出了移动 App 应用,内容包括馆藏书目查询、数据库检索(包括浏览、下载等)、图书扫码借阅(包括预约、续借等)、个性定制、自订阅、摇一摇让你了解别人在读什么书、读者信息查询、图书馆动态浏览等几乎图书馆所有的读者服务,读者可以在手机上完成一站式检索和全文获取。

5. 新创意式服务

在网络下,图书馆不仅是学习空间,更是一个文化空间、休闲空间,可通过举办摄影、文学沙龙、公益性讲座、演讲、书评活动等,丰富图书馆的多元化服务;还可通过"藏、借、阅一体化"的管理,把更多的空间、更舒适明亮的环境给读者,增设研修室、交流共享空间、休闲空间和个性化阅读空间,甚至还有创客工作室等,让读者服务更具创意和吸引力,开展更多的新创意式读者服务。

读者对图书馆的每一次访问,都会留下相关的信息,图书馆通过对读者访问信息的收集和分析,可以感知读者的阅读需求、目的和动机、阅读的习惯和兴趣及阅读模式等。这些正是图书馆读者信息大数据构建的基础,也是图书馆向读者进行主动推送服务的重要依据。由此可见,网络下随着读者服务领域的拓展和互联网新技术的应用,读者服务的模式也将不断地创新和丰富。

6. 微服务

在数字环境下,微博、微信、微电影、微小说、微图书、微音乐等微实物已经悄然地渗入了社会生活的方方面面,可以毫不夸张地说,我们的社会已经进入微时代。微时代信息传播具有辐射面广、速度快、互动性强等特点。图书馆服务必须紧贴微时代,贯彻微服务理念,把握微服务的特点,才能满足读者对图书馆微服务的需求。所谓"微服务",顾名思义,服务理念里不是针对大而广,而是针对细而微的服务。图书馆微服务,就是摒弃以往大而泛的宏观服务方式,为用户提供小而细的个性化服务。在当今社会,随着人们生活节奏的加快,公众在正常上班时几乎没有时间去阅读(应做广义上理解,包括信息浏览、新闻要览等),只能利用上下班的碎片时间去阅读,而移动通信技术发展为这种微阅读提供了技术支持。

据此,微服务是网络下图书馆创新服务方式之一,也是图书馆在网络下必须研究的课题之一。

首先,在网络下图书馆微服务必须坚持"以读者为中心"的服务理念。微服务是一种开放、自由、交互式的服务,它服务的对象是每个个体,而非群体。因此,图书馆应深入读者环境,了解读者在碎片化的时间内最需要什么样的阅读、最想了解或掌握什么样的信息、什么样的内容最适合读者碎片化的时间。只有这样,图书馆微服务才能有的放矢,才能让读者最满意。其次,图书馆要精选微内容,创新微个性。微服务的内容多是公开的、分散的、细微的、零碎的,可以是一句话、一个表情、一张图片、一个音频或视频等,但图书馆面对数量庞大、内容良莠不齐的网络信息,一方面要加大信息甄别、筛选和整合的力度,精选微服务的内容,另一方面要加强自制微服务内容的力度,创新微个性。再次,在服务方式上要变被动为主动。目前大多数微服务都是被动的,这种被动式服务使得微服务并不具有针对性,不能展现微服务个性化的特征。图书馆要深入分析微服务对象的心理,了解用户的真实需求,而不应该是应付式,完成任务式的服务。最后,要建立起具有本馆特色的微服务体系。图书馆要利用本馆的资源特色,精心打造本馆的微服务平台,要将本馆的特色资源推荐给读者,可以是本馆经典文献推荐,可以是本馆特色数字资源介绍,也可以是本馆的资源优势交流,更可以是本馆的阅读推广。只有这样,图书馆的微服务才能获得读者的青睐和信任。微服务是图书馆服务方式上的创新,它对于完善网络图书馆服务方式,提升图书馆服务质量具有重要的意义。同时,它也是"互联网+"下图书馆提升核心竞争力的重要组成部分。

三、对读者服务模式的影响

因受限于计算机技术在图书馆的应用和文献资源的纸质化,传统图书馆的读者服务都是人工模式,所有与读者服务相关的工作如检索、上架、排架、借阅等都是依靠人工完成。这种服务模式效率低,费时费力。同时,为读者提供文献资源的借还是读者服务的主要工作内容。但在网络下,电子文献资源(包括音频和视频等资源)已成为图书馆馆藏建设的重要载体,移动通信技术的发展使得读者足不出户就可以获取所需要的文献信息,这就迫使图书馆必须要改变自己的读者服务模式。在服务方式上,要从人工服务转变为智能服务(智能化检索、智能化查找、智能化整架、智能化借阅等);在服务形式上,要既能提供线下借阅服务(到馆借阅),又能提供在线访问,要让读者能通过任何一台计算机或移动终端设备就可以访问图书馆的任何文献资源;在服务内容上,要既能为读者提供个性化的信息咨询服务,也能为读者提供图书馆大数据分析、利用服务,等等。无边界图书馆网络联盟的建立和信息通信技术的新发展将推动图书馆服务模式的创新。主要表现为下面几部分。

1. 立体化的服务模式

一方面,图书馆可以利用既有物理空间和文献信息资源为读者提供线下服务。如通过对图书馆既有物理空间的改造和重建,让图书馆的公共空间更具有人性化,使读者能在温馨、绿色的实体图书馆里感受到图书馆读者服务的魅力。另一方面,图书馆通过对既有文献信息资源数字化和电子文献信息资源的强化建设,加之图书馆统一网络平台的建立,PC端、移动App、PDA等互联网新技术的应用,可以为读者提供在线借阅服务,使读者在虚拟空间里体验到智慧图书馆读者服务的便捷和高效率。

2. 智慧化服务模式

智慧化的读者服务是未来图书馆的主要服务方式之一,也是智慧图书馆的四大构成要素之一(智慧资源系统、智慧感知系统、智慧服务系统和智慧管理系统)。在网络时代,新的信息通信技术、物联网技术、云计算技术、RFID(无线射频识别技术)和智能信息过滤技术等为图书馆提供智慧化的读者服务提供了强大的技术支持。智慧化读者服务以感知化、互联化和智能化为基础,将人性化的理念融入服务的全过程,重塑读者和图书馆的交互方式,提升读者与图书馆交互的精准性和效率,丰富"互联网+图书馆"服务方式创新的内涵,极大地丰富图书馆服务方式的外延,将成为"互联网+图书馆"读者服务的主要方式。

文献信息资源整合的智能化也为"互联网+图书馆"服务方式提供了拓展的空间,读者不仅可以进行跨库检索、跨馆检索和跨载体检索,而且还可以利用移动终端或 PC 端获取图书馆中的每一条信息。另外,物联网技术如 RFID、二维码的应用,还可以为读者个性化需求提供参考咨询和知识服务,实现图书馆文献信息资源与读者需求之间互联互通,为读者实现文献信息资源利用的智能化提供保障。

3. 大数据服务模式

在物联网、云计算、移动互联网的催生下,各种终端设备产生了惊人的海量数据,图书馆也不例外。大数据服务模式也将成为"互联网+"下图书馆的创新服务模式之一。

首先,在网络时代,图书馆通过对原有纸质文献信息资源数字化并将该数字化资源与图书馆网络联盟上的信息资源进行整合,建立起一个较为完整的图书馆文献信息资源大数据,这既是"互联网+图书馆"文献信息建设的重要内容,也是图书馆大数据服务的基础。

其次,图书馆可以立足于区域特色和服务特点,建设特色资源数据库,为读者提供特色阅读服务。

再次,在网络下,图书馆还可以通过先进的智能感知系统,如智能手环、移动 App 等感知读者,系统后台通过数据挖掘(包括读者的性别、职业、阅读历史、阅读方向等),分析出读者的阅读兴趣和爱好等,为读者提供个性化定制阅读服务和阅读推送服务。

4. "O2O+"服务模式

"O2O+"着实为网络与图书馆服务提供了一种思路。网络大潮促使图书馆完成将硬件强化变成服务提升,把功能变成体验,把读者变成粉丝的艰难转型。读者主体的多元化、需求的广泛性和复杂性,单靠图书馆自身的资源、人才和能力很难满足读者的个性化需求,这就要求打破图书馆的边界,建立一个更大的生态网络,并要持续地与读者交互,才能把他们吸引到图书馆来。否则,图书馆就会因为读者流失而无以为继。

未来"O2O+"的模式对图书馆读者服务来说将突破线上和线下的界限,实现线上与线下、虚拟图书馆与实体图书馆之间的深度融合。具体来说,图书馆读者服务从线上到线下,可以表现为读者在线上预订服务(预约某种图书),再到线下实地享受服务(所需图书到手);从线下到线上的读者服务,可以表现为读者通过图书馆实地体验并选好所需资源,然后通过线上获得。作为图书馆的读者服务可以采用线上报名参与主题活动(如图书寻宝活动),线下进行现场体验(寻找过程),再到线上进行体验分享(如分享参与活动的收获感和愉悦感),即为O2O2O(online to offline to online)模式,就是由线上到线下再到线上的模式。

要实现"O2O+"的读者服务模式,平台建设尤为重要。平台就是快速配置资源的框架。因为只有在平台上,很多资源才可以快速配置,最后形成一个可以自循环的生态圈。平台必须具备两个特性:一是开放,二是资源。在信息交互的平台上,所有图书馆、读者的信息都可以见到,如果仅仅是在实体图书馆,不可能获得数量如此庞大的信息。未来图书馆竞争不再是图书馆之间实体性的竞争,而是平台与平台的竞争,构建图书馆交互平台是一种战略选择,构建图书馆的平台生态圈更是一种大战略。在图书馆开放的平台上,可以整合各种资源,可以让所有读者参与进来,实现与读者之间的零距离,这样才能真正实现"信息+时空"的完美结合。

跨越时间界限,整合线下体验和线上平台,通过对读者、信息资源、需求提交、文献传递(包括物流配送)等线上线下实时连接与一站式管理,充分实现实体图书馆与虚拟图书馆的融会贯通、线上线下实时连通。图书馆要黏住读者,最终依靠的就是读者服务。

快速服务、优质服务、完善服务,尤其是快速服务,这是读者最为渴求的。而由实体图书馆提供优质的线下体验,扩展种类并通过打通流通环节,增加读者的选择空间和方便度,通过定制化的信息推送和优质物流服务(打通物流环节),形成良好的借阅循环体验的方法,就是图书馆对"O2O+"服务模式的最好践行,能够最大限度地提高图书馆对读者的吸引力和读者对图书馆的忠诚度。

四、对读者服务结构的影响

与传统图书馆以"书"为中心的服务理念和人工服务模式相匹配，传统图书馆读者服务结构呈"金字塔"形。这种结构因中间环节多，具有信息传递速度慢，面对读者需求反应迟缓等特点。但"互联网+"却催生了图书馆读者服务的产品化，即在"互联网+"时代，图书馆读者服务是以产品化的形态去参与读者市场竞争、去赢得读者的青睐。鉴于网络时代连接的泛化性、读者的社群性以及图书馆与读者的交互性，"互联网+图书馆"要想在读者市场上抢占到制高点和话语控制权，首先必须要优化图书馆的组织结构，尤其是读者服务的组织结构，即每一个馆员都必须直接面对读者，所有的工作都是围绕读者展开，这样才能真正体现以读者为中心的图书馆读者服务理念和工作宗旨。而扁平化的读者服务结构则是网络背景下图书馆读者服务转型的必然选择，它不仅能灵活适应图书馆外部环境的变化，最重要的是它还能实现即时响应读者需求的目标，为读者即时提供最佳的解决方案，提高读者的满意度。在某种程度上，扁平化的组织结构不仅适用于一个单个的图书馆，也适用于统一的图书馆网络联盟，这也是网络对读者服务结构最为显著的影响。[1]

网络下图书馆服务理念的转变，凸显了"以人为本"的和谐社会的本质，彰显了网络跨界融合的客观要求。读者服务模式的创新和读者服务形式的拓展，不仅可以丰富图书馆提升自身服务的能力和应对读者需求变化的能力，使读者可以通过多渠道、多途径获取信息，而且还可以使图书馆读者服务更专业化、智慧化，如读者阅读推广、体验式服务、定制化服务及推送使图书馆读者服务更具有针对性和个性化。同时，也会使图书馆读者服务过程更加高效和便捷，读者的体验感更强、满意度更高。

---

[1] 张欣."互联网+"环境下图书馆的发展与管理探究[M].长春：吉林科学技术出版社，2019.

第四章　图书馆信息服务

图书馆是人类文化知识的宝库,从它诞生之日起,就承担着保存人类文化遗产、传播文献信息的功能。数以万计的图书馆共同构建了我国文献资源保障体系和传播体系,并具有一般信息服务机构不具备的稳定信息源,随着科技的飞速发展,社会竞争的不断加剧,信息的作用愈来愈被人们所重视。作为信息产业组成部分的图书馆,在市场经济条件下,传统的服务方式已不适应形势发展的需要,只有走信息化发展道路,才能更好地为市场经济服务。

第一节　信息服务概述

一、关于信息服务

(一)信息服务的含义

现代社会信息服务具有十分丰富的内涵,它可以理解为以用户的信息需求为依据,围绕用户、面向用户开展的一切服务性活动。当前的信息服务,无论从内容上、形式上,还是从服务的广度和深度上看,都发生了天翻地覆的变化。随着社会的不断进步,信息服务的规模和效益对社会发展的影响将越来越突出。我国的信息服务经过长期的发展,已经形成了一个多层次的,包括科技、经济、文化、新闻、管理等各类信息在内的,面向各类用户,以满足专业人员多方面信息需求为目标的社会服务网络。在整体服务网络中,各类信息服务部门既分工,又协调,开展各具特色的服务工作。

（二）信息服务的体系结构

信息服务的领域十分广泛,不同类型的信息服务构成了信息服务的体系。按照不同的分类标准可以对信息服务进行不同的分类。一般说来,基于国内目前的情况,大致可以按照以下几个方面进行分类。

按照信息服务所提供的信息类型分为实物信息服务(向用户提供产品样本、试验材料等实物,供用户分析、参考、借鉴)、交往信息服务也称口头信息服务(通过"信息发布会"等活动向用户提供他们所需要的有关信息)、文献信息服务(根据用户需求,为其提供文献,包括传统的印刷型文献和电子文献)、数据服务(向用户提供所需要的各种数据,供其使用)。

按信息服务所提供的文献信息加工深度分为一次文献服务(向用户提供原始文献或其他信息)、二次文献服务(指将原始文献信息搜集、整理、加工成反映其线索的目录、题录、文摘、索引等中间产物,从而向用户提供查找文献信息线索的一种服务)、三次文献服务(对原始文献信息进行研究,向用户提供文献信息研究结果的一种服务,它包括"综述文献"服务、文献评介服务等)。

按信息服务的内容分为科技信息服务、经济信息服务、法规信息服务、技术经济信息服务、军事信息服务、流通信息服务等,这些信息服务一般按用户要求进行,具有专业领域明确、形式固定的特点。

按信息服务的方式分为宣传报道服务、文献借阅服务、文献复制服务、文献代译服务、专项委托服务、信息检索服务、咨询服务、研究预测服务等。

按信息服务手段分为传统信息服务(指通过信息人员的智力劳动所进行的信息服务,如利用书本式检索工具书提供检索服务)、电子信息服务(指借助于计算机和网络系统开展的信息服务)。

按服务对象(用户)结构分为单向信息服务(面向单一用户所进行的针对性很强的服务)、多向信息服务(面向众多用户在一定范围内进行的信息服务)。

二、信息服务的内容

信息服务应该包含如下几个内容。

（一）信息资源开发服务

这是信息服务的基本工作，也是信息搜集、加工、标引等各项工作的目的所在。人类要进步，社会要发展，就必须重视信息资源的开发工作。许多看似没什么价值的原始材料，一经收集、整理和加工，往往会价值倍增，这就是信息资源开发的意义所在。

（二）信息传递与交流服务

交流与传递是信息的重要特征之一，正因为信息的这一特征，才会使世界各国能够同时分享科学技术发展所带来的胜利果实。信息如果不进行传递与交流也就失去自身存在的价值，更不能发挥其应有的作用。

（三）信息加工与发布服务

不是所有信息对于用户都是可以直接利用的，"信息泛滥"早已是信息社会一个不争的事实，要做好信息服务，其中一项重要工作就是对信息进行加工整理，并将加工后的信息予以及时发布，方能发挥信息的作用。

（四）信息提供与利用服务

图书馆经过前期的信息搜集、信息加工、整理，其目的是为了提供给用户使用。通过用户对信息的利用，解决用户生产、生活、学习中遇到的问题，进而推动社会的发展和进步。

（五）用户信息活动的组织与信息保障服务

信息用户，由于其学历、职称、知识结构、文化素养、兴趣爱好等的不同，把握信息、利用信息的能力也就参差不齐，图书馆应积极开展用户信息活动的组织和信息保障服务，帮助他们更好、更准确地掌握信息，利用信息。

第二节　图书馆信息服务概述

中华人民共和国成立以来,图书馆经历了漫长的发展过程,从图书资料中心到情报资料中心,再到信息情报中心,直至今天发展为公共信息资源中心和数字化信息化图书馆,图书馆的服务形式以及资源形式都发生了根本性的变化。信息服务从广义上来说,它涉及社会的诸多领域;从狭义上来说,信息服务是指信息的收集、加工、存储和传递等社会化经营活动。

在信息技术高速发展的时代背景下,人们的生活到处都充斥着信息。图书馆的信息服务就是在传统的文献服务基础上为用户提供更高品质的服务方式,将人们生活中的信息去粗取精、去伪存真。图书馆信息化服务是图书馆业务工作的一次重大转型,也是社会发展的必然要求。

一、图书馆信息服务的特点

信息时代的图书馆信息服务旨在为更多用户提供必要的分布式异构化的数字信息产品和服务,满足信息用户的需求以解决实际问题。更具体地说,数字图书馆信息服务是对收集而来的文本、图像、影音、软件与科学数据等数字信息进行进一步提取与加工,将加工好的信息以科学性的方式进行保管,实现知识信息价值的保存与升级,同时在广域网上实现高速跨数据库链接的横向存取服务,也包括知识产权存取权限、数据安全管理等。

现代图书馆信息服务与传统图书馆有明显区别,现代图书馆是一种更为高级的服务形式,它与传统图书馆服务形式最大的区别就在于,它既把信息技术作为实现更高品质服务的载体,同时也充分利用了技术带来的机遇,将网络技术与科学技术融合进自身的体系中,让现代图书馆在服务内容、载体形式、服务形式与服务手段与方法等诸多方面更具优势。具体表现为以下几点：

(一)信息资源数字化,资源规模迅速扩大

信息资源数字化是指以计算机可读的形式存储信息,即将传统印刷载体信息进行数字化处理,再对处理好的数字化信息直接采集或存储,或者运用各种书写、识别、压缩和转换等技术直接下载和存储。随着信息技术的广泛发展,逐渐出现了一些从未有过的信息形式,如缩微型、视听型、联动型电子资料、多媒体数据库等。大数据的信息化时代,人们的社会生活中充斥着大量的信息,由于数量巨大,且这些信息时常处于无序的状态下,人们无法对信息进行准确的筛选,导致信息利用的盲目化。所以,图书馆信息服务的主要目的就在于在信息资源规模不断扩大的前提下,用更少时间为用户提供最具价值的可用信息。

(二)服务内容的知识性、多样化

信息技术背景下的图书馆信息服务的关注重点不仅仅在传统的文献资源上,更体现在对知识的利用上。科学技术带来的知识革命越来越强调信息资源开发与利用的重要性,因此,图书馆的信息服务不只提供多方面有效的信息知识资源,而且为用户提供了直接有效地解决现实问题的根本方法。

(三)服务方式多元化、多层次化

随着经济全球化、一体化、网络化的发展,图书馆资源体系越来越开放,用户也越来越向更高、更好、更快的方向陆续提出更多的需求。因此,信息技术部门应加大对信息分类的研究力度,对多领域、多学科的知识进行更加细化和专业化的划分,面向社会发展的新动向不断提出相应的、全新的信息服务方式,以适应社会发展与用户需求,这种服务的方式是主动的、多元化的、多层次的。

(四)信息存取网络化

信息化图书馆的发展必须以网络环境为载体,依靠互联网,人们可以自由获取世界范围内各学科以及社会各领域最前沿的科研动态与交流成果。网络传递将人们之间的交流变得更加方便快捷,人们可以通过网络建立起非正式的交流模式,传递不同的信息资料。互联网的重要价值就体现在建立起人与人、人与世界之间的共享交流,利用无所不在的信息高速公路,实现信息资源的快速高效传递与接收,即信息存取的网络化。信息资源的交流与反馈在高速网络环境背景下变得更加迅捷高效,它摒弃了传统的信息资源的交流模式,使得分散的信息资源得以整合,并以数字化方式进行存储,利用互联网的互通功能,实现信息资源的实时提供、即时使用。在数字图书馆信息服务系统中,经过整合的数字信息资源可以在开放空间中流畅、自由地传输,不受时间和空间的限制,用户可以根据自己的具体需要任意存取这些数字图书馆信息资源。[①]

(五)信息资源共享化

在经济与科学技术高度发展的今天,人们对于信息资源最高的理想是在数字化资源的基础上,依靠网络技术的高效性与快捷性,实现信息资源的跨时空共建共享。数字图书馆的构建冲击了传统图书馆的运行模式,打破了资源共享上的限制,使得图书馆可以利用网络技术、通信技术等获取自身不具备的数字信息,同时也可以将自身固有的馆藏资源共享给用户。信息资源的共享化极大程度地提升了信息资源的数量,整个社会的信息获取能力也得到了增强。

(六)服务环境开放化

在网络技术出现之前,图书馆的服务工作受到地域和空间的限制,受众群体仅限于进入图书馆的一部分人,服务工作的内容与形式相对单一。图书馆馆际之间、图书馆与社会之间得不到很好的交流,使图书馆长期处于闭塞的状态,自身发展停滞不前。在信息化时代,计算机网络的利用使图书馆工作经历了重大变革,图书馆的服务环境由封闭走向开放,数字图书馆的形式大大拓展了图书馆信息交流与服务的范围。信息化、网络化背景下,图书馆真正进入共建共享、共同发展的新阶段。

二、信息化社会对图书馆信息服务的新要求

(一)信息化社会图书馆信息服务内容的改变

在信息化社会网络环境下,图书馆信息服务内容的转变主要体现为

---

① 马利华.图书馆信息管理与服务研究[M].延吉:延边大学出版社,2019.

在多元化服务网络基础上,综合各类别、各层次的信息,为图书馆服务提供广泛而丰富的信息源,即可以满足用户需求的信息媒体的信息类型和多样化的信息,如文本类型、数据、图像、视频、音频、软件等。图书馆的信息服务主要从传统的注重知识需求向注重知识与事实并重转变,突破传统图书馆以文献服务为主的固有形式,转化为提供多元化、全方位的综合数字化服务,对具有高价值的多媒体数据如图像、音频、视频、文本等加以收集、整合、加工、存储与管理,并提供高速网络中的电子访问服务的权限。

面对资源极为丰富的网络环境,如何在获取信息资源的同时降低时间成本是一个重要的问题。因此,为了吸引用户,信息服务仅仅重视信息资源的数量是不够的,还应该将更多的关注点投入到加强信息资源的质量上来。

面对生活中充斥着的大量鱼龙混杂的信息,用户期望得到更优质、更具价值的高品质信息资源或增值信息。对于图书馆来说,最重要的是需要将网络中相对零散、孤立的信息进行整合与综合分析,进一步进行信息的精品化处理,这是现代图书馆的重点工作内容。信息的精品化处理,主要是指对零散信息进行整合与分析,判断其内在价值,对其内容进行比较、筛选、过滤与提取,保证最后得到高质量的精品化信息资源。另外,在检索方式上,图书馆应提供全文服务或根据用户检索问题的具体要求和特征,为用户选择相应的工具或综合利用多个系统与工具解决实际问题。

(二)服务对象社会化

传统的图书馆服务工作内容相对狭隘,其服务范围仅涉及进入图书馆的一部分人。随着社会信息化的普遍发展,信息交流的日益广泛,人们的信息需求呈现出开放化、社会化的趋势。在这种条件下,图书馆想要得到长足的发展,必须依托网络信息化环境,从根本上转变服务模式。网络将来自世界各地的信息资源统一、融合为一体,构成网络资源共享体系的一部分,同时也将源自世界各地、不同需求的用户整合到资源共享体系中,形成了具有特色的网络服务体系。图书馆是网络资源共享大环境下的重要组成部分,采用现代先进的技术服务手段,可以打破传统时间和空间上的限制,使服务对象扩大到社会全体,实现图书馆信息服务的跨行业、跨地域延伸。

第四章 图书馆信息服务

（三）服务功能一体化

从用户需求角度来看，信息化社会网络环境下的图书馆服务应具有完备的信息检索功能、信息咨询功能与信息提供功能。为达到这一目标，图书馆应提供最直观、最直接的全文信息浏览、数据下载、数据传输等信息咨询服务，和信息发送、网页制作等网络信息服务。提供综合信息服务的原因在于技术的发展实现了网络信息系统的建立，包括范围广泛的信息采集系统、高速运行的信息处理系统等。

（四）服务项目深层化

在网络还未出现的一段时间，图书馆的服务形式还主要以传统的文献提供、咨询服务和浅层形式的专题服务为内容，很少关注人的需求与信息服务质量等问题。随着计算机技术的发展与网络信息化程度的提高，信息的提供与检索方式更加简单和快捷，这就为图书馆开展更高层次的服务奠定了基础。技术的升级带来的检索方式的根本性转变有效提高了检索的效率，提高了信息资源的利用率。因此，现代图书馆在网络信息环境下应抓住机遇，将信息服务的重点专注于为用户提供更深层次的信息服务，即根据特定用户的需求对收集的信息进行整合与重组，有针对性地提供二次加工的精品信息服务，利用网络开展高层次咨询服务。

（五）服务手段现代化、服务方式多元化

在信息网络化境遇下，现代图书馆信息服务的提供方式、管理方式与传统的图书馆服务方式有明显区别。传统图书馆的主要载体为纸质文献资源，检索工具形式也较为烦琐，主要依靠人工进行，运用卡片式、书本式的目录索引和摘要等手段进行手工检索，耗费时间较长，效率低下。现代图书馆的信息服务方式更加现代化，服务方式也更加多样化。网络可以为图书馆提供灵活、快捷、方便、实用的检索方式，其内容涉及网络中各类数据库、电子文献资源、电子图书等。网络检索方式的完善有效促进了信息数据化、方法自动化、服务网络化与信息服务多元化的实现。

（六）服务重心的转变

传统图书馆的服务重心主要在于图书与文献材料的借阅上，服务形式较为单一。而现代网络技术背景下的图书馆的服务重心则有了显著的改变，其信息服务的重心在于整合自身体系内和网络环境下的资源信息，提供给广大用户使用。图书馆应加强网上书目数据库、索引数据库、文献数据库、指南数据库等多种数据库的建设（图 4-1）。一些具有特色的图书馆可以依靠自身性质与资源优势，确定重点服务范围与服务内容，广泛收集符合自身特色的文献信息资源，构建起独具特色的信息资源系统。信息资源系统的构建要以标准化、规范化、协作化为出发点，注重对网络信息的有效处理。图书馆的服务应以读者和用户的具体需求为基准，运用网络技术进行信息查询、检索、分析和咨询，确保用户获得最新的、准确的、快速的、完整的服务。

图 4-1 中国国家图书馆·中国国家数字图书馆中文数据库界面

第四章　图书馆信息服务

第三节　图书馆信息服务模式

一、现代图书馆信息服务模式的特点

网络信息技术的快速发展、用户信息服务需求的改变、图书馆向现代化转型的召唤，如此等等，这些都在助推着传统图书馆向现代图书馆转型的进程，一言以蔽之，图书馆的现代转型迫在眉睫。同时，图书馆的现代化转型也为图书馆在未来一段时期的发展指明了方法和思路，是图书馆永葆生命力的关键所在。当前，人们已经迈入知识经济时代，知识化、信息化成为这个时代的烙印，人们对于知识的需求日渐迫切和多样，而图书馆作为人们获取知识的重要渠道，如果仍然故步自封，那么必将被时代所淘汰。正因为如此，传统图书馆必须转变传统的采购书籍、借还图书的固有观念，借助信息化时代的东风，迎难而上、主动作为，将纸质信息和电子信息结合起来，满足当今时代人们对于信息的多样性、无形性、丰富性需求。例如，图书馆可以将新知识、新技能作为重点，将它们和自身固有的资源和优势结合在一起，实现图书馆服务的转型和升级。具体而言，网络化、信息化时代，传统图书馆的服务模式已经发生了根本性转变，开始呈现出一些新的特点。

（一）用户服务是图书馆生存与发展的需要

当今时代网络信息技术的快速发展也为图书馆的发展带来了新的挑战。互联网的蓬勃发展，使知识与信息触手可及，人们只需要经过简单的检索操作便能够得到大量的信息，这种方式使得人的信息需求得以快速满足，这也导致人们对图书馆文献信息资源的忽视。这不禁会引人思考，在现代社会图书馆是否还有存在的必要。而对于这一问题，答案当然是肯定的。

首先，相对于网络阅读而言，传统的阅读方式具有一定的休闲性与随意性。人们可以在书香的氛围中享受阅读所带来的愉悦感。而且，网络阅读容易造成视觉疲劳和辐射危害。总体来说，图书馆的发展面临着网络、技术发展的多重挑战,图书馆必须依靠自身服务活动的提升以期在竞争中取得优势。

网络的发展不仅为图书馆带来挑战,同时也为图书馆的发展带来了机遇。网上服务是图书馆发展的必然趋势,面向大众是图书馆服务的基本理念,而在日益激烈的网络竞争中,图书馆应加大技术投入,建立资源数据库,构建起具有特色的网络虚拟图书馆,通过开展网络服务,实现读者信息资源的实时接收,使丰富的馆藏文献资源深入万家。

(二)由柜台式服务向自助式服务模式转变

现代科学技术的高度发展带来了信息存储技术的革新,也为信息资源由传统印刷型转变为数字化信息提供了前提。随着现代计算机技术和网络通信技术的发展,数字化资源信息的普及与应用,图书馆的馆藏资源在数量和质量上都得到了明显的提升,主要表现为:第一,计算机技术的广泛运用,使得网络通信环境下,资源的利用效率,明显提升。人们可以足不出户地访问网络和图书馆线上资源,打破了时空的局限性。第二,现代多媒体技术的应用,丰富了信息资源的存在形式,由最早的纸质文献逐步发展为数据化形式的电子信息资源,同时,由于电子信息资源涉及的内容广泛,如影音、文本、图像等,这些形式较之普通的纸质文献更能吸引用户的兴趣。第三,图书馆的信息储存技术的日益发展,使图书馆的电子文献材料占有量不断扩大,图书馆的借阅能力得到了大幅度提升。

(三)服务品牌化

品牌对于一个企业来说是其内在精神的象征,也是其区别于其他企业的特色所在。图书馆树立品牌形象是其发展的需要,打造品牌服务,就需要图书馆将自身的服务做到规范化、个性化和品质化,将品牌理念通过宣传或服务渗透到用户的心中。另外,图书馆的品牌化有利于提升图书馆本身的服务水平与质量,为图书馆完善自身的竞争力,取得竞争优势提供保障。图书馆应充分发挥自身的服务功能,在服务过程中总结经验,逐步形成独具特色的服务模式,让用户在图书馆中能够受到周围环境以及文化环境的熏陶。面对人们日益增长的信息需求,图书馆必须站在创新的视角下打造品牌服务,这样的优质化服务会为图书馆赢得更大的市场份额,带来可观的经济效益与社会效益。

第四章 图书馆信息服务

(四)形成图书馆服务文化

图书馆的服务过程实际上是一种文化传播过程。对于馆内服务人员来说,图书馆的服务文化是馆员必须遵守价值观念,但是这种文化渗透到馆员的心中将成为一种具有主动性的精神力量。馆员通过自身的服务行为体现出对图书馆服务文化的理解。优秀的图书馆文化应该是一种积极正向的精神力量,使馆员发自内心地接受,并将其转化为自身服务行为的准则,提供更优质的服务,确保用户满意。

(五)向知识服务形态发展

知识服务是指图书馆服务人员依据已细分到"字词"级别的知识单元,深入信息资源内容和专业领域,按照用户生产、科研、教学和学习的指定需求,参与问题的全过程,向用户提供全方位、高水平的知识单元的服务形式。知识服务重视分析用户的实际需求,它专注于为用户提供准确的方案,以保证用户信息查询、分析与组合的可行性。知识服务贯穿用户知识的获取、分析、组合与应用的始终,并根据这一过程的变化适时调整服务的方式。

(六)服务提供主体专家化

图书馆员作为图书馆服务提供的主体,首先要求他们有较高的政治思想文化素质,乐于奉献,勇于创新和实践,必须掌握各类信息的获取与收集能力,具备一定的信息知识组织与处理能力,帮助用户解决知识获取过程中遇到的各种问题。面对社会服务的新需求,图书馆员必须既具备图书馆管理的理论知识,同时也应具备多方面的管理技能与实践能力,只有馆员加强服务意识,提升服务手段,才能适应知识经济社会的要求,才能推进信息社会的不断发展。

(七)用户需求个性化、专业化

现如今,由于信息获取的便利性,使得人们对于信息资源质量的要求明显提升。信息资源具有多元化特点,其类型与种类纷繁复杂,内容多样,人们很难依靠自身选择适合的信息。因此,图书馆亟须构建个性化服务机制,满足用户的特色需求。通常情况下,用户的个性化需求是针对某一特定的专业领域,此专业领域的用户可能具有相同或相似的知识需求,这类用户可以组合为一个独有的用户群体,知识服务可以根据这一独有的用户群体的成员特点、需求特征以及专业领域进行检索和划分,为用户提供兼具个性化与专业化的知识信息。图书馆应采取积极有效的策略,塑造个性化服务,这是未来图书馆的立馆之本。

(八)服务内容技能化

在竞争激烈的市场经济条件下,只有图书馆进行自身内容与服务方式的完善是远远不够的。图书馆对馆藏的信息资源进行整合与创新,图书馆员对自身修养与个人技能进行提升,可以保证为社会、为用户提供高质量、高层次的知识信息服务。然而,社会用户是接受知识与服务的主体,用户专业素养以及技术运用水平的提高会对知识资源的利用效率产生很大影响,这也为图书馆提出了新的要求。目前很多用户具有知识获取的需求。但是并不具备相应的检索信息的能力与技术,进而导致用户知识获取的能力弱,获取的知识质量较差。因此,图书馆应重视培养用户的信息意识与创新意识,提升用户自身的专业操作能力,适应科技的进步。与此相协调,图书馆应形成以提升用户的知识利用意识、知识利用能力和现代信息技术应用能力为主的层次化、功能化的现代化服务体系。

二、图书馆信息服务模式的影响因素

(一)资源因素

图书馆是知识信息的主要载体,也是知识信息的服务部门。图书馆的根本职能是对各类知识信息进行收集、整理、加工、存储、管理与提供利用,因此,图书馆拥有丰富的文献信息资源,知识涵盖各领域、各学科。

在网络信息技术出现之前,图书馆的馆藏资源主要以纸质化的书刊、报纸等为主,随着信息化水平的不断提高,图书馆的文献资源形式也越来越丰富,既包含纸质书籍、期刊等文献材料,也包括大量的数据、电子信息构成的数据库资源。现代图书馆在科学技术的支持下,其内在信息资源具有良好的系统性和科学性,既能够为用户提供准确的、有序的知识,也能够为社会提供完整的、系统的信息。

第四章　图书馆信息服务

（二）设备因素

图书馆发展至今一直十分重视与社会的发展步伐相适应,对于先进技术与设施设备的利用基本处于前沿领域,计算机技术的出现与应用,更新了图书馆相应的技术手段。局域网、因特网的搭建,使得世界范围内的信息资源交流通过远程通信技术成为了可能。电子信息化设备的引进与应用,则进一步提升了图书馆的服务内容与服务方式。网络时代下形成的数字图书馆,使用户可以在任何地区进入图书馆网络系统,接受快捷、完善的图书馆信息服务。

（三）人员因素

图书馆的人员构成力量对图书馆的整体运行与服务过程有着深刻的影响。如果这些从事信息服务的人员具有丰富的信息知识收集、整理、加工经验,那么会对图书馆的信息服务调整产生正向、积极、准确的指导,使图书馆的信息服务更具优势。具有丰富的信息资源建设实践经验的人员往往更容易适应新社会环境、新技术带来的变化,并能够依据社会形势形成全新的信息服务观念,为图书馆的信息服务提供更加科学、准确的实用性建议,使图书馆在社会中更具有竞争优势。

（四）技术因素

影响图书馆服务模式的技术性因素主要是指信息处理技术。图书馆在长期的技术工作支持下,积累了相当丰富的网络管理、资源管理、用户管理的实践经验。信息处理技术的不断更新与发展,基本保证了图书馆信息资源的利用率,使得更多的社会资源得以开发和利用。信息处理技术是影响图书馆整体发展和更新图书馆信息服务模式的一个关键因素。

（五）社会地位因素

长期以来,图书馆承担着社会知识与文化的收集与保管工作,为社会成员平等地享有信息资源的获取、利用的权利提供了基本保障。这些深入人心的工作使得图书馆始终在社会中占有一席之地,在社会全体成员心中有着良好的社会形象。无论是从图书馆的功能性,还是从其服务性来讲,图书馆作为信息资源最重要的载体的这一社会地位是不可动摇的。

三、图书馆信息服务模式的发展策略

（一）把握机遇与挑战

伴随着社会新形势、新技术力量的冲击,图书馆面临着前所未有的挑战和发展机遇。如何抓住机遇,迎接挑战,实现图书馆服务模式的创新,是当下图书馆发展的重要问题。信息技术所带来的网络环境,为图书馆的服务工作的开展提供了良好的契机,图书馆应以信息技术为支撑,网络环境为平台,全面更新信息资源收集、整合、加工、管理等服务形式与手段,以全新的技术形式为用户带来更为快捷的信息获取体验。

（二）合理进行人员配置

从图书馆人员组织上看,首先图书馆应加强对现有人员的知识技能培训与文化理念建设,使他们既具有一定的专业技能,同时对图书馆组织与服务充满认同感。图书馆对人员职能的分工要适应社会信息服务建设的环境需求,从人员的组织、职能的分工以及服务流程等各个参与层面都要根据实际情况赋予新的工作内容。针对数字化图书馆而言,网络信息引导员、网络信息冲浪员等特殊的人员形式可以适时地出现,这既符合图书馆信息服务的管理模式,同时也符合社会网络环境背景下的实际需求。

（三）加强对创新服务模式的探讨

现今社会,互联网的普及程度明显增强,各种各样的网络功能层出不穷,图书馆的服务模式不是一成不变的,而是根据社会与技术的发展与变革不断更新的。传统的服务模式虽然不完全适应新时期的发展要求,但在某些方面来说,其内容存在一定的合理性。因此,服务模式的创新应注重将传统服务模式与新型服务模式巧妙结合,图书馆只有不断创新自身的信息服务模式,才能紧跟信息时代的发展,以取得更为广阔的发展空间。

第四节 信息检索服务

信息检索广泛地应用在经济社会各领域,对提高管理和服务效率起着重要的作用,而图书馆信息检索服务注重的是在用户的信息需求与丰富的信息资源之间建立一种有机的联系。

用户的信息需求有潜在需求、认识需求和表达需求三个层次。表达需求是用户能够表达出来的需求,需求明确;认识需求与潜在需求是用户认识到,甚至是没有认识到的需求。针对用户不同层次的信息需求,信息检索服务有不同的方法。

信息检索服务与信息检索这两个概念最大的不同在于信息检索服务是以用户需求为中心,并用一定的服务理念与方法去解决问题,有经营理念与相应的对策方法,是从整体考虑的。而信息检索则相对单纯。当然,信息检索技术是基础,图书馆要做好信息检索服务,需要时刻跟踪与利用信息检索技术的最新发展成果。

一、信息检索服务特点

信息检索服务主要具有以下特点。

（1）信息检索服务的核心理念是"以用户为中心"。

传统图书馆是以发展完备的馆藏为主要目的,信息检索以严格的信息揭示和有序化的信息组织为基础的,信息系统以完善的系统建设为主要任务,适合熟练的工作人员使用,"机械观"的建设与服务理念占主导地位。对用户来讲,这些系统是复杂的、高深的,使用信息需要付出昂贵的代价。但随着社会大环境的变化,"以人为本"的思想也被引入信息系统的建设中,尤其在数字时代,人人可以自由、平等地利用信息的观念深入人心,信息检索服务贯彻"以用户为中心"的理念,主动性的信息检索服务类型不断地推出,服务水平也不断提高。[①]

（2）信息检索服务为用户提供过滤后的信息。

在信息资源无限扩大的今天,图书馆信息检索服务以提供有价值的信息为己任,为用户提供的是经过过滤、判断后的真信息、有价值的信息,这是其他网络信息检索工具不能比拟的。

（3）信息检索服务以信息资源的充分利用为目的。

早期的信息系统拥有大量的信息,这些信息被很好地处理、加工与存储起来,但这些信息更多的是被保存起来而不是方便用户的使用,用户获取信息非常不方便。而数字时代信息资源被认为是与物质、能源、材料一样重要的生产要素,其价值得到认识。为了提高信息资源的利用率,各图书馆、信息中心采取各种信息检索服务提高信息资源的利用率。

（4）信息检索服务是一个有着生命周期的系统。

信息检索服务生命周期是自然的信息生命周期和用户需求有机结合的一种抽象模型。具体表现为对于那些用户表达出来的需求,信息检索服务通过信息推送、个性化定制等服务实现；对于那些用户认识到的普遍需求,信息被分门别类地组织好；对于那些用户潜在的信息需求,信息系统通过建立知识库等方式满足用户的需求。用户信息需求总是被图书馆工作人员不断地感知、认识、再认识,形成一个良性循环的生命生长周期。

二、信息检索服务的类型

用户信息需求可以划分为表达需求、认识需求、潜在需求三个层次,"以用户为中心"的信息检索服务类型也可相应地分为三种。

（一）满足表达需求的信息检索服务

表达需求是指用户可以用语言表达出来的需求,这些需求是明确的,图书馆根据用户的特定需求提供信息检索服务。服务方式有定题检索服务、个性化信息检索定制服务、查新检索服务。

[①] 刘月学,吴凡,高音.图书馆服务与服务体系研究[M].咸阳：西北农林科技大学出版社,2018.

1. 定题检索服务

定题检索服务是图书馆较早、较成熟的一种服务方式。数字时代的定题检索服务更是结合了先进的信息传送技术,成为图书馆界广泛开展的一种服务类型。

2. 个性化信息检索定制服务

个性化信息检索服务与社会中崇尚个性的理念是一脉相承的。个性服务是一种"量身定做"的服务,个性化服务是服务业(如旅游、电信等领域)目前的主要服务方向。

个性化信息检索定制服务包括以下内容:

个性检索模板定制:根据用户专业领域、检索目的、检索的深度需求、时间需求、语言需求、数量需求等限制,进行个性检索模板定制。

检索工具定制:可定制检索的数据库、搜索引擎等。

检索表达式定制:根据需要可定制检索表达式,提高检索效率。

个人词表定制:由于个人所处的专业领域与兴趣相对固定,他们所用的关键词相对有限。个人词表的定制可以帮助用户选词,确定检索范围。

结果处理定制:根据个人的具体需求,可以对检索结果进行定制。

检索历史分析定制:从用户的检索历史分析,可确定用户的需求所在。

检索界面定制:可拥有自己的检索界面,方便,不受干扰。

个性化信息推送:对于需要的信息可定时地传送。

3. 查新检索服务

科技查新服务(以下简称"查新")是为了避免科研项目的重复研究,以及客观地判别科技成果的新颖性、先进性而开展的一项工作。查新针对某一特定课题进行,其结果是为被查课题出具一份"查新报告"。在整个科技查新过程中,查新检索是一个重要环节。

(二)满足认识需求的信息检索服务

对于一个图书馆来讲,它服务的用户对象是特定的,不同用户信息需求之间也存在一定的相似性,这也为这类服务创造了比较大的空间,因而满足用户"认识需求"的信息检索服务开展得较多,包括浏览式检索服务、学科信息门户服务、网络信息导航服务、跨库检索服务等。

1. 浏览式检索服务

浏览式检索服务是图书馆顺应信息技术的发展和用户检索习惯的改变而进行的检索界面的改造,主要用在图书馆的联机公共目录查询系统中。

浏览式检索服务是符合人类思考习惯的一种检索方式,人们根据自己的阅读爱好和兴趣选择文献,在阅读浏览的过程中发现问题或对所感兴趣的问题有一大致的了解。数字时代更为用户这种"浏览式检索"提供了便利条件,超文本和多媒体的信息组织方式使用户在信息查找中如鱼得水,在浏览的过程中发现兴趣所在。浏览式检索符合用户的立体思维方式,因而在图书馆得到普遍使用。

浏览式检索服务较多地应用在书目检索、数据库检索和主题检索中。

(1)书目检索中的分类途径是浏览式检索常用的,按照索书号的顺序提供给用户,用户可以根据索书号的前后位置浏览,以便了解有关文献。如北京大学图书馆书目查询系统的索书号检索。

(2)数据库检索中刊名的检索应用浏览式较多,对一期刊物的内容按实际出版情况展现给用户,方便用户对此刊内容的阅读。如万方数据资源检索系统的数字化期刊检索中,可以将一个刊的某一期按该刊的原有内容提供给用户,方便用户对此刊特色、文献内容的了解。

(3)主题检索中主要是将主题提供给用户,方便用户选择。如美国国会图书馆书目检索系统中的主题词浏览,将相关上下位类的主题词集中在一起提供给用户,帮助用户选词,以提高检索效率。

综上所述,浏览式信息检索服务的定义可以归纳为:根据用户的思维方式和阅读习惯,浏览式检索将某专题、某主题词或某一载体的文献,立体地呈现给用户,帮助用户理解此主题或专题的含义或相关的信息和资料。

浏览式检索服务由于将信息技术与用户的检索习惯结合起来,它具有以下特点。

为用户集中相关的文献、信息。浏览式检索实际是将相关的文献、信息集中起来为用户服务,是一个相关的文献信息集合。

帮助用户确定所需要的文献和信息。用户在检索时,很多时候对自己的需求并不是非常明确,在浏览的过程中通过了解相关的信息与资料,可能会确定自己的需求。

符合用户思考时的规律。浏览式信息检索延伸了用户思维的时间与空间范围,立体地架构了用户思维时的信息空间。

2. 学科信息门户

学科信息门户(Subject Information Gateway, SIG),指的是将特定学科领域的信息资源、工具和服务集成为整体,为用户提供方便的信息检索和服务入口。

3. 网络信息导航

网络信息导航通常是一综合的系统,如高校图书馆根据用户状况和馆藏建立的网络学术信息导航,包括机构、学会协会、专家学者、学术期刊、电子期刊等栏目,满足教师、学生等用户的学术信息方面的需求。

4. 跨库检索服务

图书馆信息资源的构成是多样的,不仅有自己建设的馆藏书目数据库,也有购买的数据库。这些异构的数据库信息组织、信息服务、结果处理等方式各不相同,数据库标准和结构具有很大的差异性。在检索时必须了解各个数据库的使用方法和限制,利用不同的工具和协议。这给用户利用信息资源带来了极大不便。为了通过网络为用户提供信息服务,须实现这些异构数据库的跨库检索,图书馆在这方面做了许多努力,已实现部分数据库的跨库检索。比如清华大学数字图书馆拥有CNKI系列数据库和异构数据库共100余个,可以单库检索,也可以选择多库同时检索。

(三)满足用户潜在需求的知识服务

用户潜在需求是没有认识到的需求,这些需求大量地存在于用户的潜意识中,通过外界的刺激、阅读、思考等活动激发。满足此类需求的信息检索服务没有可行的方法,但利用知识发现、知识挖掘等技术可部分满足用户深层次的信息需求。

三、图书馆信息检索服务的步骤

信息检索服务是图书馆的基础性工作,对于信息资源建设和其他信息服务工作具有根本性的影响。图书馆可根据本馆馆藏特色和用户特点,选择信息检索服务类型,建立起不同层次的信息检索服务体系。信息检索服务包括五个步骤。

(一)课题接受阶段

主要是通过与用户的交流和沟通,获得用户的需求信息,明确信息检索服务的任务。

这是文献检索服务的基础阶段,也是决定服务成败的关键。文献检索服务最终目标是要满足用户需求,促成问题最终解决。在这一阶段的中心任务就是透彻准确地了解用户需求,包括要求服务的种类、时间限制、学科领域、研究深度、覆盖范围等。这一步骤虽然尚未涉及具体的文献检索,但却至关重要,一定要尽量多地与用户沟通,深入了解用户的需求。用户对自己需求的表达也存在渐进性和层次性,只有深入挖掘,才能保证准确和全面。在深入了解用户的基础上,还要形成比较规范的文档,为以后的工作奠定基础。

(二)了解馆藏,确定信息检索的对象

对图书馆信息资源的了解是开展信息检索服务的基础,只有对本馆的资源了如指掌,并且清楚图书馆界信息资源建设方向与发展趋势,才能有的放矢地开展信息检索服务。而随着社会信息化环境的变化,对于图书馆的馆藏的理解也在发生着变化。一般认为,现阶段的图书馆馆藏由印本文献、电子资源、网络信息资源、特殊媒体信息资源等构成。印本文献以各种类型和载体形态的一次文献为主,例如馆藏图书、期刊、科技报告、各种工具书等。电子资源包括光盘数据库、网络数据库等。网络信息资源是根据本馆需要所建立的网络学术信息资源等。特殊媒体信息包括磁带、磁盘、多媒体光盘等。在了解本馆信息资源建设的基础上,依据用户的需求和本馆发展方向确定信息检索的对象。

（三）信息检索

主要是根据接受课题的具体要求，使用检索工具，按一定的步骤查找文献。要根据课题分析所确定的学科范围或主题范围，选择合适的检索工具，包括印刷型的各种检索工具或电子型的各种检索系统。要掌握所选检索工具的内容和使用方法。要尽量选择存储文献全、报道时间快、使用方便的检索工具。

（四）分析整理

经过文献检索阶段，已经将所需的资料汇集起来。但这还只是粗略的结果，还要根据用户的要求进行筛选和整理。比如对于科技查新工作，要从检索命中的文献中选择主要的相关文献，与课题提出的新思想、新见解、新认识进行异同比较。如果文献数量比较大，还要进行必要的筛选，提高文献的查准率。

经过这一步骤，才能形成基本符合用户需求的检索。这部分工作包含很多分析处理的任务，需要较多的智力支持，对人员的要求比较高。

（五）结果提交阶段

整项工作的最后，就是将检索获得的文献或者分析报告用传真、电子邮件等方式提交给用户。这一阶段可以说是结束，也可以说是开始。因为提交的结果，还要接受用户的反馈，进一步了解用户的要求，评价检索结果的满意程序等。

各图书馆的能力、经费和服务对象不同，决定了信息检索服务建设的类型、方法是不一样的。大型的图书馆可建立起系统的信息检索服务系统，向用户提供网络化、集成化和可定制的文献信息检索服务，提供"一站式"的检索与获取服务。中小型图书馆可因地制宜地开展具有特色化的信息检索服务。

第五节　大数据时代图书馆信息服务

一、高校图书馆大数据整合系统平台

（一）图书馆IT基础设施架构优化和系统安全性的运行需求

首先，对于图书馆IT基本架构设备的优化，最重要的是应该涉及一些IT基础设备的组织架构是否利于大数据资料和系统硬件设备的有机整理合成，数据整理中心的IT基础设备资源能否使拓展、监管和维持保护变得更加简便，数据中心的监管、运行和维持保护所需要的成本是否足够低，并且在异构环境中是不是具有比较可靠的安全性和可控制性。其次，当因为数据中心系统的整合导致IT架构复杂程度和设备的数量被减少的时候，对数据的储存和对用户的服务将被运行在数量较少的单个设备上，数据中心的单点故障率是否低和数据存储安全性是否高。再次，IT基础设备架构合成的中心技术是虚拟化。不能因为数据中心对虚拟化技术运用程度的增加，就因此大幅度地增加系统的安全隐患和降低自身的抗风险能力。最后，为了保障图书馆服务于用户的性能以及增强系统的可靠性，多个子数据中心一般都会被图书馆在不同的地方构造，以此来提升其用户服务的效率和可靠性。关系到图书馆系统运行安全和IT基础设备架构优化的一个重要的问题是对位于不同领域的子数据中心数据进行有效的分析、挖掘和整合。

（二）数据中心异构系统与应用服务整合的需求

首先，关系系统安全、管理效率和用户服务质量的关键应用目前主要被图书馆数据中心分布在大型计算机主机上、UNIX平台上，而一些不太重要的应用则被分布在MINIX或X86等这些平台上。这就使一些现象被着重地表现了出来。比如IT基本设备应用的多元化、架构结构的多平台化、数据离散、系统不同结构和被孤立的信息等。其次，不同的应用提供的服务、运作系统和虚拟化平台也有不同的安全需要与安全准则，很难统一化和预先合成。再次，如何在保证不同系统平台效率的前提下,以用户需求和图书馆服务能力建设为指导,提高大数据平台综合效率与大数据服务有效性,关键是实现无缝整合数据中心原有系统和在大数据层面上的新开发的系统。最后,像是那些运作系统异构、系统运行的环境异构、数据库监管系统的异构、网络协定异构、用户环境异构、认证环节异构、远程实施方案的异构、数据本身的异构等,这几个方面都是图书馆的系统异构,数据整合的难易程度和复杂程度因为这些异构的存在而大幅度地增加了。

(三)增强大数据价值密度和可控性的需求

首先,图书馆服务已经有所转变,在大数据时代,应用大数据技术,图书馆已经转变了过去的以消耗资源为主的形式,转变成了现在的这种以大数据资源保障为主要内容的个性化"绿色"服务。因此,图书馆的服务创新能力和市场竞争力被大数据资源的价值密度与可控性所影响。其次,因为读者的阅读需要和图书馆服务过程的复杂度增长了,图书馆将面临非常多的挑战,比如业务繁多杂乱、计算的需求增大、数据存储的成本猛烈增长、需要巨大的成本控制能耗以及要保证服务质量等,而服务的安全、高效率、绿色清洁和可控制性的保证则是大数据整合的有效性。最后,大数据的分析、评估和预测价值无法被无规律、单一的碎片信息数据显示出来,因为在大数据环境下,数据通常以碎片信息数据流的形式存在。因此,图书馆对数据碎片进行系统性的细分、搭配、重组与整合,就必须以用户服务需求为中心,这样才能提升数据的可控制性、可利用性和价值密度,最终实现大数据向大服务的转变。[1]

(四)图书馆需要的智慧管理与智慧服务

图书馆要实现服务系统的智慧服务与智慧管理,可以利用大数据技术来构造出一个智慧型图书馆。

首先,图书馆想要正确把握图书馆基础设施结构合理性、系统的服务能力与管理能力、服务于市场的竞争环境和读者个性化阅读需求等这些实际问题,就只有通过对历史信息与现在数据价值的发现、数据的整合与测量,来形成对图书馆系统构建重要因素之间的联系、服务内容与

---

[1] 任丽红.公共服务视域下高校图书馆的创新服务[M].长春:吉林大学出版社,2018.

服务形式、服务市场、服务对象的现状,进行准确的数据挖掘和感知。其次,图书馆只有整理合成与联系解析所采集的全部的数据、流式数据和离线数据,以及调节控制和判断用户的需求形式与服务效率,才能完成改革未来服务形式与内容、服务环境市场的特点,并对于个性化的阅读QoS(Quality of Service,服务质量)和用户要求的判断标准进行准确的判断。再次,智慧服务的保证是图书馆智慧管理的最终目标。因此,图书馆对于大数据资源的整理,想要提升大数据服务的支撑力和大数据资源的价值密度,就要一直秉持着以加强服务系统统一保护能力和服务资料综合使用率为目的的思想。最后,大数据平台处理海量动态、快速变化数据的效率与能力,取决于有效的数据整合和科学的数据结构,同时后者也关系着高速数据在短时间内的即时服务质量和价值有效性。因此,图书馆想要保证信息的发现和解决系统、数据的运算和储存系统、业务决策系统和对用户服务系统的服务高效率、安全、质优和实效性,就应该通过大数据平台对实时采集的数据流进行快速整合。

(五)大数据资源描述语法和主数据库格式统一的需求

对一个图书馆而言,收集大型数据源主要包括用户服务数据,管理员和管理控制数据,用户行为数据,用户阅读器活动、日志和社交链接,微博、QQ、微信反馈数据等。但这些主数据库标准和描述语法不统一,而且存在强烈的冲突和不全面性数据。第一,数据源结构复杂,缺乏规律性,数据不能有效语义互联。第二,数据集成过程的科学性和结构合理性以及实验数据格式的互操作性和可控性是集成大数据的主因。第三,图书馆倾向于使用虚拟化方法进行数据集成,以普及大数据源集成的效率并降低集成成本。而如何摆脱实际存储方法,存储路径的限制,普及虚拟可用性和准确率,是有待研发的问题。

二、高校图书馆大数据检索服务

由于传统方式的图书馆资源的庞杂和未经过整理的信息分散于各个数据库,学习者的获取难度增大,因此,科学地利用大数据是缓解这种问题的一种有效的方法。

(一)现有检索技术及其优缺点

"联机公共检索目录"和"联邦检索"是现在我国大学普遍应用的两种索引技术。

1.联机公共检索目录

"Online Public Access Catalog"又简称OPAC,意为联机公共检索目录,是一种通过访问信息终端检索图书馆数据的方式,并为学习者提供服务。OPAC最早出现在20世纪末,给予印刷行业发展的理论,这种检索有效地利用了纸媒的性质,继续应用了目录式的设计方式。提供与目录比对的方式为学习者找到需求内容。网络的应用普及后OPAC第二代也得到了广泛应用并做出了与时俱进的创新,优化了搜索方式以及信息化。

OPAC系统明显地变革了学术方面的检索技术。第一,OPAC界面为学习者展示了一个便捷的操作空间;第二,OPAC培养学习者通过数据检索获得信息的能力;第三,OPAC目录为简化分类网络信息资源指出了方法。

OPAC就本身而言局限性也客观存在,余金香和李书宁指出OPAC系统的优化上的问题有这样几点:首先,书籍信息的分类上差异性不强,用户难以梳理搜索结果的关联;其次,文献应该从类型提到形式上来;最后,失败率高、时间长、延展信息的技术弱这些检索问题。所以,OPAC技术为满足学习者的需求仍有很长的发展之路。

2.联邦检索

联邦检索的功能在维基百科中是这样被描述的:它允许用户通过使用适用的搜索申请,通过某种特定的方法转换后发送到多个网络信息中心中,检索结果自动或者以用户选择的排列方式,精练且极小重复地显示出来。随着技术进步与检索理念的深入,到2007年,主流的业界联邦检索系统WebFeat、MetaLib、Serials Solutions和Muse系统,拥有了近2亿全球用户。

学术资源的整合检索在联邦检索技术与联机公共检索目录结合下变得高效简捷,大大提升了学科观点的运用度。

韦伯斯特认为联邦检索虽是行业翘楚,但在检索平台间日益剧增的复杂性和缺乏统一性等问题根本不能解决,在使用过程中暴露出一些无法克服的漏洞,比如同时有多个处理器进行搜集信息,会导致联邦检索的结果反馈缓慢,一次的联邦检索只能接收20—30条数据信息反馈,致使结果无法在真正意义上实现相关性排序和去重,且由于本地的信息中心检索性能和搜索能力局限性,图书馆也只能在自己认证的系统才可实现读者自主搜索功能,使联邦检索并不能改良搜索系统,考虑到联邦检索技术功能缺陷,我国专家陈家翠教授认为下一次学术资源发展方向是以元搜索为基础的知识搜索系统。

(二)检索技术应用趋势

近几年,图书馆由于OPAC和联邦检索系统的不足,不断摸索数据集成的法门。其中基于元数据预索引的网络级搜索服务系统,提升了用户利用资源的时效性与兼容性,为用户提供一个实现各类学术资源搜索与获取的一站式解决方案。

搜索服务系统首先为图书馆本地和远程庞杂资源建立了一个集中索引仓储,也就是说将图书馆内外所有资源与学术资源纳入了一个统一的架构与单一索引体系,通过一个类似谷歌的单一检索框,用户可以检索这个仓储,而系统有效地组织和揭示检索结果,以帮助用户搜索适合的资源,实现了资源的一站式检索。搜索服务系统的稳定性也超越了之前的搜索引擎,为大学图书馆学术资源纵深融合和进步提供目标。

现在图书馆通常采用两种模式:以Summon系统为代表的纯SaaS型和以Primo系统为代表的混合型。前者是基础信息仓存储在云端,本馆收集和初始资源信息被存储在本地,架设完善的技术信息索引,将本馆收集和初始资源填充到基础信息中并弥补信息系统的缺失,实现对图书馆的全部资源元数据覆盖。

纯SaaS型模式也有一些问题有待解决,具体表现在:①由于国外的检索系统对国内信息的收集量不高,访问的中文资源很少;②不能完成所有资源全文检索;③不能展现不同资源目录间的相关性。

针对中文资源访问的束缚,搜索服务系统提供商和部分大学图书馆做了一些弥补措施。EDS和南京大学联合利用国内的合作团队开发中文目录资源开发了Find+。西安交通大学采用Summon搜索服务应用在图书馆,并同样进入国内超星搜索弥补中文信息搜索系统。在知识产权保护下全文网络搜索是不会成为现实的,如能在信息领域借鉴FRBR

(书目记录的功能需求)的思想,研发资料条目之间的链带,改进搜索系统,就能更好地服务大众。

大数据中"3V"的理念已经日趋深入人心,"3V"即体积(Volume)、速度(Velocity)、多样性(Variety),大学教育设施建设的发展需要资金的支持,因此在"3V"之后的第四 V——价值(Value)的重要性与日俱增,要想实现大数据价值的重点是学术搜索服务应针对大学师生的实际用途改进。而采用每一个新的检索技术都应以原有技术为基础改进增加,不必全盘否定或者抛弃先前技术之间的整合协同关系。大学老师和学生用户要达到高效利用学术资源的目的,大学的学术资源提供者就应详尽了解用户的切实需求和使用习惯,及目前主流检索技术的利弊,了解检索技术的前景,采用新检索技术、宣传新技术以及对用户使用习惯加以培养。

第五章　图书馆社会化服务

服务是图书馆的本质属性,尤其在信息化高速发展的今天,知识信息的网络化、数字化将图书馆"服务大众"这一属性再一次强化。纵观近些年我国的高校图书馆,在向社会开放这个问题上不仅在理论上达成了共识,而且在具体实践中已迈开步伐,走出实质性的一步。而那些规模较小、资金比较贫乏的高校图书馆还没有开展此项工作。目前我国高校图书馆的社会化程度不高,但面向社会服务的社会化活动已经在我国开始实施,这也是值得肯定的一个方面。当下我国各高校图书馆对开展社会化服务的认识在不断地加强,逐渐从排斥到接受。最初从馆内阅览、文献复制向社会开放,逐渐过渡到缴纳一定押金后免费借阅。之后,高校图书馆的其他服务也逐渐向社会开放,取得了一些成果。但是,从总体来说,我国高校图书馆的服务理念仍然不强。社会开放速度缓慢,服务规模也很有限,服务内容单一,多限于文献资源的阅览和外借服务。[①]

第一节　社会化服务概述

作为最基本的公共文化设施之一的图书馆,承载着公共文化服务的主要内容,已经成为建设现代公共文化服务体系的重要组成部分。要了解图书馆社会化服务,必须从社会化、社会化服务和图书馆社会化服务

---

① 徐娅囡.新形势下高校图书馆的发展与创新研究[M].北京:中国纺织出版社,2017.

的概念说起。

一、高校图书馆社会化服务的概念

社会主义市场经济的迅猛发展和社会信息化进程的快速推进,使得信息网络化、社会知识化、学习社会化、教育终身化成为现代社会发展的必然趋势,在这样的时代背景驱动下,高校图书馆社会化服务的概念也应运而生。而要分析高校图书馆社会化服务的概念,首先要了解什么是社会化。在社会学领域,社会化原本主要指人的社会化,即人在与社会的互动过程中,通过对社会规范与社会文化的内化以及角色知识的学习,逐渐由生物人成长为社会人并适应社会生活的全过程。后来随着社会的不断发展变化及社会学研究范围的扩大,社会化概念的范畴扩大,有了组织社会化、教育社会化、后勤社会化等。不过,这些社会化主要是服务环节上的社会化。于是,社会化服务这一概念也就逐渐延伸了出来。社会化服务是一个比较宽泛的概念,通常是指某一行业利用特有的技术、人力和资源,面向社会大众提供自己的服务。它包含着两个方面的重要内容,一个是服务范围扩大,面向社会;另一个是采用社会化的服务模式。[①]

图书馆的社会化是指图书馆积极参与社会工作,发挥自身信息资源的优势,不断促进社会发展的一个过程。社会化服务也称服务社会化,是一个泛指或比较宽松的概念,一般指某一行业利用特有的技术、人力和资源,面向社会提供服务。这个概念包括两层意思:一是指服务范围的社会化,即在原来服务对象的基础上扩大范围,面向社会部分行业、部分群体,或者全社会开展服务;二是改变已有的服务模式,采取社会化的服务模式,是服务模式的改变。我国研究内容较多和开展社会化服务较早的行业包括农业、林业、商业、电信、交通、体育设施、档案馆、博物馆等。这些行业的社会化服务凸显出各自的特点,形成各自的体系。

目前对社会化服务没有确切的定义。相关的定义有社会化管理服务和服务社会化。社会化管理服务是指把企业管理离退休人员的工作

[①] 刘文文,邱晓辰.新技术环境下大学图书馆创新与发展研究[M].北京:中国商业出版社,2019.

逐步转移到社会上来，由社会为离退休人员提供服务，主要包括离退休人员的养老金发放，为离退休人员提供活动场所，组织离退休人员参加各种有益身心健康的活动等方面。

根据对社会化和社会化服务概念的分析，大致上可以得出这样一个定义：高校图书馆的社会化服务是"高校图书馆根据自身所具备的资源和能力，在保证满足本校师生教学科研等正常需求的基础上，通过传统和网络途径向广大社会用户敞开服务大门，为其提供力所能及的信息服务，主动满足社会用户的信息需求的过程"。这意味着高校图书馆社会化服务主要包含两层意思：一是高校图书馆的社会化服务是以保证本校的服务为前提的。也就是说，高校图书馆要将服务重点放在本校师生上面，要将满足本校的教学科研服务为首要任务。与此同时，高校图书馆的服务对象不能仅仅停留在本校师生群体，还要打破只为本校师生服务的思想束缚，接纳全社会成员，为全社会成员提供服务。二是高校图书馆要实现社会人员与本校人员的无差别对待，不能仅限于馆内阅览和复印扫描等简单服务，还要提供专业化、学科化和个性化信息服务。由于社会用户的信息需求可能涉及社会生活的方方面面，所以高校图书馆要注意提升馆内成员自身的综合素质和业务技能，以满足多元化的信息需求，实现图书馆的价值。

二、高校图书馆开展社会化服务的依据

高校图书馆社会化服务，是指高校图书馆根据自身所具备的资源和能力，在满足自身师生的需求外，将资源共享给普通的社会群众，即高校图书馆对普通民众开放馆藏资源和信息资源。随着改革开放的不断深入，高校正以其学科优势、人才优势、职能优势和资源优势等直接参与到社会经济生活的各个层面各个领域中来。这就要求高校图书馆根据自身的文献条件，深入开发，将文献的知识力量充分发挥出来，更好地为社会的经济发展服务。要想做到引导社会经济生活发展方向，高校图书馆必须从法律、社会、读者以及自身层面出发，全面开放，做到服务社会化，使服务对象、内容、功能社会化，实现全民阅读化。①

---

① 任丽红.公共服务视域下高校图书馆的创新服务[M].长春：吉林大学出版社，2018.

第五章　图书馆社会化服务

（一）社会呼吁

率先提出图书馆应向广大社会群众服务的是德国著名图书馆学家诺德，此后西方发达国家纷纷提倡并实践高校图书馆社会化服务，为此投入大量的稳定的资金。我国高校图书馆社会化服务的话题越来越受到社会的关注，很多高校图书馆都支持并通过自身向社会开放。首都师范大学图书馆馆长胡越认为，高校图书馆是图书馆大家族中重要的一员，应该为社会公众服务。国家图书馆常务副馆长詹福瑞也主张高校图书馆应适当为本地区的社会大众提供服务。首都图书馆馆长倪晓建、哈尔滨理工大学图书馆馆长李肖滨、福建师范大学图书馆周国忠也都发出了一样的呼吁，认为应该将社会用户纳入高校图书馆的服务范围中来。从图书馆界专家学者到社会公众，都在呼吁高校图书馆对社会读者开放。

（二）用户需求

知识经济时代，又称信息时代，信息在社会中的地位不言而喻，信息情报的竞争也日益激烈，信息需求正在快速增长。社会的发展、经济的增长需要信息，科学文化知识的普及、全民族思想文化水平的提高都需要信息。在社会进步大潮的推动下，社会公众需要一个读书的场所，科研单位也需要利用图书馆获取各项信息资料。这就要求各级别、各类型的图书馆发挥其作用，满足社会大众的需求，高校图书馆作为信息聚集地自然也应在其中。然而，我国地方公共图书馆事业很不发达，在社会需求急剧增长的当下，无法满足公众的需求，这就要求高校图书馆必须加速推进社会化服务。高校图书馆拥有丰富的藏书，寒暑假期间却大多在书架上"沉睡"。但是，由于开馆时间受限、证件办理难，校外人员难以进入高校图书馆，这无疑是一种浪费。这一切都要求高校图书馆充分发挥并利用自身的优势向社会开放。

（三）自身需要

开放的高校图书馆创造出的社会效益十分广泛。第一，高校图书馆藏书众多，品类齐全，能够吸引大量的读者，有利于实现公众获取信息的自由权。第二，高校图书馆通过向社会开放服务，使自身丰富的馆藏资源得到充分利用，从而弘扬了先进的民族文化，客观上也可以改变公民的知识结构。第三，高校图书馆通过向社会开放服务，体现社会人文关怀。第四,高校图书馆通过向社会开放服务,保障了市民的基本文化权益,使其更加自觉地推动社会主义文化大发展、大繁荣。第五,高校图书馆通过向社会开放服务,弥补了区域信息资源的不足,使馆藏信息资源得到充分利用,使资源效益最大化。第六,高校图书馆通过社会化服务,可以扩大自己在社会上的影响力。第七,服务是相互的,高校图书馆在服务大众后,也得到了社会大众的反馈信息,通过对反馈信息进行分析,确定自身未来的发展方向,弥补不足,有助于提升自身的服务水平和服务质量。第八,高校图书馆通过社会化服务,能让图书馆馆员更大范围地接触社会,开阔视野,提高工作效率。

从上述内容可以看出,高校图书馆出于自身长远发展的考虑,也应该向社会读者开放。

三、高校图书馆社会化服务的内容

为学生获取各种知识提供相应资料。在信息化高速发展的今天,高校图书馆要充分利用自身丰富的馆藏资源,采用多种方式,全方位向社会公众提供多样化的信息化服务,以便更好地适应社会公众广泛而多元的信息需求,最终实现全民阅读化。

(一)服务对象社会化

就传统层面来说,高校图书馆是以本校的师生为服务对象的,由于高校教师和学生的文化层次相对固定,因此服务方式、服务内容相对单一。随着知识经济的发展,人们对图书信息的需求迅速增长,传统的大众图书馆已经难以满足人们的需要,要求高校图书馆向社会开放尤其是开展社区服务的呼声日渐高涨。社会化服务要求高校图书馆扩展视野,服务对象不能仅局限于"师生读者",还应该面向"社会读者",服务社会生产生活。

另外,随着网络技术的广泛应用,高校图书馆也要突破馆舍,地域限制,主动接触社会,摆脱传统的文献管理模式,在文献信息的采集、加工、组织和服务方面,采用新的方式,建立辐射型的开放服务体系。网络环境下的高校图书馆、社会读者通过互联网利用图书馆资源,接受图书馆的服务。这时高校图书馆的服务对象真正突破了地域限制,不再局限于本校师生,服务对象逐渐向社会读者扩展,具有了十分明显的社会化特征。①

（二）服务内容社会化

高校图书馆建立的初衷就是为高校师生教学科研工作服务的，因此在很长时间里，高校图书馆的服务都局限于高校校园内部。随着高校图书馆社会化服务呼声的渐起，高校图书馆的读者范围被大大扩大，社会读者自身知识水平参差不齐，对信息的需求多样化，研究领域宽泛且复杂，这给高校图书馆的社会化服务增加了困难，也提出了更高的要求，需不断提高社会化服务的程度。高校要了解社会读者的信息意识、信息接受能力、个性化需求，以便开展针对性的服务。高校图书馆服务内容的社会化体现在其涉及面广，几乎扩展到社会的方方面面。面对的社会读者既有政府、科研部门、企业，也有农民、城乡居民。这就为高校图书馆的社会化服务提供了广阔的空间，也有利于推动高校图书馆向前发展。

（三）服务功能社会化

高校图书馆的基本功能是为高校教学科研服务，这导致很长时间里，高校领导决策层、管理层、馆员都认为，图书馆只能服务于本校师生和教职工，服务于本校的科研项目。这种观点严重束缚了他们的思想，阻碍了高校图书馆的长远发展。高校图书馆社会化服务要求高校管理者必须转变思想观念，摆脱对高校图书馆功能的狭隘定位，将高校图书馆的服务功能社会化，即充分利用高校图书馆资源，采用多种方式全方位地向社会读者提供信息服务。充分发挥高校图书馆在促进社会发展促进人类进步等方面的重要作用。这就要求高校图书馆放开视角，开发图书馆在国家经济文化发展上的信息服务，为构建和谐社会知识、人才资料等方面提供支持，发挥传承文明，提高全面素质等多方面的功能。

（四）实现全民阅读化

为加强国家软实力，许多国家都通过国家行为、法律行为鼓励、提倡

---

① 王宇，吴瑾，丁振伟.高校图书馆社会化服务研究[M].北京：中国社会科学出版社，2014.

并实践全民阅读。我国也十分重视国民素质的提升。我国的全民阅读仍处于起步阶段,还有很多适应性问题,如全民阅读的软硬件与群众需求还不相适应,阅读公共资源贫乏尤为突出。要实现全民阅读,仅仅依靠公共图书馆的力量和资源是远远不够的。大学图书馆藏书体系相对完备,馆藏信息资源丰富,不论是从资源总量上还是从学科类别上,都是公共图书馆所不能比拟的。如果将大学图书馆富余的文献信息资源用于文献信息资源相对匮乏的社会公众,满足社会公众对各种文献信息资源的需求,将会推动社会文化、教育事业的蓬勃发展,以带动社会经济文化大发展,从而构建全民阅读的和谐社会。大学图书馆应顺应时代发展要求,积极探索对社会开放的服务内容和服务途径,助推全民阅读化早日实现。[①]

总之,高校图书馆应在保证满足本校的教学和科研服务需求的前提下,采取多种方式为社会用户提供高校图书馆力所能及的信息服务,发挥更大社会职能,最终实现高校图书馆的社会价值。

四、高校图书馆社会化服务应遵循的原则

（一）校内优先原则

客观说,对社会用户提供文献信息服务的主阵地还是各级公共图书馆。高校图书馆之所以提倡向社会开放,实行社会化服务,主要是因为它的馆藏资源比较丰富、服务手段比较先进等因素。

（二）经济效益和社会效益相统一的原则

现阶段,高校图书馆的运行主要还是依靠学校拨款,资金有限,经济效益也是不可忽略的因素。在社会化服务过程中要考虑成本问题,在成本和效益之间寻找新的平衡点,实现社会效益与经济效益的和谐统一,相互促进,保持图书馆充满活力,形成良性循环发展。坚持这一原则必须注意以下几点。 一是要遵循市场运行规律,运用信息经济学的原理衡量评价社会化服务的经济效益,努力提高服务的"投入产出比",提高社会化服务创造的净收益,争取经济利益。二是坚持把社会效益放在首

---

① 任丽红.公共服务视域下高校图书馆的创新服务[M].长春:吉林大学出版社,2018.

位。图书馆的本质属性决定图书馆服务必须以社会效益为主,不能以任何借口向读者收取不正当的费用或多收费用,同时要形成有利于把社会效益放在首位的环境和条件。三是尽可能实现社会效益与经济效益的统一。社会效益和经济效益是相辅相成的。①

(三)量力而行原则

随着高等教育大众化的推进,如今全国高校在校学生人数急剧增加,教学资源严重匮乏,高校图书馆自习室、阅览室一座难求现象普遍存在。如若面向社会全面开放,原本紧张的教学资源将被社会读者占用,影响校内读者使用,加剧教学资源匮乏的矛盾。在具体开放的措施选择上,可结合自身的馆舍、资源、设备和人力状况而定。如果是馆舍面积大,数字化资源不足,可以先选择开辟校外用户自习阅览室,提供报刊和部分图书阅览服务。如果是馆舍紧张,但数字化资源比较丰富,现代化设备比较先进,可选择向社会用户提供自助复印、网上数字资源浏览、远程文献传递等服务。如果本馆的人力资源比较强,可以选择定期举办专题知识培训和讲座。

(四)循序渐进原则

高校图书馆社会化服务是历史必然,在实践中取得了一定成绩,但由于诸多因素的影响,大规模、系统化的服务格局尚未形成。不论思想观念、法律法规、运行经费,还是馆员素质、技术手段、知识产权等方面,均在一定程度上阻碍了高校图书馆社会化服务的发展,社会化服务还有很长的路要走,不可盲目推荐,需要依据自身实际情况,有计划、有条件地逐步开展,坚持循序渐进原则,充分发挥高校图书馆对社会开放的积极作用,不断提升高校图书馆的服务能力和社会影响力,又不能盲目行动,全面铺开。要在正确理解本馆所处的地理位置、本馆的馆舍状况、资源构成、硬件设备以及社会用户文献信息需求状况的基础上,有计划、分阶段、有步骤地开展社会化服务。具备条件的服务项目先行开放,其他的等条件成熟后再行开放。

---

① 李静,乔菊英,江秋菊.现代图书馆管理体系与服务研究.长春:吉林人民出版社,2019.08

(五)以用户为中心原则

高校图书馆服务的目标就是用户,满足用户知识信息需求是高校图书馆服务的最大愿望,社会化服务更是如此。高校图书馆在基础条件不是太健全、信息资源不是太完善的条件下,主动向社会提供服务,本身就有一定的难度。在这种情况下,开展社会化服务就必须充分了解社会用户的知识信息需求,坚持以用户为中心,针对用户的知识信息需求提供服务。只有坚持以用户为中心的原则,才能保证高校图书馆服务更加切合各类读者实际,并在一定程度上减少图书馆的人力和财力。高校图书馆社会化服务坚持以用户为中心,必须首先对社会用户进行分类,每类用户对知识信息的需求不同,科研用户需要综述性、专题性和最新的研究资料,政府用户需要宏观政策方面的资料,企业用户需要技术性、实用性的信息资料,中小学生需要基础性、科普性的文献资料,普通居民喜欢保健类、休闲类的读物。另外,社会用户还有不同国度、不同民族、不同职业、不同学历的区别。高校图书馆在提供社会化服务时,要面向多层次、多样化的信息需求,为用户提供多元化的知识信息服务。[①]

坚持以用户为中心原则,要求高校图书馆既要营造温馨舒适典雅的学习环境,建立良好的图书馆用户界面,又要根据用户文献信息需求和本馆的资源体系、服务设施提供有针对性的服务。对科研读者和校友可发放一定权限的借阅证,对政府用户和企业用户可采用专题服务的方式为他们解决相关问题,对于普通社会用户可提供阅览休闲及网上浏览服务,而对于中小学生可利用节假日和寒暑假为其提供专项服务。

第二节 图书馆社会化服务的模式

一、传统服务模式

当然,除了办理有关证件外,文献借阅服务还提供临时性的社会服务,即不办理借阅证件,而是在社会读者需要的时候,可到馆索取相应

---

① 赵国忠,张创军.高校图书馆社会化服务概论[M].北京:国家图书馆出版社,2016.

服务的方式。对社会人员提供文献借阅服务对于高校图书馆而言是最为直接的,但是,若要从真正意义上将其实现,则需要高校图书馆首先满足本校师生的文献信息需求。若将本校师生的需求满足以后,还有能力与空间,高校图书馆便可以提供社会化服务。

馆藏资源多且利用率低的高校图书馆,可以在满足本校师生读者需求的前提下,无限制地给社会读者提供服务;馆藏资源与空间有一定局限性的高校图书馆则可以侧重发放临时阅览证。比如,一些学校根据自己图书馆的馆藏资源特色,把借阅浏览的服务提供给专业对口的研究机构;有的则依据社会读者的学历和职称进行确定;还有依据区域来确定的,只对学校周边的居民提供服务。

二、数字信息服务模式

高校图书馆数字信息资源具有系统性、专业性、及时性与实用性等特点,具有较高的层次与质量,可以把当今中国以至世界有关专业的最高水平与最新发展动态体现出来,从数量来看,也是很多地区公共图书馆不能与之相比较的。社会上的专业技术人员与研究型读者非常渴求专业知识,而高校图书馆拥有从公共图书馆不能获得的专业文献与各类数据库资源。

三、无偿服务模式

国内高校图书馆提供的众多社会服务方式中,无偿服务是最多的,如为社会读者提供参考咨询服务、数字信息服务、主动推送服务、用户教育与培训等。这些也正是社会读者所期盼的,但是针对高校的图书馆而言,实现并不是很困难,其开展社会化服务的顾虑是,校内读者的信息空间与资源被社会读者占有。然而,对比以上提及的免费服务,这样的顾虑是多余的。所以,有的高校图书馆将以上提及的免费服务都开放了。

数字信息服务是指高校图书馆利用数字技术、网络技术实现的信息服务。数字信息服务可以突破时间和空间的限制,为社会读者提供更多灵活、主动的服务。对于科技进步带来的优势,诸多高校图书馆都已牢牢握于手中,如此,可以在社会化服务中体现出重要的作用。

除此之外，有的高校图书馆把自身组织优势利用起来，整理加工网上随机、分散且毫无秩序可言的信息，进而形成有序、稳定的信息资源导航，将一些领域的最新动态与有关资料提供给社会用户，让他们掌握信息的主动权，如与政府共同合作，开办政务咨询厅，把丰富的政务信息提供给政府与市民；将一些经贸信息（政策法规、分析报告、投资指南）提供给商家；将周到的办事指南提供给来政府服务中心办事的人员。

四、有偿服务模式

高校图书馆为社会读者提供的服务内容中，也有经营型的有偿服务模式。长久以来，一直备受争议的就是图书馆的有偿服务与无偿服务模式。提倡无偿服务的人们认为，图书馆是公益性服务机构，经费源自纳税人，所以不应收取服务费用。提倡有偿服务的人们认为，读者最基本的需求应免费，像科技查新、文献传递需求较高的则应该收费，因为这样的服务也是有成本的，实行的过程中，服务人员要付出的精力很多，同时如扫描费、复印费、数据库使用费等也都会出现，而对于这些图书馆不应该承担，况且，并非只是对社会读者收费，校内读者亦如此。高校图书馆对社会读者收费的原因还有，图书馆是毫无任何限制与条件的对外开放，对校内读者使用信息资源上造成影响，所以用这样的方式限制读者人员总量。

五、"重点读者"服务模式

高校图书馆在基于社会化服务进行探索的过程中尝试从"重点读者"服务入手进行研究，在实际工作中对"重点读者"范围进行界定，并采用跟踪分析的模式对"重点读者"的文献需求、文献获取范围等进行确定，并依托信息优势对相关资源加以搜集和整理，在整合信息后向"重点读者"传递，为"重点读者"群体提供信息分析、信息整理、信息检索和信息推送方面的多元化服务，构建主动信息服务模式，突出信息服务活动的综合效果。高校图书馆从"重点读者"服务模式的创新角度对社会化服务进行设计和开发，积极探索全新服务模式的创新应用，能彰显出"重点读者"服务的价值和作用，对社会化服务的科学开展产生积极影响。

（一）应用"重点读者"服务的积极影响

结合高校图书馆在新时代探索服务创新的现实要求，图书馆在实际针对社会化服务进行探索的过程中，选取"重点读者"服务模式的构建和实施作为切入点，发挥"重点读者"服务模式的优势，提升整体服务效能。针对社会化服务中"重点读者"服务模式的应用优势主要表现在以下几个方面。

其一，能显著增强高校图书馆服务活动的主动性，服务效果的针对性也会明显增强，能为用户群体提供高质量的服务。高校图书馆在引入"重点读者"服务模式的情况下，能将为用户群体提供多元化立体服务作为出发点和落脚点，能在全面分析用户群体需求的基础上对服务方向进行科学的确定，并借助对"重点读者"群体的构建，按照"重点读者"群体需求的变化对各项服务工作进行优化调整，增强服务的主动性，促进服务效能得到明显的提高，进而保证高校图书馆所提供的"重点读者"服务可以得到"重点读者"的认同，能最大限度地凸显高校图书馆读者服务的综合影响力。

其二，有助于促进高校图书馆良好服务形象的树立，确保高校用户群体能对高校图书馆职能和服务模式形成更加全面系统的认识。高校图书馆在完成对"重点读者"群体的建构后，能为学校专业教育、科研探索等活动的开展提供高质量的服务，能真正面向用户群体的需求开展读者服务，满足用户群体对读者服务的多元化需求，进而增强他们的信任感和认同度，帮助高校图书馆在"重点读者"群体内树立良好的形象，保障图书馆能高质量推进各项服务工作的开展。

（二）"重点读者"服务模式的有效实施方式

为了能促进高校图书馆"重点读者"服务工作的科学稳定开展，新时期在对"重点读者"服务模式应用优势形成初步认识的基础上，还要从不同的角度探索"重点读者"服务模式的科学合理实施，保障能真正彰显"重点读者"服务模式的价值和作用，推动高校图书馆综合服务工作呈现出良性发展态势。以下对"重点读者"服务模式的有效实施进行细化解读。

1. 信息推送服务的开展

高校图书馆在组织实施"重点读者"服务的过程中,可以借助电子邮件、信息推送的方式向"重点读者"分享相关信息和资源,并保证每一个"重点读者"都能及时获取专业期刊,能按照"重点读者"需求对相关文献资源进行处理,为他们提供针对性的文献信息,主动优化读者服务。

2. 信息中介服务的实施

信息中介服务是"重点读者"服务体系中极其重要的构成元素,高校图书馆在开展信息中介服务的过程中可以加强与其他图书馆的合作,并发挥中介服务作用,方便"重点读者"群体能及时有效地在其他合作图书馆平台上获取资料信息,促进服务范围的有效拓展延伸,循序渐进地增强高校图书馆"重点读者"服务的综合影响力。

3. 信息检索服务的落实

在针对"重点读者"群体开展信息帮助检索活动的过程中,要注意综合分析"重点读者"信息需求的动态变化,能对他们需求的信息实施及时有效的筛选,并结合信息检索服务为"重点读者"群体获取信息资源提供良好的帮助,确保他们能高质量地为用户群体提供综合服务。

六、移动服务模式

移动服务模式简单地说就是将移动客户端作为依托组织开展的多元化服务模式,发挥高校图书馆移动服务模式的价值和作用,将图书馆的综合服务向外部延伸,在移动互联网的支撑下实现社会化服务的目标。高校图书馆在积极探索社会化服务组织实施的过程中,要把握时代背景正确认识移动服务模式的重要性,从多角度针对移动服务模式的组织实施进行探究。

(一)移动服务模式的实践应用优势

科学合理地对高校图书馆移动服务模式进行开发,能发挥移动服务效能,助力社会化服务的开展,对社会化服务的创新改革产生积极的影响,提高社会化服务综合发展效能。具体针对高校图书馆移动服务模式的优势进行分析,主要体现在以下三个方面。

1. 服务成本低,服务涉及范围广

高校图书馆针对移动阅读服务模式进行开发,能整合数字化资源为用户群体提供信息推送服务,方便用户群体按照需求获取大量的信息,较之于传统信息服务模式成本相对较低,并且服务活动能向更加广阔的空间延伸。

2. 服务时效高,便捷化优势明显

对高校图书馆移动服务模式进行分析,读者在获取服务的过程中能使用专门的搜索引擎完成对图书信息的检索,能及时有效地获取所需信息和内容,满足用户群体的个性化需求,服务的时效性和针对性较高。

3. 服务人性化特色明显,能为用户群体创造便利

移动服务模式能实现与用户群体网络生活的有效对接,真正解决了用户群体获取信息资源和使用图书资源方面遇到的问题,能为用户创造便利,人性化服务优势也相对较为显著。

(二)移动服务模式组织实施措施

从移动服务模式的性质看,属于图书馆社会化服务建设在信息时代的核心构成要素之一,促进移动服务模式的组织实施能加快高校图书馆社会化服务建设发展的整体进程。具体分析,高校图书馆可以从以下方面促进移动服务模式的科学推进。

其一,研发专属图书馆移动阅读软件,对服务空间进行拓展和延伸。高校图书馆在大数据时代背景下为用户群体提供移动阅读服务,要想解决大部分用户群体在移动阅读方面的问题,提高移动阅读对用户群体的吸引力,就要综合分析移动阅读服务建设需求,设计研发专属软件,并依托专属软件对服务空间进行拓展,满足用户群体的多元化需求,增强服务高效性。

其二,加强对电子数字资源的应用,逐步形成共享互用互借的综合服务体系。高校图书馆在优化移动阅读服务的过程中,为了最大限度地满足用户群体的需求,还要尝试探索电子数字资源馆的构建,从多角度

对资源馆中的信息进行整合,并在有效拓展资源范围的基础上提供共享互借互用服务体系,循序渐进地优化综合服务效能,使高校图书馆开展的移动便捷化阅读服务能得到用户群体的高度认同和肯定。

七、真人图书馆服务模式

真人图书馆服务工作中要认识到参与人员的重要性,重点引导图书馆参与人员在服务工作中分享个人经验教训、阅读理解和感悟、思想精髓等,促进图书馆参与者进行互动交流,在互动交流中帮助用户获取相关信息,深化用户群体的思想认识,循序渐进地提高高校图书馆相关资源的利用率,切实保证高校图书馆综合服务效能得到明显的增强。在高校图书馆全方位探索社会化服务模式的过程中,要深刻认识到真人图书馆服务模式是推进社会化服务的重要方法,发挥真人图书馆服务模式的重要作用,能拓展服务的覆盖面,优化服务影响力,为高校图书馆综合应用价值的发挥提供相应的支持和保障。

(一)真人图书馆服务模式的应用优势

真人图书馆是高校图书馆应用现代信息技术对图书馆服务模式进行改革做出的实践探索,发挥真人图书馆服务模式的重要价值和作用,能搭建良好的信息服务平台,使图书馆综合服务水平逐步优化。真人图书馆服务优势主要从以下三个方面得到体现。

其一,能促进馆藏资源的整合,真人图书馆服务模式的应用能拓展馆藏文献资源的推荐范围,逐步为用户群体提供个性化服务和精准化服务,提高受众群体对显性知识内容实现深化的认识。

其二,能针对专业知识困惑进行解析,在真人图书馆服务模式的支撑下能发挥各领域专家经验的优势,对各领域专家针对相关问题的研究成果进行整合,并进行适当的分析和提炼,为隐性知识的表达和应用提供有力支持。

其三,有助于促进精神文化素养不断增强,引导参与者参与到思想交流和思想互动中,对用户群体价值观引导、社会精神风貌的形成做出积极的指引,有效推动用户群体范围内精神文化素养的高效化传播。

(二)真人图书馆服务模式有效组织实施的策略

高校图书馆在全面系统推进社会化服务的过程中,要客观审视真人图书馆服务模式的重要性,并积极探索真人图书馆服务模式有效实施的措施,争取提升社会化服务效果,促使高校图书馆服务社会群众的能力得到明显的增强。

首先,积极构建真人图书馆资源库。在有效组织开展真人图书馆资源库建设的过程中,要注意对组织结构进行优化,并结合关键节点工作逐步改善综合工作质量,确保能发挥资源库的良性运行作用,满足用户群体的多元化需求。在具体针对真人图书馆资源库关键节点进行选择的活动中,要注意分析专家学者的作用,并构建专家团队分享经验教训和思想观念等,提升资源库信息综合质量,挖掘用户潜力,确保能不断为资源库发展提供有益补充。

其次,完善真人图书馆组织运行机制,从多角度保障真人图书馆稳定运行,高效化开展高校图书馆社会化服务。在具体工作实践中,要注意针对信息资源响应机制、信息服务激励机制、资源库演进机制进行建设和完善,针对用户需求提供直接响应,对用户分享经验教训和核心思想等进行有效的激励,促进资源库的动态化更新,不断对内容进行优化,循序渐进地促进综合服务质量得到显著提升,保障真人图书馆的稳定运行。

最后,积极推进图书馆业务实现综合发展和相互促进的目标。高校图书馆社会化服务的组织实施需要综合业务改进创新作为支持,因此在探索真人图书馆建设和发展的过程中,要尝试从多角度对馆内业务进行综合,促进多元业务的融合发展。在具体工作中可以综合分析学科、专业馆员服务的优化,积极探索阅读推广服务的创新,不断丰富馆藏资源,并有机整合多方面的综合服务工作,保障可以最大限度地彰显真人图书馆的价值和作用,加快高校图书馆社会化服务的组织实施进程。名额分配到个人,个人凭介绍信到图书馆外借处登记、办理领证手续。

第三节　图书馆社会化服务的制约因素及服务实现

一、制约我国高校图书馆社会化服务功能提升的原因

为了更好地服务社会大众,最大化地利用馆舍空间,信息资源和设备,高校图书馆开展社会化服务是众望所归。但是,由于受到管理体制、政策法规、传统思想观念以及图书馆本身资金、技术设备等因素的影响,目前进一步提升高校图书馆社会化服务功能还有许多障碍,在一定程度上减缓了高校图书馆社会化服务的步伐。这些因素主要包括以下几方面。

（一）政策法规不健全

从地方层面上看,还缺乏指导性文件。到目前为止,我国也仅相继出台了9部地方性图书馆法规,如《上海市公共图书馆管理办法》《深圳经济特区公共图书馆条例(试行)》《内蒙古自治区公共图书馆管理条例》《湖北省公共图书馆条例》《河南省公共图书馆管理办法》《北京市图书馆条例》等。[1]

从行业层面上看,缺乏工作规程。当今社会公众对图书馆的需求越来越大,而我国公共图书馆的规模有限,不能满足公众日益增长的文化需要。要想真正实现信息资源共享,必须通过行业组织建立高校图书馆联盟,让高校文化资源更好地为公众服务。中国图书馆学会等行业组织在联盟中需要发挥监督和管理职能,制定出统一的具有操作性的章程和规则,让高校图书馆的社会化服务有章可循,使高校图书馆的资源得到充分利用,实现资源利用社会效益的最大化。

---

[1] 任丽红.公共服务视域下高校图书馆的创新服务[M].长春:吉林大学出版社,2018.

第五章 图书馆社会化服务

（二）管理体制相互分割

1. 互相分割的管理体制不利于高校图书馆的社会化服务

涉及的体制因素大概包括两个方面。

（1）隶属管理系统不同。长期以来，我国图书馆的管理模式大多是分行业、按系统的多元分散管理模式。目前我国图书馆系统主要分为三类：公共图书馆系统、科研图书馆系统、高校图书馆系统。不同系统的图书馆有着不同的制度以及人员配置，因此在工作目的和方法上也不尽相同。图书馆的人员配备、业务开展等要完全听从于各系统上级的安排，根本没有独立性。这种条块分割、各自为政，缺乏横向联系、统筹规划和网络协作，割裂与其他信息机构联系的多元领导管理体制，严重影响了高校图书馆社会化服务工作的开展。这种组织架构决定了高校图书馆的经费以及人员的来源不同，因此导致服务的社会化具有了地域限制，只能是本地用户得实惠。虽然我国部分高校图书馆在逐渐向公众读者开放，但是由于受限于现行的图书馆管理制度，高校图书馆的公益性职能难以充分发挥，束缚了在保护公众平等获得信息的权益、传播社会主流文化、提高公民素质、推动社会进步等方面应履行的社会公益性职能。处于封闭和半封闭状态的图书馆行业由于条块分割，学校政策不支持对社会开放，绝大部分高校图书馆很少或几乎没有与社会方面的来往。

（2）未能建立联合共建共享的运行机制。要开展社会化服务，单靠一两个或几个高校图书馆是解决不了问题的，必须在组织机构、人员构成、服务内容、经费来源等方面形成科学的管理运行机制。在集团化运行方面，过去也有图书馆曾经做过多次努力，试图通过建立联合共建共享的运行机制，实现联合采购和集团服务，但都在具体实行时，由于体制的问题没能实现。

另外，高校图书馆属于学校，图书馆的人、财、物都需要学校支持，而学校的中心任务是培养学生，做好教学工作。尽管图书馆有向社会开放的想法，但作为学校领导以及其他相关部门很难接受。

在高校图书馆社会化服务的运行体制中也存在一定的体制障碍。例如，高校图书馆垂直管理部门与地方政府之间不存在隶属关系，所以在制订社会化服务的计划、运行方案时，在统筹人员配备、资金投入等方面很难达成一致的协议。

2. 缺乏地方政府的奖励机制和学校的评估机制

从开展社会化服务的高校图书馆来看,开展此项工作大多是高校图书馆根据社会读者对文献信息的需求,结合本馆的馆舍及馆藏特色开展相应的服务工作。而对于高校图书馆回报社会的这一举措,地方政府缺乏相应的奖励机制,在一定程度上影响了高校图书馆推进此项工作的积极性和信心。

由于各层次高校图书馆所处的地域不同、所拥有的条件不同,其开展社会化服务的情况也不同。

我国各类普通高等学校由于学校性质、隶属关系和地区差异等原因,办学条件、发展水平有着巨大的差异。因此,不是每所高校图书馆都具备开展社会化服务的条件。

另外,我国有些高校领导和师生认为高校图书馆只要满足本校科研教学服务即可,无须面向社会开放和服务。所以在考核图书馆工作业绩时,仅仅考核图书馆对本校师生的贡献,不考虑其是否实现了服务社会化,使得图书馆在开展此项工作时动力不足。从高校教学工作水平评估指标来看,各项评估均未将服务社会化纳入高校图书馆的绩效考核中。

(三)资金有限

高校图书要实现社会化服务,需要一定的空间、一定的设备和适合社会读者的文献信息资源,而这些只靠图书馆每年的固有经费是不够的。从社会关注和投入度来看,虽然从理论上来说社会各界有责任和义务维护与支持高校图书馆的发展,但是我国对这种认识还不够深入,社会大众一般都是在需求时才会想到图书馆,不太关注图书馆经费短缺问题,从而缺少图书、设备及资金等的捐助。

高校自身对图书馆的投入也不足。在社会大众的眼中,高校图书馆就是高校的"安置办"和"发配地",是教学部门的"休养所",无业绩可言,因此领导层都不太愿意投入大量资金。高校不主动投入,图书馆发展没有资金来源,社会化发展也就无从谈起。

影响高校图书馆社会化服务资金的还有一个重要因素,就是近年来各高校图书馆的馆内文献资源购置费、馆内纸质资源购置费越来越少,电子资源购置费继续攀升,数字化程度日益提高。电子资源不像纸质文献,不是购置一次就完结了,而是每年要不断地增加新的数据,还要有一定的数据库维护费用,另外还要不断地新增数据库。有限的经费难以购置先进的设备以及庞大的数据信息,这也是限制高校图书馆服务社会化的一个因素。

(四)观念因素

高校图书馆被视为学校的文献信息中心,其重要职责是为学校的教学和科研服务。这一传统的理念使学校各级领导和图书馆职工的思想认识就只定位在为本校读者服务上。

高校图书馆的定位即为本校教学科研服务,因此其规章制度等都是以此为立足点而制定的,然而当服务对象扩展至社会大众时,问题出现了。大量的社会读者的出现不仅加大了图书馆员工的工作量,而且文献保存也面临着挑战。同时,有些高校图书馆的馆舍面积和信息资源本身就不太富裕,如果向社会开放,势必会挤占本校师生的阅读资源。我国高校大部分的管理模式是封闭式管理,不允许校外读者入校,这都不利于图书馆社会化服务的开展。

此外,高校图书馆是为高校师生服务的这一意识也广泛存在于普通社会读者的意识中,认为高校是不可随便进入的,社会大众对于图书馆丰富的馆藏和高水平的服务只能望眼欲穿。

(五)人力资源缺乏

高校图书馆要开展社会化服务,必然需要一批专兼职的专业人员和管理人员。这些人员又涉及属于"部门所有"还是"地区所有"的问题,具体表现在人员的考察、培训、任免、交流等各个环节。此外还涉及协调机构、管理机构的工作人员,流动图书馆服务人员,本馆开辟的社会读者阅览室服务人员,网络服务专业人员等的配备。面向社会开放势必会造成高校图书人力资源短缺,在不影响高校科研和教学的情况下,还要保障社会大众的需求得到满足,增加人员,培养人才,但是如此的人员配备需要充足的资金支持。我国高校图书馆的服务理念虽然已经向服务社会公众转变,但是高校图书馆的资源配置仍没有变化,大多是按照服务高校的标准配置人员及资源,这样的配置方法直接阻碍了高校图书馆面向社会开放。

(六)技术设备因素

在网络时代,社会用户对电子文献和网络信息的需求越来越大。电子文献以及网络信息的普及增加了公众获取知识的途径,相较于传统的纸质文本,电子文献更加便捷。但是,从我国的信息化程度来看,尤其是在西部地区和其他民族地区,很多社会用户不具备上网条件。调查研究发现,高校图书馆硬件设备的配置比例十分低,大多数高校图书馆无法为社会公众提供网络信息服务。此外,能够提供信息服务的高校图书馆也面临着一些问题,如知识产权、人权保护等问题。为实现高校图书馆服务社会化、网络化,以及解决资源共享与产权保护等问题,给高校图书馆配置先进的技术设备刻不容缓。[①]

高校图书馆服务社会化在对图书馆的服务内容以及服务对象提出要求的同时,也对高校图书馆自身的硬件设施提出了较高的要求。当下我国的高校图书馆大多馆舍陈旧,难以大范围地向社会公众开放。尽管近些年来,部分高校图书馆得到修缮与扩建,但是由于高校的扩招,使得高校自身的图书馆的扩建速度难以与生源增长速度比肩。因此,馆舍等硬件问题已成为高校图书馆服务社会化进程上的一个难题。

(七)信息资源因素

高校图书馆向社会开放,就要面对不同类型的读者,读者层次不一,那么对于高校图书馆收藏的文献资源的需求就有所不同。如今高校图书馆的收藏现状与社会读者的需求不相适应。

学校的性质不同,高校图书馆文献资源收藏的方向就有所不同。为了满足高校的教学、科研和读者的需求,文献信息资源建设都是紧紧围绕学校的教学、科研及学科建设和发展需要进行的,专业性很强。这也就无法为不同行业的读者服务,不能满足其广泛的需求。由于高校图书馆经费不足,没有过多的资金大批量购买非专业性的资源,也就是说,高校图书馆不可能涵盖社会各种领域所需的信息资源,这就降低了高校图书馆向不同层面公众服务的可行性。

向社会开放后的图书馆最吸引公众的就是其地方特色资源,但是高校图书馆很少有地方特色资源,自然也就制约了其为地方服务的功能。

---

① 任丽红.公共服务视域下高校图书馆的创新服务[M].长春:吉林大学出版社,2018.

另外，这当中还会涉及知识产权问题。知识产权归属于产权人自身，如何在保护好产权人合法权益的同时实现资源共享，是高校图书馆面向社会开放后面临的一个难题。

二、高校图书馆社会化服务的实现

高校图书馆开展社区服务，不但要有普通的服务，还要有特殊服务。普通服务就是要满足社区居民一般需求的服务，即传递文献信息，如阅览服务、借阅服务，有针对性地提供社区居民所需要的实用性信息、社会文化信息、生活信息等。特殊服务就是满足社区居民特殊需求的服务，如下岗工人所需要的就业信息、就业培训信息等。

高校图书馆开展社区服务要注意以下六点。

第一，签订合作协议。高校图书馆向社区开放，必须获得社区管理部门的支持，签订必要的合作协议。高校图书馆具有严格的管理体制，对学校有很强的依赖性，对社会实行开放服务，必须得到学校领导的认同和支持。

第二，注重开发社区居民的闲暇时间。随着现代社会的发展，人们的闲暇时间越来越多，利用闲暇时间来追求自身的全面发展（如参加各种职业资格考试，参加各种专业的"继续教育""远程教育"）已成为一种社会时尚。但是，很多高校图书馆仍然是以服务教学、科研为主，开放时间与社区读者的工作时间相类似，社区读者在闲暇时间无法享用到馆藏资源，这给社区读者造成了很大的不便。高校图书馆应研究所在社区居民的闲暇活动和闲暇时间，改进图书馆服务方式，让社区居民的闲暇时间多花在图书馆上，引导居民接受多方面的知识培训，传递实用信息，强化图书馆在社区中的纽带作用。

第三，分析用户需求，加强文献资源建设。社区读者的需求必然区别于高校师生，因此要深入分析社区用户的需求，在此基础上有针对性地加强文献资源建设。除加大购买图书报刊的力度外，还可吸引社区参与其中，共同推进图书馆的资源建设。

第四，充分利用馆舍条件和设备优势。利用高校图书馆的会议厅、学术报告厅、展览厅、视听室，以及网络通信、投影放映等设备，举办各种文化展览活动，营造社区文化氛围，从而提高馆内各种设施的利用率，提高图书馆的社会效益。

第五,高校图书馆要积极寻求与其他图书馆之间的馆际合作,以达到资源共享的最终目标。即使最大的图书馆也不可能提供最全面的社会服务,因此在服务大众的过程中,图书馆应主动寻求合作,丰富自身,更好地为不同层次、不同职业的社会大众服务。首先,馆际合作可以是非正式的资源共享活动,也可以是按正式协议或合同组织的合作。合作时间相对自由,可根据自身需求制定短期的合作协议,也可以制定长期合作协议。其次,合作的区域没有限制,可以是地方合作,也可以是全国合作,甚至是国际间的合作。图书馆之间的馆际合作主要有两种方式:一是图书馆网;二是图书馆联盟。这两种方式是当下我国馆际合作常用的方式,相较而言,图书馆联盟的方式在活动内容上的协同性能够发挥得更加全面。以合作性采购为例,当代图书馆联盟经常采用协同性更强的"集团式"采购,而不是"分工式"采购。前者指图书馆合作组织对统一购买特定文献资源的使用权,使用权涵盖所有成员馆;后者指参加合作的图书馆按既定分工分头采购某些不常使用的文献,使用过程中互通有无。除了"集团式"文献采购,图书馆联盟还经常协同性地采用同一自动化管理系统、共建联合目录、共享服务器、共建共享同一数字图书馆等。随着信息技术的发展,图书馆合作中的协同行动大大增加。

第六,协助筹建社区图书馆。对于那些文化设施比较完善、经济基础比较好的社区,高校图书馆可利用自身办馆经验和技术条件等方面的优势,尽力推动和帮助其自办社区图书馆。而社区又有场地、人员的优势,二者可以优势互补,使得双方的合作成为可能。同时,还可以发动社区居民捐献闲置家中的书籍,使其参与到创建社区图书馆的活动中来。社区图书馆创建之后,还应与高校图书馆密切联系,力求互为补充、协调发展和资源共享。

当今社会,信息化的高速发展要求高校图书馆面向社会开放。由于各地高校图书馆及其所在的社区情况不同,开展社区服务的模式自然也应该有所区别,不能千篇一律,必须根据当地的具体情况,因地制宜。

进入21世纪,高校图书馆正逐渐走向现代化,图书馆的服务工作无论是内容还是形式都得到了很大的改变和创新。"以人为本"的理念贯穿高校图书馆的一切工作,服务对象不再局限于本校教学、科研工作,而开始扩展到社会的各个领域。高校图书馆积极地面向社会,为营造良好的社会文化环境而付出自己的努力,有利于提高全民文化素质和社会文明程度,同时也可以提高自身的社会效益和经济效益。

第四节　图书馆社会化服务发展新策略

一、转变传统观念，加强社会服务宣传

（一）观念的转变

观念是制约或推动行动的关键问题。要进一步推进高校图书馆社会化服务工作，必须从各方面转变观念，正确认识；必须从全社会的信息资源共享的高度出发，正确认识高校图书馆的信息资源、设备资源和人力资源是通过国家投资建设起来的，不仅仅是某一单位的资源，而且是全社会的资源；必须认识到国家投资建设的信息资源不是被动为少数一些用户服务的，而是为全社会信息用户服务的；要从资源利用最大化考虑，尽最大可能提高信息资源的利用率，而不是使信息资源呆滞。观念的转变涉及以下几个方面。[①]

（1）中央政府要转变观念，在制定政策和法律时充分认识高校图书馆社会化服务的重要性，从战略高度给予重视，并在资金、制度、队伍建设等方面付诸行动。

（2）高校领导要及时转变观念，及时跳出单一的教育圈子，树立大教育观，把高校图书馆置于社会的大环境中，使高校师生用户成为社会信息用户的一部分，在满足本校师生信息需求的基础上，制定相关的制度，采取有效措施，为社会用户提供服务。

（3）各级地方政府要及时转变观念，通过多方渠道，为高校图书馆社会化服务提供人力、财力和政策上的帮助。

（4）高校图书馆管理者及服务人员要及时转变观念，要敢于挑重担，勇于找麻烦，从信息资源最大化利用和社会信息用户的信息需求出发，千方百计地为社会用户提供服务。

---

① 赵国忠，张创军.高校图书馆社会化服务概论[M].北京：国家图书馆出版社，2016.

(二)加大宣传力度

高校图书馆需要把宣传工作进一步强化,为社会广大人民服务的思想及市场观念要树立起来,向社区居民的开放力度要进一步加大,争取让社区的所有居民都对高校图书馆有一定的了解,了解其馆藏资源与服务流程,在介绍和宣传上采用多种方法并行,进而将人们走入图书馆的期望激发出来。

在对图书馆进行介绍与宣传上,高校图书馆尽量采用多种形式进行。其中,综合式的销售策略是可以应用的,也就是对信息产品与服务内容不进行直接的介绍,而是通过设备、人员构成、特色数据库、给用户带来的利益等方式与途径对图书馆的自身情况进行介绍,从而将本馆的成果与特点凸显出来。例如,高校图书馆依据用户借阅图书的具体数量、遵守借阅纪律的状况等给予特定优惠,从而让用户将图书馆的资源充分利用起来;与此同时,在用户对图书馆扩大服务对象上所起到协助作用给予推广优惠,使图书馆良好的市场形象得以树立起来,使用户对其增加信任,进而将社会信息服务范围和产品的销售扩大。

高校图书馆社会化服务的宣传工作一定要双管齐下。第一,在宣传高校图书法方面,各级政府通过多种媒体进行宣传,将服务项目、资源、政策、注意事项等都涵盖在内,使全社会的信息用户都对高校图书馆有一定的了解。第二,高校图书馆与社区相结合,在社区通过办专栏、发传单的形式进行宣传,组织人员深入村镇和社区,为社会人员宣传学习文化知识和获取信息资源的重要性,通过举办讲座、读者座谈会、图书展览、读书活动等多元化的宣传格局,向社会用户全面,系统地介绍高校图书馆馆藏资源布局,以及服务宗旨、服务职能、服务项目等,与此同时,吸引社会人员更深层次地了解图书馆,形成校地互动的关系,从而将高校和社会公众的距离进一步拉近,提升图书馆的知名度。第三,高校图书馆要进一步强化自身的宣传工作,可以通过学校与图书馆的主页进行宣传,或者是通过举办编辑宣传手册和宣传片、资源使用及阅读培训等活动进行宣传。现代图书馆作为信息网络中的一个节点,将自身融入国际互联网中,是网络信息资源库的一分子。为了增强读者对网络信息资源的使用性,在设计图书馆主页的时候,图书馆需要有合理的结构、主次分明、条理清晰,同时,要体现图书馆的风格和人文关怀的特点,从而带给读者好奇和亲切的感觉,与此同时,要进一步强化主页的互动性,加强在线解答问题的咨询项目,把对读者的体谅与关怀体现出来,让读者们不管身在何处都可以感受到这种服务和关怀,将其主页从真正意义上变为信息时代图书馆人文关怀服务的窗口。这样,读者们都可以享受到网络化带给读者的方便、快捷、轻松的人性化服务。①

二、成立相应管理机构,保障社会服务顺利开展

高校图书馆社会化服务是一项复杂且长期的系统工程,关联到的社会部门非常多,若想要此项工作可以持续、健康且有效地进行,则需要建立科学且高效的协调领导机构。

图书馆工作指导委员会设立在教育部高教司,其主要职责是制定各高校图书馆社会化服务工作的政策与整体方案,并对此工作的执行状况进行督促和检查;对外将与其他政府机构和行业协会的协调工作担负起来,其中,与当地政府协商高校图书馆的共建共享及其社会化服务的对象、场所、费用、时间和内容都涵盖在内。

高校图书馆社会化服务的评估与监督方法要及时制定出来,对此项工作定期进行评估检查,确保工作的秩序。就现在我国的现实情况而言,可以在教育厅设立各省市自治区高校图书馆社会化服务的协调管理机构,其主要负责人可以由副厅长担任,各高校主管图书馆的副校长都加入,由本省市自治区的高校图工委负责主要工作。

各高校图书馆基于本校图书情报工作委员,把社会化服务的有关事务进行详细的规划并实行起来。此机构除主管图书馆的校领导、图书馆负责人,以及学校相关处室、各学院相关领导外,还要将本地社区有关负责人与居民代表吸收过来参加。对该校图书馆的馆舍使用、职工队伍、设备现状、信息资源等,本机构要全方位地掌握并分析,同时,对社区居民的信息需求、学历、职业、年龄也要进一步了解,对本校各教学研究机构的专业、学科设置、教学科研状态及师生的文献信息需求要有所掌握,将适合本校图书馆的社会化服务细则要制定出来,同时社会化服务工作也要展开。

---

① 钱静雅,肖霞,杨淑亚.高等院校图书馆运作理论与实践研究[M].北京:中国水利水电出版社,2017.

三、重点面对弱势群体,开展多层次的服务项目

高校图书馆的社会化服务首先要具备开放的观念,切勿全面撒网、盲目行动,要基于开放的前提下把重点体现出来,特别是对于迫切需要信息帮助、提升自身文化素质的弱势群体(流浪者、下岗人员、城市农民工、身体残疾者)。在提供对外服务上,高校图书馆可以与本校教学、科研信息利用状况,以及图书馆的馆舍,设备及文献资源的实际状况进行结合,针对不同的用户或者用户的不同信息需求提供多样化的服务。

(一)提供传统的基础性知识利用服务

高校图书馆可以为学校附近的居民办理借阅证,为他们提供报刊阅览和图书借阅服务,提供文献下载、打印、复印、扫描等服务。

(二)发挥网络优势,为社会用户提供网络知识信息服务

网上图书馆的特点是没有时空的限制,且快捷方便。针对本地区社会发展和经济建设的热点和重点,高校图书馆可以强化网络信息的整合,收集网上分散且杂乱的信息,然后进行分类,进而将很多随机且杂乱的动态信息转为稳定有序且可以有效高速存取的信息资源;同时,采用不一样的服务方式,满足本地区大量用户的信息需求,搭建起用户和网络间的桥梁。高校图书馆还能够通过其主页对馆藏文献、服务项目、基本的科学文化知识进行介绍,从而可以对社会用户提升科学文化素质起到一定的帮助作用;还能够利用网络及咨询部门,将科技查新、问题咨询、文献传递等服务提供给用户。

(三)利用高校优越的师资资源和文献信息资源,为社会用户提供个性化的服务

不管对于哪所高校,在设置的诸多专业当中,其中总会有在全国或者本地区具备一定特色的,而这些专业的文献保障能力与学术研究水平具备权威性,且知名度也非常高,同时社会用户也都信任,所以依据专业特色优势,专项开发本校"特色"专业信息,进而便构成了特色数据库并且要利用起来,这样就可以同时获得经济效益与社会效益。高校图书馆可以将现代化信息载体(电视、网络、手机)充分利用起来,以社会上

需要的信息为中心,进而制定出相应的服务策略,针对特定范围的网络信息进行查寻、下载、分类、提炼、加工和输出,依据个性需要,主动将需要的知识信息发送给用户,从而实现用户的个性化信息需求。

(四)联合发达地区图书馆扶持西部贫困地区图书馆

对于中东部地区而言,社会发展程度相对较高,经济比较发达,有着丰富的信息资源,同时传统的纸质文献和电子文献,数字化的图书馆馆藏文献及网络化的信息资源也都具备。诸多高校最近几年将办学方向进行了转变,调整了专业,同时也重新整合了图书馆之前的藏书资源,大规模上架了很多与现有新专业有关的书籍,并且将无关的图书下架了。其实,下架的这部分书籍也是比较宝贵的信息资源,可将它们捐赠给相对贫困的西部地区图书馆,将其馆藏充实起来,进而,馆藏文献资源的重复利用也实现了。

第六章　图书馆智慧化服务

服务是图书馆的根本价值所在,图书馆的一切工作都应该围绕服务展开。在智慧图书馆中,智慧化的服务处于中心环节,智慧图书馆的馆员、建筑、技术、资源等都是为了实现为用户服务工作。本章我们将重点探讨智慧图书馆的服务类型都有哪些,它们是怎样的一种服务模式,如何开展这些服务等。对智慧图书馆的服务进行研究,有助于我们从核心价值层面了解和认识智慧图书馆,并为随后章节的研究提供线索。

第一节　智慧化的基础服务

智慧图书馆的基础服务主要包括流通阅览服务、空间管理服务等。

一、流通阅览服务

流通阅览工作是最基础的读者服务工作,主要包括图书和期刊等纸质图书的借阅工作等。流通阅览服务中主要涉及智能书架、盘点理架设备、自助借还服务等。

（一）智能书架

智能书架产品在性能、外观等方面均更进一步贴近图书馆的使用要求。智能书架是高性能的架上图书/档案定位管理系统,支持ISO15693协议标签识别及多节书架并列应用,通过书架分层标签扫描,可完成馆藏图书清点、图书查询定位、错架统计等功能。

1. 智能书架产生的背景

传统图书馆采用条形码技术实现图书管理,图书上架按照《中国图书馆分类法》由馆员完成图书上架任务,数据库中存储的图书位置为类号,图书放置区域最小单位为分类排架号,并没有精确到具体某一节书架,使读者在查找图书上仍花费了大量的时间,而且实际中又无法避免地存在图书放错书架的情况,致使读者从数据库查找到的图书架号并不是实际图书所在的位置,影响读者图书借阅效率。而图书馆馆员的顺架采用原始的人工清点,不仅图书顺架不准确,而且顺架劳动强度也非常大。

智能书架能够实时将每本书定位到层,智能书架的应用使馆员的顺架工作变得轻松,只需要软件系统启动顺架功能即可,甚至可以自动启动顺架功能;对于读者来说,可以实时地定位某本书在哪一架哪一层。充分降低了馆员的工作量,提高管理效率,并能够有效提高读者的借阅效率,使 RFID 应用数字图书馆的优势得以充分发挥。

2. 智能书架的特点

智能书架的主要特点包括:
(1)采用先进的防冲突算法,具有强大的标签检测功能。
(2)识读速度达到 50 张标签/秒以上。
(3)低功耗设计,输出功率可调。
(4)性能稳定、抗干扰能力强。
(5)单次检测成功率高。
(6)实现分节分层书架控制,降低应用成本。

(二)盘点理架设备

图书馆大多采取开架阅读方式,积累下来的错架、乱架问题比较严重,对任何一个图书馆来说,馆藏图书清点、顺架、上架、倒架都是特别耗时耗力的工作,RFID 系统要具有简化图书馆业务程序并提升图书馆服务水平的作用,必须有配套的馆藏清点理架设备。馆藏清点理架设备分为手持式清点设备、推车式盘点机和移动智能书车 3 种类型。无论哪种设备,都是以特定的排架方案为基础的。

1. 手持式清点设备

手持式馆藏清点设备是由手持式 RFID 阅读器和笔记本电脑组成。工作人员通过手持式 RFID 阅读器和运行馆藏清点软件及架位采集软件的笔记本电脑可快速采集书架层标签以及书架上馆藏的 RFID 标签信息,以帮助排架、查找和统计特定的流通资料,在采集的书架架位信息与书库架位分布位置图融合后,可绘制出详细的书架分布地址数据模型图。利用 RFID 手持扫描式阅读器(图 6-1)能够一次性读取多个电子标签的资料,从而提高整架工作的效率,降低劳动强度。

图 6-1　RFID 手持扫描式阅读器

2. 推车式盘点机

推车式盘点机和手持式清点设备的原理相同,只是设备组合的形式不同。都是通过层标,实现图书上架、盘点、顺架、倒架等工作。工作过程中发现错架书籍会自动报警和提示定位。此外,盘点设备还提供可视化馆藏定位和多级检索等功能。

3. 移动智能书车

2006 年,深圳图书馆制造了世界上第一台图书馆 RFID 智能书车。智能书车摒弃了国内图书馆传统的文献手工排架方法,亦超越了国外

RFID 大型机械分拣概念。

（三）自助借还服务

图书馆自助服务的发展与新技术的发展密不可分，比如 RFID 技术是自助借还服务的基础，它为图书馆的流通服务带来了全新的契机，不仅节省了大量的人力和管理成本，更为读者提供了 24 小时无间断的服务，是一种革命性的改善；自助打印、扫描等服务则有赖于先进的设备和无缝的认证机制。

1. 自助借还系统

自 20 世纪 90 年代末起，欧美许多国家尤其是北美开始应用 RFID 技术开展自助服务，国内最早启用自助服务的应该是 2005—2006 年落成的广东东莞图书馆和深圳图书馆新馆，目前国内规模较大的大学图书馆如北京大学图书馆、同济大学图书馆、中山大学图书馆、北京理工大学图书馆等，公共图书馆如中国国家图书馆、首都图书馆、杭州图书馆等都配备了多个自助借还终端。

目前图书馆广泛应用的自助借还系统是 3M 公司的 RFID 数字化系统和读者自助借还书系统。RFID 数字化系统包括 RFID 标签、标签编写和转换设备、点检仪和馆员工作站等，配合其标签安全监测仪系统可以实现图书的全流程管理。RFID 标签中带有一枚能够重复读写和存储信息的芯片，芯片中存储了识别和追踪馆藏资料所必需的信息。对于读者而言，自助借还系统根据读者的借阅流程分为自助借阅系统和自助还书系统，自助借阅系统可以让读者自行操作借阅图书馆内的馆藏文献资料，避免流通柜台的拥挤与排队等候。3M 的自助借阅系统可以直接处理磁条和条形码，当加入 RFID 数字化功能后，自助借书的操作效率可以更加提升。自助还书系统则可以支持读者 24 小时不间断地自行操作还书程序，读者还书窗口操作简易，方便提高图书馆图书流通的循环速度，并可减少读者因不能及时还书造成逾期罚款而与图书馆之间产生的纠纷，减少图书馆的投诉率，提升服务品质。[①]

---

① 程允丽. 媒体信息的综合处理及数字化校园的建设研究 [M]. 北京：中国原子能出版社，2018.

2. 自助借还机

在RFID系统的各种设备当中,使用效果最好的当属自助借还设备,几乎所有采用RFID系统的图书馆都表示,从统计数据来看,采用新系统后借还量都有很大增加,同时自助设备所占工作量至少占总借还量一半以上,读者对自助设备持接受和欢迎态度。

(1)自助借还机的原理

自助借还机又称自动化自助工作站。RFID自助借还机与传统的条码自助借还机相比,最明显的优势是一次可快速读取多个RFID标签。自助借还机操作简单并配有使用说明,指引画面可根据需求配备多种语言选择和不同的程序操作界面。

一般来说,自助借还机将功能集中于一台机器中,但图书馆可以根据需要决定是否在一台机器上同时开借还功能,还是只开一种功能。在当前大开架借阅和各分馆通借通还的服务模式下,为防止图书自助归还后被随意放置,图书馆可以考虑将借还功能分开。对于借书,读者选书后可以持借书证在自助借书机上借书,自助借书机可分散安装在书库中,也可集中安装在总借还书处。对于还书,读者无需提供证件,只要把书放置在自助还书箱中即可。还书箱安装的位置一般在图书馆门口,方便读者操作,归还图书只能由图书馆工作人员做还书、上架等后续处理。实践证明这种方式在方便读者自助借还的同时,保持了原有的合理流程。

(2)自助借还机的功能

图6-2为自助借还机,具备的功能包括:彩色触摸显示屏;条形码扫描器可处理任何位置和方向的条形码;V形工作台面设计可正确分类放置图书、杂志和其他刊物,使布局更直观;内置打印机采用标准尺寸卷筒印刷纸,更换方便;外观可定制,柜台桌面可以选择多种不同的贴面,柜身可选择不同色彩以配合图书馆的装饰风格;将条形码与安全磁条技术相结合;多本书检测功能,避免客户使用同一条形码借出多本文献;安全磁条充消功能。图6-3为自助借还机应该具备的特点。

第六章 图书馆智慧化服务

图 6-2　图书馆自助借还设备

自助借还机的特点
- 提供自助式借还书服务
- 实现多本图书同时借还
- 支持远程监控，故障报警
- 支持凭条打印，缺纸、卡纸自动报警
- 提升人性化服务水平

图 6-3　自助借还机的特点

（3）自助借还机使用中的注意事项

对于自助借还机的密码，读者可设可不设。一般从保护读者隐私角度考虑，建议自助借书流程强制要求设置密码，自助还书不需要设置。

图书馆自动化系统中的特殊提示。在图书馆自动化系统中，因某些书的特殊属性或某些读者证的特殊性，在借还时会自动弹出提示，这种情况下，RFID 自助借还机可暂时将图书馆系统弹出的提示转为人工台服务提示。

二、空间管理服务

空间管理服务主要包括门禁管理和自习室/阅览室占座服务。

（一）门禁管理

图书馆门禁管理主要依靠校园一卡通来实现。随着校园的数字化、信息化建设的逐步深入，校园内的各种信息资源整合已经进入全面规划和实施阶段，校园一卡通已结合学校正在进行的统一身份认证、人事、学工等管理信息系统（MIS）和应用系统等建设，通过共同的身份认证机制，实现数据管理的集成与共享，使校园一卡通系统成为校园信息化建设有机的组成部分。

图书馆一般在一楼大厅入口处设置门禁卡，读者刷校园一卡通才能进入，后台依靠门禁管理系统，通过物联网技术，实现读者身份数据的调用。

图书馆常用安全门禁的特点是：
（1）简洁大方。
（2）支持多种标签。
（3）支持多个通道。
（4）具备读者计数器。
（5）故障诊断显示。
（6）彩色LED报警提示。
（7）抗金属干扰性能优越。

（二）自习室/阅览室占座服务

一般高校教室资源都非常有限，可供学生读书自习的空间很少，而图书馆有很多阅览室，甚至一些图书馆会专门设置自习室供读者使用。因此，常常会发生图书馆占座现象。图书馆选座系统就是为了解决学习空间不足和占座秩序混乱的问题。

自习室座位管理系统主要为学生提供自习室座位情况信息，学生可以通过网络查询开放的自习室和各自习室的人数。管理员可定时更新各个自习室的剩余座位数信息。

三、其他基础服务

RFID的采用，使得图书馆能够依托其完成更智能化的服务。同时RFID的大量资金投入，也需要有围绕RFID开展或不断思考的创新服务来增加设备的回报率。

(一)自助复印/打印/扫描服务

近年来国内很多图书馆配备了自助复印打印设备,为读者提供"无人管理"的自助式打印复印服务,这种服务方式既可以节省图书馆的人力,也可以减少读者排队等待的时间,并且由于其相对低廉的收费和自助结算的模式可以大大减少纠纷,同时也是图书馆执行知识产权保护策略的一种措施——图书馆可以通过在所有自助设备上张贴知识产权保护的警示等方式,加强读者的版权保护意识、引导尊重知识产权的使用习惯,避免由于人为因素导致图书馆"带头"侵犯知识产权、无限制地为读者复印打印资料的情况发生。

北京大学图书馆、清华大学图书馆、浙江大学图书馆等大学图书馆和中国国家图书馆、深圳图书馆等公共图书馆都使用了联创自助打印复印扫描系统。该系统引入"自助式无人化"的管理模式,通过一卡通等进行身份认证和收费,做到使用者、使用时间、内容、费用的精确可控,在所有接入网的电脑上,为读者和管理员提供方便和廉价的打印复印和数字化扫描服务。[①]

以北京大学图书馆使用的联创自助打印复印扫描系统为例,其主要的功能和特点包括:

(1)与北京大学校园一卡通认证系统接口,读者使用北京大学的校园一卡通卡,可以直接从卡上扣除打印复印的费用,并可登录学校一卡通系统或到一卡通中心查询该次消费的明细。读者如果需要补卡或挂失等,都只需到北京大学校园卡中心办理,联创系统会自动读取一卡通中心的更新信息。

(2)支持读者自助刷卡打印、复印、扫描,无人化管理。

(3)任何内容及形式文件均可打印,并能在后台服务器上随时查询打印的内容。

(二)自助编辑制作服务

随着教学模式和学习方式的改变,大学对于学生独立或协同完成生

[①] 李静,乔菊英,江秋菊.现代图书馆管理体系与服务研究[M].长春:吉林人民出版社,2019.

动作品的能力、对于学生的多媒体制作和展示能力,都提出了更高的要求,所以有了"多媒体素养"的提法。为了完成课程的作业,同学们常常不仅需要提交一篇文字报告,而且要提交含有实验结果或创作效果的PPT、视频短片等等,读者需要图书馆提供丰富的素材以及相关的设施,帮助他完成"作品"。图书馆能够提供的素材包括海量的图片资源、视音频资源、完备的数据库资源如电子图书、期刊、报纸等,能够提供的设施则包括各种数码前端设备如照相机、摄像机、录音笔等,采集设备如放像机、微机、各种采集软件,各种编辑制作软件和输出设备如彩色打印机、刻录机、合成机等。

中国台湾逢甲大学图书馆的多媒体学习站设有"数位媒体实作中心",该中心配有种类丰富的软硬件设施,目标是为师生数字媒体课程的学习和实践提供各种自助式的编辑制作服务,主要服务项目包括:视音频编辑制作、动画制作、平面设计、网页设计、教材制作、平板电脑外借等,平板电脑上有图书馆提供的针对不同学科图书馆资源服务的App,读者可以根据自己的需要有选择地借阅和使用。

第二节 智慧化学科服务

本节在阐述高校图书馆学科化服务困境和策略的基础上,对智慧化学科服务进行了分析。

一、高校图书馆学科化服务困境和策略

(一)制约高校图书馆学科化服务的瓶颈因素

1. 忽视师生的体验

高校图书馆中的各学科馆员均具有重要任务,需要对传统的服务局面进行改变,因而需要不断地开拓创新学科服务的新局面,在此过程中不同的学科馆员均采用了推送服务与资源的方式,在大学校园里进行广泛宣传。虽然宣传方式具有重要作用,然而若未能够对师生的感受与体验予以有效的顾及,则将不会产生良好的宣传效果,因而高校图书馆学科馆员需要加强同师生的沟通与交流,从而能够对师生进行针对性的服务。然而,通过对实际情况进行观察可知,长期以来图书馆由于对师生外界信息环境的变化予以过度关注,因而在较大程度上对信息行为的内在变化原因产生了忽视。在当前的发展形势下,数字环境是高校图书馆学科馆员经常谈论的内容,随着数字化方式的产生,使得传统的整合利用与出版形式得到了显著的改变,并且能够对用户的心理进行准确把握,同时也在较大程度上改变了用户的习惯与研究方式。但对于高校师生而言,并不是所有人都能够在较短时间内对此种改变进行接受与掌握,因此需要图书馆员具备更强的专业性,以此对师生进行引导,使其能够在较短时间内适应此种新的信息交流方式。然而图书馆员并未能够对师生的内在需求予以关注,而是一味地对馆内现有的资源实施推销。由于图书馆内的服务无法满足师生的需求,从而导致师生与学科馆员进行沟通时出现师生产生较大不满的情况。随着时间的推移,导致高校图书馆学科化服务停留于形式层面。因此图书馆的学科馆员需要将师生的服务体验放在首位,做到未雨绸缪与时刻准备,从而能够及时有效地为师生提供帮助,如此才能够有效地展现出强大的服务能力,获得师生的高度赞许。

2. 忽视细节的改善

图书馆各学科的重点服务工作即是为重大课题与大项目服务,需要拥有较大的影响力,以便能够为师生提供良好的服务。然而,就实际情况而言,上述方式并不能获得最好的效果。师生需要经历较长的时期对图书馆的学科服务进行感受,因此对于各学科馆员而言,需要加强对细节服务的完善。最好的服务是需要在师生体验中为其提供更加优质的细节服务。图书馆的学科服务提升的关键并非单纯地依靠较大的规模,而是需要做好细节服务,为所有的师生提供最优质的服务,如此才能够提升师生对图书馆服务的认知水平。

(二)改善高校图书馆学科化服务的策略

1. 为高校的重点学科及专业建设提供高质量的文件检索服务

高校图书馆的建设发展不仅需要高校内部的经费支持,更应充分利用国家对高校的经费支持,将重点学科与专业建设予以良好结合,在达到相关的标准后申报国家的一些项目,以便能够建立优质的文件资源库,做好学科建设的服务;还可联合相关的学科专家为进行科研的师生提供信息技术检索服务的专业技术培训;同时图书馆各学科馆员还需要建立并不断完善,使其有效地明确学科最前沿学术信息的需求。

2. 针对不同的用户,提供针对性的服务

师生通过图书馆获取相应的学科知识服务是高校图书馆的发展目标,并且对于不同学科的师生而言,其需要的学科知识也存在较大的差异。面对此种情况,需要学科馆员对师生的身份、学科类进行甄别,从而创建科学的服务模式,为不同的师生提供针对性的信息资源。这就要求高校图书馆的各学科馆员构建较为完善的主动服务及自主查阅的服务模式,为其开放全天候的学术信息获取渠道,满足其随时进行查阅的需求,提升师生的赞许度。

3. 建立以学科馆员为核心的服务保障制度

各学科馆员在高校图书馆的学科服务工作中具有十分重要的地位,然而通过对目前的实际情况进行观察可知,图书馆在实施学科馆员制度过程中暴露出较多的问题,导致各学科馆员之间的沟通存在较大的障碍。因此高校图书馆在实施学科馆员制度过程中需要拥有严格的制度保障,为此图书馆的管理人员需要联合学校的管理人员共同制定科学的学科馆员选聘制度,并且在选聘后需要对各学科馆员进行严格的培训,使其充分明确并掌握制度内容,最终能够有效地适应未来图书馆发展的需求,加强交流与合作。

4. 建立基于网络化的学科化服务平台

为确保师生能够持续地获得图书馆学科化服务,图书馆的管理人员需要采用 Web 3.0 技术在其之间建设学科知识服务平台,该平台不仅需要对所有的学科资源进行整合,同时还需要包括学科知识门户、网络资源揭示、定题知识服务等系统,辅助各学科馆员对学科信息进行选择集成、分析、设计及进行个性化、智能化管理,确保师生都能够获得优质的信息服务。

第六章　图书馆智慧化服务

二、智慧化学科服务建设的必要性

信息化与数据资源环境的变化,使得各类科研要素(包括数据、文献、硬件设施、机构、人员等)日益走向信息化和数字化。一方面,数字化的数据海量涌现,可视化工具的出现使得数据的挖掘、模拟、仿真与试验成为现实,科研本身在悄悄地发生变化;另一方面,数字网络技术的发展,使得科研人员获取知识与数据的方式也发生了巨大的变化,各种公开网站、开放获取平台等方式使得研究者的自我驱动与自我组织能力不断增强,兴趣与问题驱动式学习促进了创造性地修正、回答与解决问题,进而构建新的知识体系。

面对大数据环境,高校的学科服务也要进一步发生创新。它不仅需要有效组织数字知识资源环境、灵活组织各类信息资源体系,支持用户进行知识挖掘、计算、试验与评估,而且需要馆员对信息资源结构与规律的深度理解,熟练应用数据挖掘与分析工具,以专业的学科信息资源分析专家的身份协助学科服务对象,构建智慧化学科服务体系。

学科服务的内容,最初主要是馆藏建设与发展、学科联络,最近则是强化与专业学习、科研、教学紧密相连的用户信息素养教育。近几年来,随着出版业数字化、信息服务网络化、学术交流虚拟化的发展越来越快,高校图书馆的学科服务面临的挑战和机遇也越来越多。

从1987年在《赣图通讯》上有正式介绍"学科馆员"专业队伍的建设开始,到目前已经经历三个发展阶段和两次跨越。三大发展阶段即:介绍、宣传和尝试阶段(1987—1999年),高校实践和快速发展阶段(1999—2005年),学科化服务实践与学科馆员制度阶段(2006年至今)。两次跨越即:第一次是从传统以图书馆端为标志的服务模式转向将服务推向客户端的模式,具有变革性;第二次是图书馆服务的整体迁移,并探索嵌入用户科研过程的学科化服务,具有深入性。近年来,"学科服务"逐渐取代"学科化服务",成为学科馆员服务和学科服务的统称。[1]

20世纪90年代以来,随着外部环境和信息手段的迅速发展变化,高校图书馆的服务一直保持着创新与改革。从文献来看,陈汝龙在1995年较早地论述了信息化发展,促进了学科馆员的专业化集成化服

---

[1] 吴爱芝.大数据时代高校图书馆智慧化学科服务研究[M].北京:海洋出版社,2018.

务,张晓林分别在2000年和2003年给出了数字化网络化的现代信息环境下,高校图书馆应提供什么模式的信息服务,之后关于大数据对高校图书馆服务影响的文献日益增多。教育部曾在1987年颁布《普通高等学校图书馆规程》,在2002年进行了修订,明确了信息时代高校图书馆的性质、服务方向及其地位,明确了"信息化"服务的中心任务,体现了高校图书馆在信息时代及网络环境下的特征及作用;随着改革推进及信息化、网络技术的发展,图书馆的信息服务环境发生变化,2015年再次颁布新的修订版,修订原则之一就是文献资源数字化和校园信息化的发展大大扩展了图书馆功能,需要做一些引导性的规定来指导高校图书馆工作。

(一)智慧化学科服务有助于开拓图书馆新业务

大数据环境带来了网络数据技术的快速发展,给图书馆也带来了突飞猛进的冲击,引发图书馆的转型与变革。数字图书馆的建设、开放获取平台开始成为主流、移动用户数量的快速增加,使得高校图书馆的嵌入式服务模式不断深入推进,北京大学图书馆强调"融入教学、嵌入科研",初景利教授提出八个方面的"嵌入",包括目标嵌入、功能嵌入、流程嵌入、系统嵌入、时空嵌入、能力嵌入、情感嵌入和协同嵌入。

学科服务成为图书馆今后最为重要的发展方向,涉及参考咨询服务、专题信息服务、信息素养教育服务、教学支撑服务、知识发现情报分析服务、知识产权信息服务、知识资产管理服务、数字学术服务、科学数据服务和学科知识服务工具的利用,图书馆的服务已经不再以传统的书本资源借阅作为主业,开始从"图书资源中介"走向"教学科研合作伙伴"。借助资源导航、信息检索、数据利用与处理工具、大型数据库等方式,高校图书馆的服务内容从传统的文献信息服务转向数字知识服务,提供更多的情报分析与知识发现,强调数据素养教育与创新挖掘能力的提升,服务深度不断增强,重视个性化服务和基于科学研究的服务。

(二)智慧化学科服务便于满足用户的潜在需求

图书馆服务的受众群体是用户,对用户需求的了解和把握是满足用户需求的重要前提。学科服务的创新建设,激励学科馆员深入院系基层和科研一线,通过不断的互动与合作,直接观察与引导用户需求。从学科服务角度而言,学科馆员只有深入用户的科研与教学过程,才能真正体现图书馆员的价值与作用,学科服务的效果才能与用户需求保持一致。

学科馆员参与科研项目的整个过程,可以了解科研工作者对与信息资源相关的特定研究需求,尤其是数据资源的获取。学科馆员可以利用自己的信息数据专长,通过协同合作,帮助科研工作者获得基金。在不断的合作过程中,可以根据科研需求,衍生出新的用户服务,满足用户的潜在需求。

（三）智慧化学科服务有助于加快图书馆转型

传统图书馆以文献服务和信息服务为基础,而在大数据环境下,知识的产生、存储与使用均发生了巨大的变化,科学研究的学科跨度越来越大,越来越多的知识以数字形式存在,高校图书馆提供的文献数据库已经不一定能够满足用户的需求;同时,用户获取科研知识的途径与方式越来越多样化,Google 搜索、百度搜索等各种各样的方式已人人皆知,并且可以对知识进行组织、分析、重组与推送。知识服务时代的到来,极大地推动了图书馆转型。

目前很多的高校图书馆都开始注重学科服务创新,建设智慧化学科服务体系,但也仅仅说明知识服务取得了一定的进展,现实中仍存在很多问题需要解决与克服。随着学科服务的创新越来越深入,当图书馆的各个层面、各个环节都具有了这种观念与意识并做出相应调整与改变,图书馆的资源越来越得到数字化和网络化的加工、开发与利用,图书馆的转型就实现了。

三、智慧化学科服务的内涵特征

随着大数据对社会各方面的影响不断深入,用户信息行为与科学研究环境出现很多新变化,实体图书馆作为文献信息媒介的作用不断弱化,图书馆不再是用户获取科研数据库的唯一途径。仅仅以沟通联络为特征的学科服务已经无法满足大数据环境下科研教学的需求,智慧化学科服务由此产生。

有研究将学科服务在大数据时代的发展称为"嵌入式学科服务"或"泛在化学科服务"。我们认为,智慧化学科服务是大数据环境下高校图书馆的发展方向与重点,是图书馆服务面向网络时代和大数据环境的业务转型与升级,是智能化技术、图书馆业务与学科馆员智慧结合的产物,是图书馆服务发展的必然选择和发展趋势。它要求图书馆使用数字化、网络化、智能化的信息科学技术与手段,将图书馆的信息资源进行互通互联,为读者用户提供更加高效和便捷的服务;要求图书馆建立专业化、个性化的服务链条,提供精准、到位的集成知识资源;要求学科馆员充分利用信息知识和工具,帮助用户挖掘、组织海量信息的潜在规律,嵌入科研过程提供知识增值服务。

简而言之,智慧化学科服务就是智能化技术+学科馆员智慧+图书馆业务与管理的总和。智慧化学科服务的主要特征如下。

(一)知识共享化

建立在智能化基础上的学科服务,使用互联网技术将图书馆相互分割与独立的资料文献进行加工整理,实现读者用户与数据平台的相互智能连接,实现知识信息共享。智慧化学科服务可为读者用户提供全方位和一体化服务,通过知识与管理共享平台,解决读者各种各样的问题,同时为读者查找数据资源节约更多的时间,提供更加便捷的优质服务。

(二)需求个性化

每个研究个体的研究领域都不尽相同,其对文献调查梳理和学科前沿、发展动态的需求有区别化的差异,这就要求学科馆员针对每一个用户对文献、资源数据的需求提供个性化、差异化的学科服务。科研教学用户的需求不是基于图书馆现有资源的存在,而是针对自身的特色化需求要求学科馆员提供个性化服务。

(三)服务精准化

面对浩如烟海的数据资源与信息,如何快速、准确地查找到文献资源和得到指导服务是衡量现代高校图书馆服务质量的重要标志。智慧化学科服务就是借助智能技术,建立更加灵敏的管理与反馈机制、更加智能的信息数据系统,以及更加完善的服务与科研跟踪体系,为科研与教学用户提供更加精准的服务。

(四)渠道多元化

智能化学科服务重视人性化和人文关怀,强调对用户提供的服务及其服务效果,秉持"用户在哪里、服务就在哪里"的工作态度,为科研教学用户提供了多元化服务渠道。他们可以到馆进行咨询、培训或提供需求,也可以在线或通过网络平台进行信息资源的获取与数据处理指导,学科馆员也可以深入教学与科研一线进行专门化与针对性服务,让图书馆用户能够在每一时刻享受到智慧化学科服务带来的便利性。

四、智慧化学科服务建设的框架内容

智慧化学科服务强调以人为本,强调从科研用户的需求出发,进行服务内容与服务方式的规划调整与设计,借助资源、工具、方法、专业知识等软硬件设施,提供高质量的信息化学科服务。本书的重点是针对科研与教学用户提供的学科服务,如表6-1所示。

表6-1　智慧化学科服务的内容框架示意图

	学科服务分类	具体内容
大数据时代高校图书馆智慧化学科服务	基于资源搜索与使用的参考咨询服务	● MEN 咨询 ● 电话咨询 ● BBS 咨询 ● 微信咨询 ● 智能咨询 ● 云计算咨询 ……
	基于数据获取与处理的数据素养服务	● 数据获取与信息来源 开放数据平台资源 网络免费学术资源 馆藏资源 ● 数据软件与工具培训 数理统计软件 文献管理软件 可视化工具 ● 科研数据管理与服务 科研数据管理计划 科研数据存档服务 科研数据管理培训
	基于文献信息与数据的学科支撑服务	● 学科服务平台(或门户) ● 嵌入式课堂教学 ● 知识产权服务 ● 科研全程服务 ● 知识资产管理

续表

学科服务分类	具体内容
基于数据挖掘与分析的决策支持服务	● 以收集整理为主的基础数据服务 ● 以事实查询为主的进阶检索服务 ● 以综合研究为主的全面分析服务 ● 以前沿预测为主的深层挖掘服务
基于数据服务与反馈的个性化服务	● 个性化数据信息追踪推送服务 ● 科技查新与论文收引创新服务 ● 提供数据资源的跨库检索服务

（一）基于资源搜索与使用的参考咨询服务

大数据具有开放性、跨界连接性和易获得性，大数据挖掘和分析，可为图书馆参考咨询服务提供一定的参考和良好的预测依据。在大数据环境下，紧跟教学科研需要，借助大数据分析技术（包括机器自学习分析、数据挖掘、统计分析），有效了解科研教学用户的数据信息需求及存在的问题，及时解答相关问题并提供最优化的数据利用解决方案。

（二）基于数据获取与处理的数据素养服务

大数据时代使得数据不再仅仅是最终目的和结果，数据价值主要在于它的使用，而非占有数据。为此，在大数据时代，学科馆员应努力帮助用户提供基于数据获取与处理的数据素养服务，帮助高校师生用户挖掘数据的潜在价值，提高数据的利用效率。数据素养服务主要体现在数据解读、数据管理、数据利用、数据评价等，强调对数据的操作和使用，另外还包括数据的伦理道德修养、数据存取等。学科馆员要具有高效发现、评估与使用信息和数据的意识和能力。

（三）基于文献信息与数据的学科支撑服务

在大数据时代，随着数字图书馆的普及，高校图书馆借助学校网络、数据服务商等的网络技术优势和电子资源优势，开始向用户提供越来越多的资源与信息。但要想真正对学校的教学与科研机构提供定位准确的信息资源，必须要创新服务内容与模式，充分利用现代信息技术和学科馆员的专业素质对图书馆的服务进行提升与拓展。大数据时代的智慧化学科支持服务就是高校图书馆根据学科教学与科研计划、安排，有组织地开展旨在帮助教师、学生和科研人员改善与提升教学、学习、科研的过程,实现教学、科研目标及世界一流学科建设。

(四)基于数据挖掘与分析的决策支持服务

在大数据时代,科研数据成果的统计与整理,对学校的学科建设与发展起到至关重要的作用。进行学校的资源配置和发展方向决策时,需要大量信息分析和知识服务。高校图书馆的决策支持服务,是以管理部门的需求为目标驱动,以图书馆丰富的文献资源、数据资源为基础,图书馆员利用专业的文献搜集技能和情报分析方法,对多渠道信息进行筛选归纳、数据统计、综合分析,形成系统的决策知识产品,供管理决策者在短时间内全面掌握信息。

(五)基于数据服务与反馈的个性化服务

个性化服务是大数据环境下学科服务的必然趋势,是满足科研工作者和师生多样化、专业化科研教学需求的高层次学科服务模式,能够帮助用户在有效的时间内得到精准正确的信息资源。其主要任务是构筑一套追踪用户需求、了解用户研究方向、推送数据资源服务的反应机制,打造图书馆资源与用户之间的沟通桥梁,随时随地解决用户咨询问题。主要内容包括个性化数据信息追踪推送服务、科技查新与论文收引创新服务、数据资源的跨库检索服务等。

第三节 个性化创新服务

个性化服务是大数据环境下学科服务的必然趋势,是满足科研工作者和师生多样化、专业化科研教学需求的高层次学科服务模式,能够帮助用户在有效的时间内得到精准正确的信息资源。美国图书馆协会的定义是:用户驱动的、可定制的信息服务,允许用户创建便捷网页,从图书馆可以获取信息资源列表。

一、构筑个性化服务的理论基础

用户兴趣挖掘与用户需求模型的建立是实施个性化服务的重要基础。有学者使用语义元素或路径进行用户兴趣识别和测算,或利用页面访问次数、浏览时间与页面信息量大小等数据,构建基于兴趣度的用户访问模式挖掘算法。大数据环境下,信息资源的广泛存在给读者和用户寻找感兴趣的信息资源也增加了困难,如何在短时间内提供精准的信息资源,是高校图书馆在大数据时代提供高效学科服务的关键。

在与师生及科研人员协作的过程中,用户信息反馈对高校图书馆个性化服务体系的构建具有重要意义。可将相关反馈技术与个性化技术引入个性化服务系统,构建基于用户反馈的个性化知识服务模型,不仅可以为用户提供主动请求与被动推荐两种个性化知识服务,而且也会考虑到用户个性化知识需求的多样性与随机性。

二、个性化创新服务的主要内容

在大数据环境下,借助数字化手段与技术,满足用户的多样化与个性化需求。学科馆员可在以下方面进行创新服务。

(一)个性化信息推送服务

学科馆员通过自身的情报信息服务以及对所负责学科的专业知识,深入科研教学一线,根据教学战线与科研一线的数据资源需求和信息知识检索要求,将图书馆的最新资源信息在特定时间内及时推送给特定用户的服务。图书馆的信息资源保持不断更新,学科馆员要依据不同用户的研究主题,进行文献资源数据的检索、整理与打包,定期通过电子邮件或信息通知等形式发给用户。

(二)科技查新服务

查新报告是查新机构根据查新委托书的要求,通过查新项目的查新点与所查文献范围内的文献信息进行比较分析,对查新点作出新颖性判别后,以书面形式撰写的客观、公正的技术文件。

查新点指需要查证的体现查新项目新颖性的技术创新点。查新点的表述要客观科学,文字要精练明确,条理清楚。查新项目有多个查新点需要查证时,要逐个列出,以便查新人员在查新报告的查新结论中,根据查新点分别对应作出新颖性判别结论。

除了评奖评职称,高校图书馆承接查收引委托外,还应创新服务内容,定时追踪科研工作者的科研成果主要被哪些国家、哪些领域、哪些研究工作者引用,根据用户需要,定期出具科研成果引证报告。不仅有助于为科研工作者对自己的科研工作有清晰的认识,而且有助于科研工作者对未来的科研方向有更加清晰的努力方向。

(三)跨库检索服务

将图书馆的各种数据资源和其他网络资源进行打包组装成完整的异构数据资源检索系统,方便用户根据自己的检索需求准确高效地搜索到合适的数据源,增强个性化服务的质量与强度。如北京大学主导的 CALIS 三期"机构知识库建设及推广项目",主要目的在于揭示和推广我国高校的学术资源和学术成果,帮助高校发布、共享和保护已形成的知识、科学和文化遗产的数字化资源,并通过聚集和开放获取增加其附加值,进一步促进学术交流。

(四)定制服务/聚合服务

定制服务,也称 RSS 服务,是基于 RSS(简易信息聚合,也叫聚合内容)技术开展的个性化服务。RSS 是一种描述和同步网站内容的格式。RSS 可以是以下三个解释的其中一个:Really Simple Syndication;RDF(Resource Description Framework)Site Summary;Rich Site Summary。但其实这三个解释都是指同一种 Syndication 的技术。RSS 是 Netscape 于 1999 年提出,2003 年开始广泛应用的,最初广泛用于网上新闻频道。因其具备的过滤信息、聚合信息和推送信息的功能使图书馆推送个性化服务的理念得以实现,在图书馆的应用包括新书通告、电子期刊 RSS 服务等读者个性化信息的定制服务。图书馆依托各自的馆藏目录、期刊目录等数据资源,通过泛在云平台向读者提供数据查询、馆藏文献搜索等数据服务。同时泛在图书馆也利用各自的用户数据库,进行在线的用户登录、身份认证、数据匹配、数据加密等基本的数据处理应用。[1]

---

[1] 张春红.新技术、图书馆空间与服务[M].北京:海洋出版社,2014.

(五)预约服务

预约服务包括资源预约和培训预约等。

资源预约是指对图书馆的书刊等纸质资料、数字化资源等的预约服务,图书馆自动化系统除了可以对全部外借到读者手中的书刊进行预约之外,也可以对保留在图书馆闭架书库、保存本书库、储存书库等处的书刊实现"在架预约",这些书刊可能由于对外服务时间有限,或是地理位置偏远等原因,不能随时取阅,为了满足少数读者的借阅需求,提供预约服务。

培训预约不仅可以自主选择培训的主题,也可以自主选择培训的时间、甚至一起培训的伙伴,因此非常受到用户的欢迎。对于图书馆而言,用户培训由于读者信息素质的不断提高,常常面临培训量下降的尴尬,精心准备的培训只有寥寥数人参加,真正有需求的用户又限于各种因素不能到场,不能不说是资源的极大浪费,培训预约是应该重点推广的个性化服务之一。

北京大学图书馆 2010 年起面向校内教师推出了教学素材资源预约下载服务,它是资源、设备和服务预约的一种综合尝试。对于教师教学环节中需要的各种数字化资源,尤其是多媒体资源,由于版权的限制教师常常无法下载;或者教师手头的各种资料需要随同 PPT 展示给同学,但苦于没有时间和专业设备来处理。为了满足教学过程中对于各种素材资源,例如图像图片、视频音频等资料的数字化需求,图书馆可以根据教师的版权声明(指教师签署书面协议,声明加工或拷贝的资源将仅用于课堂教学,不做任何扩散和传播)为教师提供局部或全部的数字化加工或下载(有些图像和视频资源,提供商不开放下载服务,但图书馆可以从本地服务器的后台获取或向资源提供商索取,也可以通过一些工具进行 5—10 分钟的视频截取等);教师自身拥有版权的各种文献资料,图书馆可以根据其要求进行数字化加工,转换成数字图像或流媒体资料,方便教师进行教学演示。

三、基于 Web 3.0 的个性化服务模式创新

(一)Web 3.0 个性化信息服务特征

Web 2.0 模式下的图书馆信息服务最显著的特点是信息共享、信息

整合和信息服务平台的构筑和开放。Web 3.0 是对 Web 2.0 的继承和突破,是在 Web 2.0 的基础上的进一步延伸,是通过更加简洁的方式为用户提供更为个性化的互联网信息资讯定制的一种技术整合。在 Web 3.0 时代,信息服务平台的构筑已不是人类信息交流机制的主要内容,而是在这个平台基础上深入开发和实现人类社会基于个性化需求的信息最优聚合的问题。Web 3.0 个性化信息服务具有以下特征。

1. 注重用户操作的可控性

用户范围没有局限,也没有人为的信息交流障碍,用户有可以选择性地操控信息和实现自我的权利和条件。

2. 深度的个性化体验

Web 3.0 用户可以依据自己的个性需求和习惯使用互联网络,互联网用户对 Web 的体验正在由传统的点击、单向、视听体验进入全新的多媒介、多通道、满足生理愉悦的体验时代。

3. 网络智能化

体现在对人类语音、语义的理解以及计算机网络设备跟人类的双向对话,实现现实人与虚拟生活的双向交流以及网络面向个人需求进行的自动过滤和自动清洁网络垃圾的功能。

4. 用户 Web 数据私有,体现个人价值

Web 3.0 将更加凸显互联网用户个人数据的管理、价值的体现和用户数据的独立性,激发用户参与、体验的乐趣和积极性。

(二)Web 3.0 个性化信息服务内容

图书馆个性化信息服务是图书馆以其强大的海量资源存储优势,面向用户提供满足其个性化需求的服务。图书馆个性化信息服务具有主动式服务、针对性服务和被动的积极响应等特征。"针对性服务"是图书馆个性化信息服务最主要的组成部分和工作内容,即针对用户的需求特性主动或自动进行用户资料的搜集和分析,建立用户资料数据库,定期或不定期地向用户提供差别性的服务,为用户制定不同的服务策略,提供不同的服务内容。图书馆"被动的积极响应"其实是图书馆主动式

服务理念的延伸,是在其理念指导之下的图书馆活动的具体实践。

Web 3.0是图书馆个性化信息服务的新一代网络环境,也是图书馆用来深层次满足个性化信息用户需求的工具,主要体现在图书馆个性化的实时信息服务、多样化的服务方式和服务内容的精准响应等几个方面。

(1)实时信息服务是图书馆满足个性化服务的跨时空体现。利用Web 3.0信息接收终端的普适性特征,实现各种应用的电子设备的互联互通和信息实时接收功能,实现图书馆与用户的无缝对接,实时解决图书馆用户的信息需求,解决了图书馆和用户服务与需求双方跨时空的联络,让用户充分享受到图书馆无处不在的便利,是一种人类信息交流的社会机制变革的有益尝试。[①]

(2)图书馆信息服务方式的多样化是图书馆个性化信息服务的外在特征的一个体现。丰富的个性化信息服务的形式能够满足用户个性化需求,有利于营造良好的信息环境,将图书馆与其外在的社会空间融为一体。

(3)提供精准的信息资源内容是图书馆个性化用户对图书馆信息资源服务的主观需求,也是图书馆个性化服务的一个重要体现。这要求图书馆针对服务个体细化地、高质量地提供个性化的服务内容。

---

① 谭晓君.图书馆管理与服务创新研究[M].天津:天津科学技术出版社,2018.

第七章　图书馆人才效能提升

图书馆的人性化服务、网络信息服务、阅读推广工作都需要以高素质的专业馆员队伍为前提,图书馆学会为此搭建了与业界同人交流的平台,拓展图书馆人的眼界,保障图书馆事业的发展。

第一节　馆员的引进和培养机制

一、图书馆人力资源管理的内涵

人力资源管理超越了传统的狭隘"人事"管理,将个人视为资源,根据组织内部个人的知识结构和能力结构,根据科学技术的变化,合理组织和分配。改变人才结构,促进人才与其他生产要素的最佳组合,促进组织和个人的全面发展。针对信息时代和未来图书馆发展的挑战,加强智能规划、开发、维护和人力资源的利用是一个值得研究的课题。

(一)图书馆人力资源管理概念

人力资源管理的概念有两种解释:宏观层面和微观层面。宏观层面的人力资源管理主要是指各种方法的运用。一个国家或地区充分发挥其人力资源的潜力是十分重要的。提高劳动力素质,优化劳动力结构,完善人员组织管理,使劳动力和生产方式处于最佳状态。微观层面人力资源管理是管理人员为特定用人组织选择员工、培训、雇用和留住员工所需的概念和技术的集合。主要包括工作分析、人员、选拔内容、分配、培训、工作考核、报酬以及社会环境等。

图书馆人力资源管理也有两种观点。从广义上讲,管理图书馆的人力资源就是管理图书馆员。狭义的图书馆人事管理是指从人事管理发展而来的人力资源管理,包括招聘、聘用、培训和绩效管理。图书馆人力资源管理的重点应放在人力资源的获取和使用上。

(二)图书馆人力资源管理的重要性和必要性

1. 图书馆人力资源管理的重要性

(1)人力资源开发与管理是图书馆生存与发展的生命线。图书馆的生存和发展取决于自身的资源。大多数这些资源由三个主要部分组成:人力资源,物质资源(建筑物、设备、数据等),财务资源(例如资金)。人力资源是使用和控制其他两种资源的第一种资源。美国图书馆界有一种说法,在图书馆服务的角色中,图书馆占5%,信息资源占20%,图书馆员占75%。[①]

(2)图书馆现有的人事管理已经不适合未来发展的需要。长期以来,我国图书馆主要任务的核心是馆藏创建和文献安全活动,即在保存和整理藏书的基础上,为读者提供各种服务,组织结构和材料,规范相对独立的"收、存、借、阅"机构,以集中收集、自成一体、分散式的文献信息开展工作。人力资源管理的二次发展,即人力资源管理的经典层面,现阶段劳动人力资源管理以"工作"为核心,以人为本,聚焦"领导",强调工作纪律,提高服务态度和员工素质,而服务模式创新和服务质量提升并没有系统地考虑,对员工的进一步培训和教育将被忽视。这种管理方式阻碍了人的主动性,不利于提高工作质量和工作效率。

21世纪的图书管理员不再是经典的簿记员,相反,他们是信息专业人员,其职责侧重于数据的开发和使用,以及教育和培训用户处理文献和信息。未来图书馆工作的重心将转向针对性服务。不可避免地,根据针对性服务的需要提供不同的服务。图书馆员工作中的知识水平和主动性决定了服务的质量。显然,现有的人力资源和人事管理系统已不再适合21世纪图书馆的发展,必须完全更换为新的人力资源系统。这种管理着眼于"人",寻找"人"与"工作"之间的联系,将"人"的发展与图书馆的自然发展联系起来。

---

① 王文,靳东旺,马玲,等.现代图书馆建设[M].沈阳:沈阳出版社,2012.

2. 图书馆人力资源管理的必要性

（1）人力资源管理是图书馆留住人才的有效手段。作为一个非营利组织，图书馆最初不能与其他社会组织相提并论。首先，一些图书馆业务范围小、服务手段落后、社会声誉不佳，影响了工作人员的形象。其次，在传统图书馆人员管理中，人没有被视为重要资源，人才闲置、压抑的现象更为严重。最后，图书馆行业普遍不重视人才培养，员工的知识老化，跟不上时代的要求。图书馆员作为知识和智慧的传递者，已成为图书馆存在和发展的主要因素。一个好的图书馆员已经成为图书馆最重要的资源。支持员工根据个人兴趣、发展机会和要求提供合适的工作，设计合适的职业发展路径，为员工提供帮助，以实现他们的职业目标。

（2）人力资源管理是图书馆提高办馆效益的关键所在。改革开放以来，图书馆信息资源和图书馆人力资源合理组合，我国图书馆事业取得了长足的进步。图书馆的位置和设施逐渐改善。市、县都有图书馆。政府对图书馆的投资每年都在增加，逐步引进先进技术，现代化设施建设都有不同程度的推进。但是，一些图书馆的利用率仍然很低，而人为因素和人力资源的使用过少可谓主要原因。

图书馆的采访、编目、信息咨询等业务的学术性、技术性、专业性较强，一般都由受过高等教育的专业技术人员即专业图书馆员来担任。总的来说，图书馆员在专业方面有很高的标准。图书馆管理者应充分关注他们的需求，并尽力满足他们的个性化需求。

现任图书馆员在图书馆的发展计划中扮演着贡献者的角色，是网络资源提供者和知识创造者。图书馆管理者应有意识地为图书馆员提出建议并创造各种机会，能够通过继续教育、职业培训、内部培训等进一步发展，并具备在图书馆工作所需的知识和技能，成为一流的信息工作者。

二、图书馆员工的甄选

员工的甄选，是指从一组求职者中挑选最适合某一特定工作职位的人员的过程。绝大多数管理者认为：员工的甄选是最困难也是最重要的决策之一。有关调查表明，甄选活动的平均成功率只有1/3，可见员工甄选工作意义的重大。

（一）初步接待

求职者与招聘工作人员通过直接接触,彼此形成初步印象,开始进行双向选择。若双方有进一步考虑的意愿,求职者可领取申请就职表。招聘者通过简单问题的提问尽快排除明显不合格的求职者。

（二）填写申请表

求职申请表是由求职者填写,反映求职者基本状况和求职意向等相关情况的标准化的图表。求职申请表是最快、最准确地获得与候选人有关资料的方法,其所提供的信息一般包括教育、工作经历、技能、爱好等。

（三）审查申请材料和推荐材料

求职者大多有着明确的求职目标,可通过申请材料和推荐材料或亲自与求职者交谈等方式了解求职者的愿望,过往有着怎样的职业经历。了解这些信息,是为了预测求职者是否能胜任这份工作,坚持做下去的几率有多少。

（四）测试

对求职者进行知识、技能、心理素质方面的测试,安排合适的试题,通过求职者的表现去评估其适应工作的能力,借以考察应聘者的知识结构、从业素质、推理能力、创新能力等方面的情况。

笔试要求应聘者以撰写文章或者填写答卷的形式,表达对某些问题的看法。

面试是挑选员工的重要手段。一项调查表明,英国有90%的公司倾向于用面试法搜集求职者的信息。面试较笔试更能直接地测验应聘者多方面的能力,有更直观的印象。面试内容包括应聘者的仪容仪表、人生观、社会观、职业观、人格成熟程度（情绪稳定性、心理健康等）、个人修养、求职动机、工作经验、相关的专业知识、语言表达能力、应变能力及决策能力、自我认识能力及协调指导能力、社交能力、分析判断能力、团队意识、责任心等。

体检主要是确定求职者的一般健康状况,确定求职者是否有慢性病或岗位所不允许的生理缺陷。

发放录用通知。对决定录用的求职者发出正式录取通知,对不予录用的求职者也发函致歉。

三、图书馆员工的聘用

(一)员工使用的内容和程序

1. 员工使用的内容

新员工的岗位安置。将新招聘的员工安置到预先设定的岗位上,使新员工开始为图书馆工作,即任职。

老员工的职务升降。通过人事考核,对工作绩效优异者晋升职务,让他们担任更高的领导职务或承担更关键的岗位工作,以便更好地发挥他们的潜能;对能力不足、无法胜任其岗位要求者,降职使用,以免妨碍组织任务的完成。

余缺员工的调配。根据实际需要,调剂各岗位员工的余缺,将员工从原来的岗位上调离,赋予新的岗位。

2. 员工使用的程序

确认员工的上岗资格。在员工上岗前,首先应该确认员工的上岗资格。对员工的能力进行评价,了解培训工作是否达到了履行岗位职责的要求。如果员工已经具备了上岗资格(即取得了图书馆专业的职业资格证书、具备了相关学历或技能),则由图书馆安排其上岗。

分派员工上岗。对于经过资格认证的员工,由图书馆按照他们各自具备的能力与招聘培训的目的把他们分派到图书馆的各个部门或各个岗位,员工必须按规定时间上岗,进入工作状态。

考察并评估员工的工作绩效。员工开始工作时,图书馆管理者便开始对员工的工作状态进行监督、考察,从中获取信息,作为对员工评价的依据,并进行工作绩效评估。

进行员工调整。根据员工绩效评估的结果,图书馆管理者进行相应的人事决策,或向图书馆的主管部门或主管领导提出建议,进行员工调整。

（二）员工聘用的原则

1. 知事识人原则

知事的意思是，在招聘员工之前，需要了解各个职位的内容和角色以及对员工素质和技能的要求。识人意味着尽可能多地了解图书馆的员工，了解员工的各个方面，甚至家庭背景和社会关系。基于知事和识人的基础，使用员工可以减少错误并提高招聘准确性。

2. 兴趣引导原则

兴趣是一个人的心理倾向，其中人的表现与事业成功密切相关。当你做你喜欢做的事时，工作可以给人们带来满足感、幸福感和生产力。

反之，工作将会成为人们的负担。因此，图书馆必须关注员工的利益和需求，尽最大努力支持他们从事自己感兴趣的工作。需要注意的是，应该组织不是每个人都喜欢的活动，例如自习室上夜班。相当周到的照顾或其他有利条件，可以补偿牺牲个人利益的员工。

3. 因事择人原则

因事择人是指以职位空缺和实际工作要求为出发点，以岗位要求为标准，选聘各类人员。它可以保证组织的效率，防止人员泛滥、人浮于事的现象发生。设定职位级别时，除了考虑职位的操作内容，还需要考虑技能、员工态度、级别等其他因素。

4. 任人唯贤原则

任人唯贤是要求用人要出于公心，以事业为重，真正把德才兼备的员工放在重要位置上。只有坚持任人唯贤原则，才能有高素质的员工服务，才能保证符合图书馆的各种功能。根据道德原则，"贤"字有两方面：一是要德贤；二是要才贤。德才兼备，不可忽视。司马光说过："才者德之资也，德者才之帅也。"才是德的基础，德是才的方向，道德促进人才的发展。

5. 用人所长原则

由于先天生理差异和后天训练程度的不同，每个人的素质和技能是不同的。图书馆应注意员工素质和能力的差异把他们安排在相应的岗位上,以充分发挥他们的特长。

天赋比学历更重要。学历只是证明能力的工具,在面对工作时,每个人都是不一样的,有着不同的态度与素质。所以,在招聘中必须综合分析,做出全面而深刻的评价。

6. 试用—稳定原则

认识人是一个非常复杂的过程。白居易的诗云:"试玉要烧三日满,辨材须待七年期"。实现人与事的最佳结合也需要一个调整的过程,不可能最初的方案就是最好的方案。因此,始终需要试用期来验证员工是否正确部署。在试用期后应该保持一定的稳定性,不应该鲁莽地重新定位。否则,员工将无法尽可能高效地为图书馆工作。

第二节 营造专业人才成长氛围

人才是图书馆事业发展的基础,图书馆的海量文献和先进的技术装备需要与专业馆员完美结合,才能充分发挥其应有的服务效能。近几年来,高校图书馆每年向社会公开招聘具备本科以上学历的专业人员,他们的专业背景涵盖了图书馆学、情报学、古典文献学、信息管理、考古学、新闻传媒等多个学科领域。

高校图书馆坚持以人为本的建设理念,将人才培养作为"固本强基"的主体工程,鼓励特色发展,推崇创新发展,力求形成开放发展与可持续发展的合力,提供求实创新的发展环境,营造独立开放的学术氛围,推进建设一支专业人才队伍。[1]

一、制定科学管理规则与激励机制

进行激励教育,以提高自身的理论和业务水平。馆内经常组织各种

---

[1] 于婧.21世纪中国城市图书馆丛书 青岛市图书馆[M].天津:天津大学出版社,2017.

类型的岗位培训,开展业务"练兵"和技能竞赛,帮助馆员构建合理的知识结构、培养与时俱进的职业技能。这些培训教育有效地增强了馆员队伍的整体素质,促进了各项业务水平的提升,也为图书馆馆员的日后发展创造了良好的环境。

(一)图书馆人力资源的考核

1. 考核概述

图书馆人力资源的考核,其实就是对员工作出客观、公正的评价。所谓评价是指在一段时间内衡量和评价员工的工作活动和绩效与组织期望的一致性的过程。评估强调组织及其员工既是发起者又是参与者的,通过组织及其员工的共同努力,才有可能实现组织期望与实际绩效的统一。

(1)工作态度。态度是建立在一个相对恒定的、重合的内在心理行为倾向的设定上的,它是一个特定的对象,是图书馆员对符合图书馆价值观和具体工作知识的个人情感和行为的偏爱。不同的工作环境会影响图书馆员的行为,并直接导致图书馆员工作方式的差异。图书馆员在图书馆工作中非常积极主动,并且能够有意识地处理任何行为。职业道德评估消除了图书馆员特定行为的内部和外部差异,注重尊重工作中的个人感受,对于工作中每个馆员的个人感受的心态十分重视。这直接影响到馆员所有行动的执行。

(2)工作行为。工作是任务的集合,任务被分解为特定的行为。这是建立在合理有效的工作分析的基础上,也是与以职务为核心的组织结构相适应的。如果职位分析的描述过于宽泛(其实很多职位分析都是根据职责和职位描述的层次来划分的),评估的工作就是让这些行为的描述更加具体易懂,然后比较实际行为与工作行为,评估侧重于图书管员的具体行为,重点是图书管员做了什么。

(3)工作结果。图书馆员的工作对图书馆预期目标的实现有着巨大的影响。图书馆员通过适当行为的服务状态对工作做出一定贡献,反映了图书馆员在工作或图书馆员价值观中的水准的体现。这种反映体现在几个客观指标上,如岗位数量、工作质量、员工流失率、出勤率和事故率,具体指标因工作类型而异,实际上反映了图书馆员的表现。

在实际评估中,根据具体工作情况确定三者的权重。如果其中一项被忽略,评估就可能会无效。只关注行为而忽视结果绝对是错误的,同时不能忽视图书馆员在职业道德和行为方面的努力。

2. 考核的内容

(1)德。美德是精神境界的综合体现。道德品质和对理想的追求,也是知识经济时代图书馆员应具备的素质之一。道德决定了一个人行为的方向——你为什么这样做,行为的强度——你付出的努力程度,行为的类型——实现目标意味着什么。美德的标准不是抽象的和一成不变的,不同的时代、行业和层次有不同的道德标准。

(2)能。能是指人的能力素质,即理解和改变世界的能力。当然,技能不是静态、孤立存在的。因此,能力考核应在质量考核的基础上,结合具体馆员在实际工作中的表现进行考核。包括智力技能、思维技能、表达技能、研究技能、组织指挥技能、协调技能、决策技能等。不同岗位应有自己的侧重点,在考核过程中应区别对待。

(3)勤。勤,顾名思义,指的是图书馆员工作过程中是否足够勤快、热情,态度足够认真、负责。可见,勤字指的是对工作的态度。

出勤率的评估不仅需要定量测量,也要有一个定性的评价:以饱满的热情积极认真地投入工作中。

(4)绩。绩是指图书馆员的工作,包括所做工作的数量、质量和经济效益。不同角色和职责的人均关注绩效评估,这也是图书馆事业评估的核心。

3. 考核的标准

(1)考核标准的分类。制定考核标准时,要针对不同岗位的实际情况,对不同职位制定不同的评估参数。而且尽量将评估标准量化、细化。考核标准有以下三类。

①绝对标准。绝对标准的实质是人与工作的比较,是以如出勤率、事故率、文化程度等客观现实为依据。

②相对标准。相对标准的本质是个体之间的比较。因此,每一个个体都不仅仅是比较的对象,也是比较的参考点。群体之间往往存在差异。相对评价标准的缺点是:不可比性因素太多,容易违背评价的本质,背离日常工作的特点,忽视工作标准,容易改变"个人"考核的主体,"转向"抽象的人,偏离考核。

③客观标准。客观标准是评价人在评价员工绩效时,作为每项评价项目的基准而确定的等级。为使考核内容更清晰、结果更公平,应采用更全面的标准和客观标准。同时,员工必须公布并采用考核标准。并且应该避免黑盒操作。认证的奖惩制度不仅适用于员工,也适用于高管。当然,评价经理的标准和评价员工的一般标准是有区别的。

(2)考核标准的特点。国外管理专家把考核指标的设计规范归纳为一个英文单词"SMART"。①

S(Specific)是指考核指标设计应当细化到具体内容,即切中团队主导绩效目标,且随着情况变化而变化。

M(Measurable)是指考核指标应当设计成员工可以通过劳动运作起来的、结果可以量化的指标。

A(Attainable)是指考核指标应当设计成员工可以通过努力实现的、在时限之内做得到的目标。

R(Realistic)是指考核指标应当设计成能观察、可证明、现实的确存在的目标。

T(Time-bound)是指考核指标应当是有时间限制的、关注到效率的指标。

"SMART"表明了设计员工考核指标的基本原则。

4.考核的作用

(1)考核是人员任用的前提。考核是"识人"最重要的方法,"识人"是"善任"的前提,评价道德素质、智力素质、知识素质、图书馆员的专业素质,兼顾馆员的技能和专长,然后分析图书管员根据职位定位。

(2)考核是人员调配的基础。通过评估了解员工敬业度和员工协作水平,如果你发现某人的素质和技能对目前的职位来说超出了,你可以提高他们的职位。如果发现其他人的素质和技能不符合其当前职位的要求,他们应该被降职。如果事实证明有些人用非所长,可以横向调配。

(3)考核是人员培训的依据。图书管员的培训应该有针对性。培训的前提是正确认识各类人员的素质和能力,通过考核确定馆员的素质和存在的问题,并进行培训需求分析。评估是检测培训效果的主要方

---

① 刘贵勤.图书馆人力资源管理[M].合肥:安徽大学出版社,2008.

法。当管理人员和培训师分析培训需求时,他们应该将员工评估的结果作为图书馆员培训需求的基础。

(4)考核是确定劳动报酬的标准。图书馆的内部工资核算必须遵守工资和报告之间的一致性原则。而精确衡量"工作"的数量和质量,是实行按绩效分配的前提。只有将公司绩效与奖励紧密联系起来,才能让馆员感到公平。

(5)考核是激励员工的手段。考核确定了推动进步的奖惩目标和等级,使奖惩明晰可辨,有助于提高馆员的积极性,实现企业目标。基于生产力和劳动力的付款作为考核的基础,提高、降低或拒绝成绩旨在作为对图书馆员的初步评估。同时,辅以具体的考核规则,目标科学合理。评估还有助于图书馆建立学习型组织,从而提高图书馆员的效率和竞争力。

(6)考核是促进员工成长的工具。工作考核是客观的评价工具,通过馆员与馆员之间的绩效比较,对评估结果优异者,是一种鼓舞,对绩效不佳者是一种鞭策,把评估结果反馈给馆员,让馆员发现自身的缺陷和不足。

5. 图书馆员考核的方法与实施

考核的关键就是运用各种方法收集每位员工的工作态度、工作行为、工作结果等方面的信息,并将其转化为员工工作的评价。

(1)考核的方法。主要有如下几种方法。

①工作行为评估法。适用于员工在工作中所表现出的具体行为。

工作标准法。将图书馆员的工作与图书馆设定的工作标准进行比较,以确定图书馆员的表现。这种方法的优点是参考标准明确。缺点是缺乏量化和可衡量的指标。这使得制定劳工标准变得困难。

对偶比较法。对偶比较法是指根据一定的实践标准,将每个馆员与其他馆员成对比较,以评估谁"更好",并记录每个馆员是否被认为"更好"。

民意调查法。民意调查法将评价内容分为若干项,制作评价表。然后将评估表分发给特定的人群。可以先让评估员报告馆员的工作并进行自我评估,计算每个评估员的平均分数以确定馆员的工作水平。这种方法一般用作辅助和参考方法。

关键事件法。关键事件是指那些对部门工作产生重大积极或消极影响的行为。使用这种类型的评估方法，负责评估的管理者在工作完成时记录代表特定绩效的图书馆员的行为，并生成书面报告。这个方法的优点是结论不易受主观因素的影响。缺点是底层工作量大。

业绩评估法。根据工作分析，将被评估者的工作内容划分为相互独立的考核项目，对不同的项目制定明确的评价标准。这种方法的优点是评估的内容全面。缺点是受个人因素影响较大。由于评估者的差异，这可能导致对具有相似绩效的被评估者的评估存在巨大差异。

②工作结果评估法。适用于工作结果评估的考核方法，目前主要有目标管理评价法。

第一步：图书馆的分管领导、馆领导和馆员共同讨论最近一段时间内需要实现的工作目标。

第二步：在图书馆员工作期间，主管和图书馆员将工作目标进行调整，使其符合实际情况。

第三步：在工作日结束时，负责考评的管理者和该馆员共同讨论目标实现程度及成功或失败的原因。

第四步：主管领导和馆员联合制定下一个评价期的工作目标和绩效目标。

目标管理法的优点是：考核者的作用从判断者转为顾问和促进者，员工从被动的被评估者转变为主动的参与者。员工主动地参与了整个评估过程，这无疑会增加员工的满意度和自信心，并可以积极参与工作。这通常有利于工作目标和绩效目标的实现。不仅对图书馆员的个人发展有益，也促进了图书馆员工的发展和现有员工的素质提高。

目标管理方式的缺点：首先，因为设定和调整目标需要很长时间，所以比较耗时。其次，这种评价技术不便在馆员之间和各个工作部门之间建立起统一的工作目标，更不便对馆员和各个工作部门的工作绩效进行横向比较。

（2）考核的实施。为了使评估工作顺利进行，需要提前规划。评估目标必须明确，然后根据评估要求选择评估的主题、内容和时间。

评估的目标不同，而且评价的侧重点也不一样。技术岗位考核时，考核专业技术人员的专业技术水平，考核的目的和内容各不相同。对成绩易于变化的工作，如参考咨询人次、流通量等，可按月或按季进行考核；而对一般较为稳定的员工的思想品德，考核次数可少些，一年一次即可。

考核是一件复杂而系统的工作,需要长期跟踪收集信息资料,并对数据做必要的加工、归纳。

一般来说,对图书馆而言,进行考核的人员包括被评估者的上级、同事、下级、馆员本人、读者和考核小组。对评估者的选择取决于考核的目的和标准,应该根据不同的需要选择适当的评价信息来源、选择合适的评估者。

评级系统的最后一个关键步骤是对评估结果的反馈。以员工的工作结果为指导,有效地改进评估结果。图书馆员应要求部门负责人在绩效谈话期间向图书馆员报告评估结果。所谓绩效谈话,是指部门负责人与下属讨论考核结果。面谈期间,部门负责人应向员工提供绩效反馈,帮助他们发现问题并阐明,这将推动专业改进,为员工提供良好沟通和了解其工作的机会。

除了用于促进图书馆员进步,它也用于图书馆员的教育和培训,这意味着评估结果应该为图书馆员进行培训提供参考。而以教育培训为基础的继续教育是提高图书馆员工作效率的有效措施,因此图书馆应改变以往的指导方针,优先考虑图书馆员的需求。图书馆应根据工作类型和图书馆员的需求提供有针对性的培训。

(二)图书馆员的激励

"激励"一词在《辞海》中的解释是"激发使振作";在英语中,motivation 来源于拉丁文 movere,具有"使动"的意思。激励本属心理学的范畴。它是个体与环境相互作用产生的结果。在管理学中,激励就是通过满足人的需要激发人的工作积极性的过程。

人力资源管理的四个基本目标是获取、保留、激励和人力资源开发,激励是核心。因此,国内外各种组织的负责人和管理人员,无论是过去还是现在,都使用各种激励来提高士气,完成组织的使命,实现组织的最高目标。

1. 激励管理的基础和前提

一个人的工作动机必须基于他们多样化的需求和对满足的渴望。根据马斯洛的理论,图书馆管理者在考虑图书馆员的职业发展时,需要着眼于满足高层次的社会需求。因此,在使用激励管理时,需要了解员工的需求并使用激励。

(1)调查员工的共同需求

必须被尊重。每个人都希望被同事尊重。我们如何才能获得重用和尊重？依靠自身过硬的技能。从图书馆的角度来看，这种技能是当个人的知识、技能和能力与图书馆的要求相符时，解决工作场所实际问题所需的知识和能力。正如一个"无用的英雄"，是需要自信和成就感的。

需要一个学习环境。如果图书馆只是一个机械工作场所而不是一个学习型组织，图书馆不仅不会留住人才，也阻碍了图书馆的发展。要营造适合图书馆员持续发展的空间环境，培养图书馆员的积极性和阅读氛围，使图书馆的运作充满活力。

需要良好的环境。图书馆的工作环境主要由馆内环境和社会环境组成。每个人都希望工作环境愉快、文明、轻松、和谐，在工作中放松身心。当然，松散的社会环境并不是松散的。当每个人都感到懒惰时，没有压力，没有一丝危机感，他们将失去热情和独创性。

(2)了解馆员的不同需求

对知识的追求。大多数图书馆员迫切需要提高和扩展他们的知识，并渴望有机会学习、培训和发展。

不同文化、背景的追求。不同背景和文化水平的人有不同的目标：经济健康的人有强烈的成长愿望和健康的环境，经济相对较弱的人更容易受到物质激励。在传统文化背景下长大的人为健康的环境而奋斗，而有西方文化背景的人对成就感相对关注度更高。文化水平较低的人则希望接受高等教育，而那些受过高等教育和其他学科的人则希望尽快掌握图书馆的文化、规章制度等馆情知识和技能。

关注不同年龄段。每个图书管员的心理状态和需求是不同的。每个图书馆员在不同年龄段的心理状况和需求也都不同。不同年龄的人，有不同的职业愿望：刚开始工作的年轻人工作热情更强、更积极。经过一段时间的工作，获得了一些专业技能和工作经验，也希望能引起图书馆领导的注意和同事们的尊重。

2.激励的方式

(1)目标激励。目标激励是设定正确的目标，激发人们的动机和行为并达到调动人们积极性的目的。管理心理学中的目标设定理论认为，"实现目标是一种强大的动力，完成工作的最直接动力是提高积极性水平的重要过程。"用目标管理调动馆员积极性，这是一个很好的方法。

首先，为目标设定一个标准。心理学认为，虽然目标很有价值但只有能够满足人们需求的目标才能建立直接行动的机制。人们会选择哪个目标并为那个目标而奋斗。目标越接近需求它的价值也随着增加，而且越能调动他的积极性。其次是掌握目标的难度。美国心理学家弗隆认为：动力＝目标能力 × 期望值。动机的本质是好的。目标越高，期望越高，产生的热情就越大。但只有当它满足真正的期望时，人们将能够有效地接受和激发人们的积极性，从而再次设置目标。长期目标可以在很长一段时间内履行职责，并给予人们导向，但实现的过程更长，也更困难。只有坚持长期目标才能提高图书馆员的积极性。人们看到的是短期目标，与人们当前的利益直接相关。因此，有必要将远近目标结合起来，以调动馆员的积极性。个人目标是图书馆员的个人目标，图书馆经理必须了解员工的个人需求和发展需求，并提供一个展示自己能力的舞台。图书馆领导者还可以指导员工的职业发展，让他们参与推动实现职业规划，实现个人目标和集体目标的统一。热情的效果越大，动力就越强。在设定和执行目标时我们要及时引导，两者兼顾，把任务完成与需求满足相结合，最后设计目标考核标准。目标结束做出现实的评估很重要。制定奖励和惩罚的标准，使图书馆工作人员感到目标已经实现，并有动力朝着新的目标迈进。

（2）政策激励。使用基于政策的方法来提高员工的积极性会对思维和行为产生巨大影响。一要用好思想政治工作，提高馆员的"意识"，强化他们的理想信念、职业精神和无私奉献，是保持馆员积极性的关键；其次，促进分配制度（即物质激励）。许多图书馆分发系统过去都是类似的，导致工作人员不是很积极。合同制度对员工积极性起到了促进作用，尤其是中层管理人员。最终，员工的技能和热情得到提高。要取代传统的片面择业，采用双边择业和灵活性原则。将管理转变为行为管理，利用行为激励激发员工积极性。

（3）情感激励。相关专家的测试结果表明，薪水、奖金、职称等只能调动 60% 的积极性，剩下的 40% 靠的是情感动力。管理的"南风"法则也是众所周知的，也被称为"热度法则"。法国作家拉封丹曾说：北风比南风强，看看谁能把行人斗篷脱掉，首先是北风，吹来一阵冷风。因此，行人裹紧大衣抵御寒风，南风徐徐吹，顿时阳光明媚，行人感到春天般的温暖，脱掉了斗篷。在图书馆激励管理中采用"南风"原则，需要领导者通过尊重激发员工的内在动机。同理心、理解、信任和尊重朝着以人为本的思维发展。关注员工的个性和品格,激发个人责任感,员工的工作热情需要"温暖"。

(4)培训激励。有上进心的人希望不断加强、改进和最大化他们的工作潜力。图书馆通过培训可以满足图书馆员的个性化需求并取得成功。鼓励图书馆员获取新知识和新技能,将个人目标与业务目标相结合,为个人目标而奋斗。通过参加培训,图书馆员会觉得培训是图书馆员工作和生活的重要组成部分。只要训练就能取得新的成果。学员会获得强烈的自我价值感和自我意识,图书馆工作人员将图书馆视为他们的主要生活空间。训练有素的图书馆员也可以通过提高技术技能获得更高的回报。

(5)工作丰富化激励。建立一个自然的工作小组,让每一位馆员都能在愉快友好的氛围中工作。这种自然的工作小组不是为了解散和重组现有的部门,而是在部门之外形成各种正式的非正式的小组(和团队),完成或讨论工作。发展与读者的关系,即让图书馆员尽可能多地与读者互动,以了解他们的工作,用自己的技巧引导读者使用参考书目等。

实行任务合并,让从事简单工作的馆员工作得到扩展。例如,让电子阅览室负责值班的馆员同时负责指导读者利用数据库的工作,而不应将之分散成阅览室和参考部两个部门的任务。

允许图书馆员独立工作。图书馆员在工作中应该有更多的决策权,以充分利用他们的主观能动性。例如,与其让他人决定做什么,不如鼓励图书馆员采取主动、提出项目、计划和完成工作。

(6)环境激励。环境的好坏,直接影响人的热情和积极性。领导者可采取多方面的灵活创收方式,增加收入,提高生活水平,使其专心本职工作。一方面,可以增加现代化设备,改善图书馆员的工作环境。这不仅减少了员工的重复工作量,还有助于利用人才库和提高生产力。另一方面,致力于为员工营造良好的人际交往氛围。虽然这种氛围是无形的,但是群体中的每个人都可以亲身体验。它可以营造一种相互信任和支持的氛围。理解与沟通、内隐的理解与合作、鼓励与和解、团结与合作,是一种激励、积极的竞争机制。在这样的竞争环境和机制下,责任和权利是紧密相连的,当然个人必须履行对组织的义务。同时,个人权利和需求可以得到广泛的保护、维护和尊重。

二、营造浓厚的学术氛围

图书馆鼓励馆员在实践的基础上不断总结经验并升华为专业理论。图书馆馆员积极挖掘馆藏资源,开展学术研究,发表专业论文,撰写专业著作,不断有馆员在省级以上专业期刊发表论文。浓厚的学术氛围有效提高了各位馆员的业务能力与研究水平,馆员们在专业课题研究过程中逐步对馆藏资源有了全面、深入的了解,为日后更好地开展专业服务奠定了基础。

三、丰富职工的业余生活

图书馆为全体馆员开辟了才艺展示平台。花样翻新的趣味运动会、充满活力的共青团活动、丰富多彩的工会活动和博采众长的年会,就像一张洁白而又包罗万象的稿纸,馆员可以用楷书书写自己的执着,用行书描绘自己的洒脱,用草书展现自己的豪迈。图书馆人在丰富的业余文化活动中谱写了独具魅力的青春之歌,展现了无私奉献、敬业、创新的高贵品质。

第三节 提升图书馆员自身能力

一、图书馆人力资源培训

(一)图书馆人力资源培训意义

培训的本质是学习。通过教育培训,每位员工都可以被"充电",以开发馆员的潜能,提高工作效率。图书馆工作人员的培训非常不同。最广泛意义上的训练,例如广义的培训,即高级的杠杆培训,代表与图书馆发展的战略目标和宗旨相关的培训。它使用引导式设计过程来确保有效的培训,并将图书馆培训计划与其他图书计划相结合。这种做法有助于创造一个促进持续学习的环境。狭义的培训是指专门分配时间、金钱、人力和财力的具体活动,确保完成提高图书馆员素质和技能的教育工作,即旨在提高图书馆员素质的专门培训。具有特定业务目标和内容的图书馆员工培训涵盖多样性、科学性和重点。

从这个意义上说,培训是人力资源开发的一种重要形式,因此图书馆组织需要培养人才。培训必须按照目标和计划进行,以及使用各种方法为图书馆员提供进一步教育,目的是不断提高知识、发展技能,并改善图书馆员的动机、态度和行为。使馆员能够适应新的需求,更有资格胜任当前的工作或更高的职位,可以接管并提高图书馆的工作效率,组织改进和实现目标,其目的是通过实现现有人力资源的潜力,充分利用可用的人力资源。

从宏观经济角度看,教育是人力资本投资的重要形式。20世纪世界发生了重大的科技创新,学科交叉、相互融合使科技产生新的飞跃。人口众多、新增劳动力的就业压力大是我国的基本国情,只有通过教育和培训,才能将人口压力转化为巨大的人力资源效益。

从中级角度来看,教育是支持图书馆可持续发展的有效机制。由于规划系统的长期影响,这使得现有图书馆工作人员在教育结构方面与信息社会不相容。年龄结构、员工关系、学习任务和图书馆的适应性成为可持续发展的重要保障机制。培训通过引入社会知识和信息,影响新思想,保证馆员思想信息的新颖性。

从微观上看,培训是一种有效的沟通和激励手段。除了在图书馆工作以谋生之外,图书馆员还需要意识到自我成长和自尊。通过培训图书馆工作人员,图书馆员可以获得新的知识和技能。这使他们能够在网络环境中执行繁琐且具有挑战性的任务。意识到自我成长和自尊,最终实现物质和精神上的满足。

(二)图书馆人力资源培训内容

1.知识培训、技能培训、态度培训

知识培训。受过培训的图书馆员具备运作和了解图书馆组织的基本情况(如发展战略、目标、时事)所需的基本知识。

技能培训。目的是让图书馆员具备完成工作所需的技能,例如操作技能,处理人际关系等方面的技能,以及保持和开发图书馆员的潜力。

态度培训。这种培训建立了图书馆组织和馆员之间的相互信任,提高图书馆员的精神状态和职业道德以及组织理念和团队观念。

2. 导向培训、在职在岗培训、在职脱产培训

导向培训。导向培训又称新馆员培训,旨在为新入职的馆员和不熟悉图书馆内外情况的馆员提供指导。使他们了解新的工作环境、条件、人际关系、规章制度和发展目标。新图书馆教育的深刻意义在于培养馆员对图书馆的归属感,包括意识形态、情感和思想等。

在职在岗培训。聘请有经验的馆员、管理人员或专职教师直接对馆员进行的培训,如计算机基本操作、网络基础知识、数据库管理、网络环境下的信息搜集与处理、网络信息的利用、专业外语等方面的培训。

在职脱产培训。将图书馆员送到大学或国外进行深造等。如今,这种培训方式在大型组织中得到广泛应用。

3. 各层次、各职能的培训

各级培训。不同层次的培训涉及图书馆员在不同业务和管理层面(上、中、下)和职能部门的培训,也称为垂直培训。高级经理组织中的图书馆经理应该具有广泛的专业经验和出色的技能,他们应该定期接受培训,帮助高管提高和完善他们的专业技能,不断提高他们的知识水平。中层管理人员和普通管理人员以及组织的部门负责人(主任)往往在组织的整体利益和助理馆员的利益之间产生一定的冲突和矛盾,他们担任了管理和中层管理职位,因此必须接受培训,以便尽快掌握必要的领导技能和工作方法。技术人员和专业人员的培训意味着对图书馆工作人员的培训,此类培训对象有自己的业务领域,掌握自己的技术知识和技能。

各职能培训。各职能培训也称为横向培训课程,是指针对各个机构的培训课程。在经营管理方面,培训的目的是使馆员明确各部门的专业、工作流程及各部门的职权范围;对同一职能部门相同专业的不同馆员分别提出不同的专业技能要求,以适应不同职务、不同岗位的需要。

4. 学历教育培训

根据工作需要和专业发展需要,图书馆应鼓励图书馆员进行高水平的学术培训,例如在图书馆获得硕士学位或博士学位,为他们提供稍微好一点的学习环境和条件。

5. 科研能力培训

现代图书馆的骨干必须具备学术研究能力和创新理念,能够指导学术人员进行学术研究并为其提供服务。提高图书馆服务水平,图书馆可以选拔一些业务骨干参与、主持科研课题,拓宽业务骨干的科研视野,提高其科研能力。

6. 个性化培训

对于崭露头角的图书管理员,图书馆应提供适当的培训并帮助他们培养实际解决问题的技能。包括人际关系管理沟通技巧和个人培训。

7. 综合培训

安排各种讲座,比如选择合适的培训教材、开设课程等,图书馆还可以根据不同时代工作的需要,选择业务骨干来参观学习。拓展视野的同时,也可邀请专业人士参加讲座、学术会议等,满足不同层次读者的需求。

(三)图书馆人力资源培训工作应遵循的原则

1. 培训计划的前瞻性

主要的培训计划,将贯穿所有培训活动,并反映在与教育活动的所有链接中。教育计划应在为图书馆的需要和目标设定的时间范围内实施教育的指导思想、目标和核心措施。

我们在制定培训计划时一定要慎重:不仅要做好当今急需的培训计划,同时也符合图书馆发展的需要和图书馆员个人发展目标的实现,特别是通过长期规划,确保图书馆的教育工作有系统地开展。

2. 培训目标的明确性

培训目标是教育的预期成果,即获得的综合技能。图书馆员必须具备专业的领导技能和技术操作技能。因此,有必要进行分析和评估图书馆员的"教育需求",了解图书馆员的性质和工作环境的性质。根据专业能力要求,制定明确的教育目标和教育评价指标体系。

3. 培训内容的实用性

培训材料不仅对目前的工作效益有帮助,也要注重个人发展以及未来的图书馆服务发展,教育内容必须实用。这不仅是因为知识和技能是由图书馆工作人员增强和改进,也是对知识和专业知识的扩展,不要选择看起来很重要但不是真正有用或影响很小且没有针对性的内容,同时在内容选择上要注重发展图书馆员培训的潜在开拓性。

4. 培训手段与培训方式的多样性

现代媒体和信息技术网络改变了培训手段和培训方式。因此,有必要根据知识、技能、认知能力和心理的性质以及图书馆专业人员的需求,采用多种教学方法和教学手段。积极变革,由课堂板书式培训转变为多媒体教学培训,满足图书馆员的培训要求。

5. 培训时间的紧凑性和灵活性

随着图书馆改革的深入,提高图书馆工作人员的工作效率,使工作与培训之间的矛盾更加突显。因此,时间安排要紧凑,根据图书馆员知识和专业技能比较完备、自我效能感和思维能力水平较高的特点,安排全日制培训和课程。短期强化课程的特定辅导请务必在学期休息期间安排培训。标准时间要求可用于评估个人技能和专业资格,并且个人可以根据自己的职业和生活的长短来选择学习的期限。这确保了可以缓解工作和学校之间的冲突,可以完成工作和培训,两者都是正确的。

6. 培训教学管理的严格性

严格的教学管理是实现教育目标、保证教育质量的重要因素。准确评价是客观评价教育工作者接受和掌握培训材料程度的重要途径。包括检查教师培训和选拔措施、计划的适当性。两者都是必不可少的,必须按照规定的要求对所有过程进行严格控制。

7. 育人用人的一致性

人才培养是一项系统工程,培训工作必须从解决图书馆系统问题入手。它始于图书馆的长期利益,将人员、工作系统和教育系统结合在一起。进行全面管理,使图书馆能够提供优质的服务。馆员的兴趣与组织的目标挂钩,提高馆员对学科的认识。"自信、竞争力、教育",应该重新定义终身学习的概念,让知识和技能成为归纳和收入分配的要素。

(四)建立图书馆人力资源培训机制的措施

在缺乏图书馆培训理念和培训体系保障的情况下,图书馆培训并没有提供一系列的人力资源培训计划,使培训流于形式,图书馆有限的培训经费也没用到实处,培训质量得不到保障,因此,要尽快建立图书馆人力资源培训机制。

1. 树立"以人为本"的培训理念

"以人为本"的培训理念是人力资源培训的宗旨。

所谓"个人职位匹配",也称职业能力,描述的是一个人从事某一职业的能力与该职业的能力之间的相互作用。图书馆应提高图书馆员个人的技能,使他们的才能朝着有利于图书馆目标的方向发展。

2. 倡导"平等培训"的图书馆培训文化

"以人为本"的培训理念首先是必须有平等的概念。尊重所有图书馆员为各级图书馆员制定一致的职业发展计划,并提供平等的培训机会。平等人才培训理念是图书馆管理"以人为本"理念的需要,它是图书馆管理理念的重要组成部分,也是保护图书馆容量的最重要因素。

3. 制定合理的培训规划

首先,根据图书馆未来的发展目标和图书馆的人力和财力特点,确定图书馆员的培训和职业规划。其次是尽快制定一个统一的合理的培训管理计划,提高馆员队伍素质。

4. 建立可行的培训制度

建立教育体系作为员工教育的保障。图书馆应该尝试组织教育系统,包括教育服务系统、目标教育制度、教育激励制度、教育考核制度和培训奖惩制度。

图书馆工作人员培训的成功取决于教育系统的指导方针和标准,并且教育系统的内容必须满足图书馆的总体发展目标。可以在图书馆法的范围内考虑建立培训制度。

二、图书馆人力资源开发

（一）图书馆人力资源开发概述

1. 图书馆人力资源开发的概念

广义的人力资源开发，通常是指以国家为主体的宏观层面的人力资源开发，与正规教育相关，即人的知识、技能、经营管理水平和价值观念，并使其潜能不断获得发展和得到最充分发挥的过程。

狭义的人力资源开发通常是指以组织为主体的微观层面的人才开发。指组织提供学习机会和活动的计划进行的工作类型。以培养员工技能和提高工作效率为目标。

图书馆人员的发展从狭义上讲是人力资源的发展。运用现代管理原则和方法对图书馆工作人员进行适当的培训、组织和使用。使人力和物力资源始终处于最佳关系。同时，对人的思想、心理和行为进行适当的疏导、控制和协调，充分发挥人的主观能动性，使"人尽其能，物尽其用"有所作为。图书馆工作的目标是适应社会、经济和社会大环境的发展和变化，如文化的发展对图书馆服务提出了很高的要求。

图书馆人员发展的主要目标是图书馆员和图书馆的共同发展，以最好地服务满足读者和用户的需求。

2. 图书馆人力资源开发的意义

使图书馆更具竞争力。计算机技术、通信技术和网络技术的飞速发展改变了过去人们接收、处理和发送信息的方式。同时它也改变了信息的创建和维护方式。将不可避免地对图书馆的运作提出更高的要求。图书馆需要在服务理念上进行广泛深入的创新。

有利于建设高素质的人才队伍。加强图书馆人员发展机制是图书馆工作创新的关键。这使图书馆能够发展和加强其创新能力。提高了图书馆员对图书馆工作的认识，有使命感、责任感和成功感，提高了馆员的科研能力和水平，打造坚实的团队，实现读者对图书馆工作的高度认可，营造良好的互动氛围。

有利于图书馆的可持续发展。由于科学技术的飞速发展、世界经济的融合以及国际文化交流的加强，图书馆在未来发展过程中必须进一步挖掘自身潜力,才能满足不同群体的精神文化需求,实现跨越式的成长和进步。首先,图书馆要明晰自身定位和优势,打造核心竞争力,这样才能更好地抓住机遇;其次,图书馆要创建一支高素质人才队伍,毕竟人力资源是一切组织不断向前发展的关键性因素。

（二）图书馆人力资源开发内容和方法

1. 图书馆人力资源开发的内容

谈到图书馆人力资源开发,不得不提到人力资源素质这一概念。后者指的是一个系统结构,这一结构的关键点在于人才的技能和品行。而人力资源素质结构也决定了人才培养的内容结构。因此,图书馆人才培养的内容主要包括职业技能、专业水平、思想道德素质的培养。图书馆工作人员唯有拥有健康的身体素质,才能始终保持积极、昂扬的工作状态。为了掌握图书馆相关人员工作过程中的身心状况,保证其人身安全,可以展开一系列研究。比如人体在图书馆各工作部门、不同的工作条件下神经系统、呼吸系统和感觉器官的变化;环境设施对人体健康的影响,等等。

图书馆工作人员经常会感觉到疲劳,可以针对这一点去深入研究工作人员疲劳的生理机制、原因和解决方法,使其能够以更饱满的状态、更愉悦的心情投入到工作过程中去。

人力资源的心理开发。人类的巨大潜力最初是作为一种被称为"心理劳动力发展"的心理潜力而出现的。主要目的是利用心理学和行为科学的发展成果来研究能源、作用结构、作用机制等影响图书馆员权力的因素,并利用研究成果指导和影响人力资源开发。在图书馆的所有因素中,人是最活跃的,也是精力最充沛的。无论是图书馆的发展还是创新,图书馆的工作需要调动图书馆员的积极性。

人力资源的伦理开发。人力资源伦理发展主要是基于对道德理想等职业道德问题的研究,主要包括道德信念、道德规范、道德观念、道德情绪、道德行为、道德品质、道德教养、道德评价等。工作过程中人际关系的适应也是道德人才培养的一部分。图书馆员之间的谦逊、团结和友谊是职业道德的基本要素。在网络环境下,工作过程中的分工越来越精细,紧密的合作需要图书馆员之间更多的支持和合作。培养个人道德的任务是让图书馆员充满责任感、承诺、公平和道德,唤起良知,唤起恻隐之心、羞耻之心、礼让之心和是非之心,不断地提高图书馆员的劳动伦理素质。

人力资源的能力开发。所谓的能力开发意味着培训和发展图书馆员的技能。人类技能包括观察、记忆、注意力、思考、学习和许多其他领域。员工的创新能力已成为图书馆竞争优势的基础。创新能力是指利用所有已知的信息,按照既定的目标和任务,进行积极主动的思考活动。员工创新潜力的开发应具有两个方面的特点:一方面为员工创新创造条件;另一方面是创新技能的应用。从能力的角度,培养、激励和更好地分配创新的人力资源。

2. 图书馆人力资源开发的方法

图书馆人力资源开发的方法是指将人力资源开发分为职业开发、管理开发、组织开发、环境开发四大环节来研究人力资源开发的方法。

职业开发是指以馆员的职业生涯为对象的人力资源开发活动。包括以下方面的内容:

(1)改进个人职业生涯规划。

(2)改善所有职业阶段上的匹配过程,解决职业危机。

(3)正确处理馆员在职业中的各种心理问题。

(4)在不同的生命阶段使家庭和工作取得均衡。

管理开发的基本手段包括法纪手段、行政手段、经济手段、宣传教育手段等。

(1)法纪(法律、纪律)手段。法律是国家按照法定程序制定、公布和遵守的。纪律措施由其管辖范围内的政府机构、公司、机构和其他社会组织实施和执行。两者都负责控制行为。

(2)行政手段。行政是指通过组织和上司的命令和行动,通过组织的执行层面的行动,对下属直接领导的方法。

(3)经济手段。经济手段是将个人行为的结果与经济利益相结合来控制馆员行为的管理方法。其主要特点是非强制性和间接性。不影响或支配直接和强制性管理方法的行为。

(4)宣传教育手段。媒体宣传教育是指通过宣传法律、方针、规章、制度,以及理想和道德,使人们能够自觉地为组织工作,提高人们的意识和思想意识的一种方法。

人才发展活动的环境就是社会环境、自然环境、工作环境和国际环境。其中,社会环境从宏观经济的角度制约着人才发展活动。自然环境以中性的方式存在。人们只能减少对人力资源开发活动的负面影响。但负面影响无法消除。工作环境直接影响人力资源部门的积极性。国际环境影响着世界各国的人力资源开发,而不同国家、地区的人力资源开发都有着不同的需求,环境便可以用来满足各式各样的需求。需要注意的是,对环境的处理一定要科学、恰当,否则人力资源的开发进程反而会受到环境的拖累。也就是说,人力开发过程中,想要达到预期的目标,一定要对环境有深刻的认识,并使用科学的方法去使用环境。

(三)图书馆人力资源开发措施

图书馆人才培养的观念受到传统思维的限制。今天,图书馆还停留在一般的基础工作上,诸如新书推荐等。多年不变的工作内容和循序渐进的工作作风限制了馆员的思想观念。此外,人才缺乏竞争,激励机制不完善,难以调动图书馆员的积极性。因此,有必要加强图书馆人员的发展。

1. 转变观念,树立正确的人力资源开发新理念

人力资源是图书馆中最重要的资源,它具有其他资源所不具备的协调、整合和判断能力。因此,必须坚持"以人为本"的管理理念,充分发挥人力资源开发在经济发展中的基础性作用。图书馆经理在概念的发展中扮演着战略性和重要的角色。"以人为本"必须改变旧的思维方式,鼓励馆员学习新知识,实践新技能,适应不断变化的环境。

2. 实施图书馆人力资源的政策性开发

政策制定可以确保图书馆机构的连续性和人员发展。图书馆管理者必须建立考虑到图书馆员个人发展需求的规章制度。

尽快确定并实施多层次的人力资源开发计划。减少图书馆相关员工的流失,及时弥补人员失衡。合理分配人员,使馆员能够更好地适应工作要求。多层次人力资源开发是指有针对性、持续、渐进地发展人员,以保证机构人员的连续性和发展性。

3. 实施图书馆人力资源的激励性开发发展动机是调动图书馆员积极性和创造性的重要手段

激励模式可以概括为与目标激励相关的内容——精神动机和物质动机。此外,精神道德能有效激发馆员的积极性。培养强大的精神动力,灌输图书馆员尊重、信任、鼓励和钦佩。为了有效地挖掘指挥的潜力,我们应该了解馆员的需求和动机,并对不同的馆员、不同的部门、岗位和职责采取不同的激励措施。从文学、科学资格、艺术技能发展方向、个性等方面的知识,图书馆员将赋予他们更高要求的任务,并支持他们发挥潜力。

4. 实施图书馆人力资源的培养性开发

图书馆人才的发展主要与教育培训的发展有关,主要包括提高图书馆知识、扩展技能和提高质量。在瞬息万变的网络和社会环境中,图书馆员的专业知识和商业技能是经过客观规划和培训的。在图书馆员职业的培养中,我们需要重点培养知识和其他技能,尤其是计算机、网络技能和外语等相关学科。特别重视图书馆员的培养,"情商"提高了他们的适应能力和沟通能力,使他们真正成为图书馆的导师和知识带头人,成为多功能的网络人才,这足以满足图书馆的发展,更好地适应现代图书馆建设和发展的需要。

5. 实施图书馆人力资源环境的开发

随着社会经济的逐步发展和现代技术在图书馆中的应用,文献资料的提供者、服务方式、图书馆管理方式正在发生根本性的变化。图书馆作品主要分为原创作品内容和现代作品内容。因此,有必要将员工发展与图书馆的总体目标和规划结合起来,用科学的原理发现人才,有效地开发和使用人力资源。在适当的组织结构、文化结构和知识结构下,改善人力资源开发环境,改善图书馆员的薪酬和工作条件,营造轻松和谐的工作氛围、融洽的人际关系,创造良好的环境。

6. 实施考核,开发图书馆人力资源的潜能

图书馆评估是指图书馆使用学术方法来验证图书馆员的地位、诚信和态度的过程。心理素质、工作技能、专业水平、知识素质等表现在工

作中是考核最主要的内容,目的是提高馆员的工作效率。通过考核发现图书管员的错误和原因,然后提供反馈并与他们沟通,以帮助图书馆员发现不足并进行改进。同时,可以在评估中发现具有潜在能力的图书馆员,促进图书馆人力资源的发展,进一步提高其绩效。

7. 实施设计、开发图书馆人力资源

职业生涯规划也称为职业发展,描述了一个人从设定职业目标到专业学习再到工作的过程。职业对大多数人来说非常重要。对于一个组织来说,职业设计意味着适应外部环境的变化,确保具有适当资格和经验的图书馆员在需要时可以工作,并证明图书馆员的承诺和忠诚。对于图书管员来说,就是在整个职业生涯中不断提升自己的技能,拥有一定的能力,并为自己的价值观所接受。因此,有必要根据图书馆每个人的特殊情况,如学习领域、教育背景、兴趣、技能等,为每个人设计一个职业规划、发展方向等,以增加每位馆员的潜力,帮助图书馆员实现广泛发展。

第四节　专业交流拉动学术研究

例如,青岛市图书馆学会工作围绕图书馆学、目录学和情报学开展学术交流,组织各种学习班和讲座,培训相关工作人员,推动馆际互借活动开展,召开图书馆业务工作会议,群策群力发展青岛地区的图书馆事业。

一、召集学术交流会议

学会每年组织不同主题的学术研讨会与经验交流活动,推荐本学会会员加入省图书馆学会和中国图书馆学会。学会组织会员撰写学术论文,这些学术论文先后被提交到青岛市社科联组织的社科优秀成果评奖活动、中国图书馆学会和山东省图书馆学会组织的征文评选活动中,每年获奖作品众多。

青岛市图书馆学会组织了"和谐社会的图书馆建设""图书馆建设与科学发展"等多次征文活动,参与者近400人,征文1000余篇,评选出了多篇优秀论文并结集出版。

2013年10月,学会组织学会成员单位参加了青岛市图书馆学会和青岛市第一次可移动文物普查办公室联合举办的全市图书馆系统暨纸质文物普查培训班,培训班聘请了国家图书馆古籍馆、中国出版博物馆和中国版本图书馆的专家到会做专业讲座。包括各会员单位馆长在内的80多人参加了此次培训班,有效地配合了青岛市图书馆系统文物普查工作的开展。[①]

2014年6月,学会组织包括会员单位馆长在内的100多人参加了由中国图书馆学会主办、青岛市图书馆学会承办的"第26届全国十五城市公共图书馆工作研讨会",提升了各会员单位为公共文化服务体系建设服务的意识,进一步推动了青岛市公共文化服务体系建设的进程。2015年5月,学会组织了2015年度学术论坛,进行了学术征文活动。论坛邀请了国家图书馆研究院副院长申晓娟研究员、上海图书馆副馆长周德明研究员、山东省图书馆副馆长王玉梅研究员等做专业学术报告,帮助图书馆员及时了解业内最新发展动态,推进本地区图书馆活动发展。

学会还组织理事到江西、湖南、甘肃等地参观学习,拓宽了其研究视野,丰富了研究内容。同时,学会还利用参加国际图联大会的机会,组织学会理事和各级图书馆馆长出国考察,学习国外图书馆的先进管理模式,对改进与加强本单位和本地区的工作起到了促进作用。

二、组织文化教育活动

近年来,青岛市图书馆学会积极发挥自身的文化教育职能,与青岛市社会科学界联合会、青岛市老年大学等兄弟单位联合举办知识普及讲座、地方文史沙龙、老年保健讲座、社会热点讲座等各类文化讲堂;在各会员单位间举办文化联展和巡展,互融互惠,共同进步。

---

① 于婧.21世纪中国城市图书馆丛书 青岛市图书馆[M].天津:天津大学出版社,2017.

三、开展业务培训活动

邀请业内专家和组织各种业务培训是青岛市图书馆学会工作的一个侧重点。近几年来,学会举办了文化信息资源共享工程知识学习班、数据库使用学习班、电子图书使用学习班等,举办了 12 区(县市)文化共享知识比赛、共享知识有奖答卷等交流竞赛以及 Interlib 系统使用培训、公共图书馆评估标准解读培训等活动。

四、召开年会及馆长联席会

青岛市图书馆学会始终坚持每年举办年会和馆长联席会议。年会力求内容丰富、形式多样并有较强的学术性,全方面展示各会员馆和馆员的风采。馆长联席会议主要目的是总结各区(县市)图书馆的工作,并根据全市图书馆事业的进展,就地方文献资源、总分馆制、数字化图书馆建设等进行沟通和交流。

青岛市图书馆学会工作的有序开展,提高了青岛地区图书馆界的学术水平,加强了图书馆同人之间的交流,为本地区图书馆事业可持续发展提供了有效的智力支持。

第八章 图书馆服务效能提升与评价

图书馆服务效能的提升有助于人们良好的图书馆阅读体验,让人们爱上阅读,喜欢图书馆。同时图书馆要重视读者评价,主动与读者进行交流,了解他们对自身服务的看法与评价。本章主要围绕图书馆服务效能与评价展开介绍,提出如何提升图书馆服务效能。

第一节 公共文化服务效能提升相关理论

效能最基本的解释为达到系统目标的程度,或系统期望达到一组具体任务要求的程度。公共文化服务效能指的就是公共文化服务体系达到预期结果或影响的程度,即公共文化服务体系功能的实现程度。具体而言,主要指政府向公众提供文化服务的水平和能力,它包括数量、质量、效果、影响、能力、公众满意度等多方面的要求。

一、国外提升公共文化服务效能理论概述

西方公共服务效能提升的理论实际上是经历了从"新公共管理理论"到"新公共服务理论"的演变。新公共管理理论是20世纪70年代由英国发起并在欧美广泛盛行的关于政府管理的理论。它的主要内容包括:第一,政府的职能是"掌舵"而不是"划桨"。它认为政府在公共行政管理中应该是制定政策而并非执行政策。第二,建立以顾客为导向的政府,推崇自由化的管理。政府应当为纳税人能提供高质量和多样化服务,政府应当成为可以产出高效公共服务的政府。第三,在公共文

化管理中引入市场竞争机制。它崇尚打破公私管理之间的界限,并逐步取消公共服务的垄断性,让更多的私营部门参与到公共服务的供给中来。20世纪80年代以来,在西方国家公共行政与公共服务的改革过程中,"新公共服务理论"应运而生。新公共服务理论旨在加强政府与外部主体之间的沟通与联系,推动国家转变政府角色,建立起新的政府服务提供机制。通过强调公民、非政府组织对公共服务过程的参与,有效地使用公共权力或公共资源,提供公共服务,来提高公共文化服务的效能。西方发达国家的这两种理论,特别是新公共服务理论,符合时代的要求,其基本理论框架和思路,对推动我国公共文化服务效能建设体制机制创新具有很高的参考价值,可作为我们提升公共文化服务效能的有益借鉴。

二、国内提升公共文化服务效能理论概述

党的十八大报告要求"完善公共文化服务体系,提高服务效能",正式提出了公共文化服务效能的时代命题,为研究公共文化服务提供了有利的契机和明确的方向。因此,深入研究我国公共文化服务效能的理论问题以服务于国家公共文化服务体系建设的战略目标,成为我国学界的理论自觉。

近些年来,国内学术界对公共文化服务效能的相关研究主要集中在公共文化服务的体制、主体、体系和绩效评估等几个方面:一是从体制创新层面来研究公共文化服务效能的提升。学者普遍认为,从一定意义上来说,体制环境实际上是影响公共文化服务效能的根本所在。进行体系的系统结构创新,才是提高公共文化服务效能治本的举措,通过引进市场机制和民间力量优化公共文化服务的微观主体结构,建立健全市场经济环境所要求的"政府—市场—公共文化机构"之间良性的互动关系模式。二是从优化公共文化服务主体层面研究服务效能的提升。这些学者认为,公共文化服务体系的建设需要发挥全社会的力量,构建一种多元化的公共文化服务模式,在此基础上利用市场机制,引入公平竞争的形式来改变公共文化服务水平,提高公共文化服务的效能。三是从推进公共文化服务均等化层面研究服务效能的提升。多数学者认为,目前我国存在的公共服务均等化问题主要是城乡之间差距较大,主要表现在农村基本公共文化服务资金投入不足,文化设施和文化资源匮乏,人才队伍水平不高,农村文化消费低迷等方面。四是从公共文化服务建设绩效评价指标层面研究服务效能的提升。众多学者们认为,公共文化服务效能的一个关键问题,是要有一个客观地反映公共文化服务的进程效率和落实效果的评估指标体系,以便动态跟踪公共文化服务推进进度,他们分别设计了各种细化指标来衡量公共文化服务的效能。

国内学者对公共文化服务体系的研究成果在一定程度上推进了公共文化服务效能理论的建设,但国内专门针对公共文化服务效能的理论研究目前还处于一种摸索和探讨阶段,针对区域的应用研究和实证研究较少,其研究成果针对性不强,有应用价值的不多。因此,加强公共文化服务效能应用研究和实证研究,成为构建公共文化服务体系理论研究最为迫切的命题,应紧密结合不同地区实际,加强对各自区域公共文化建设实践经验的分析论证,分类探讨提升服务效能的路径和适宜的模式。

三、提升公共文化服务效能理论启示

基于以上对公共文化服务效能的理论分析,在推进提升公共文化服务效能制度构建时,必须注重以下几个方面。一是必须立足于公民的文化权利和需求,注重公共文化需求反馈机制的建构。文化权利作为公民的一种基本权利,政府必须创造各种条件保障公民文化权利的充分实现。在我国公共文化治理体制机制的创新过程中,应该以公民文化权利为核心,以公民文化需求为导向,建立和完善群众文化需求的反馈机制,有针对性地提供公共文化产品和服务。二是必须立足于公共对话的要求,推动公共文化"共同治理"组织的建设。应进一步加大政府职能转变力度,将应由社会承担的社会管理和公共服务职能转交出去。建立健全公共文化服务的民主管理体制,吸纳社会各界代表和群众广泛参与,实现决策、执行、监督三方的有效制衡。充分发挥中介组织在促进公共文化产品供给和公共文化服务中的组织协调作用,保证公共文化服务"公共性"的实现。三是必须立足于服务效能提高的要求,推动公共文化服务效能评价体系的建设。一方面,要加强对公共文化服务均等化及其绩效评估指标体系和衡量标准的建构,用公共文化服务效能指数来反映公共文化服务体系的功能实现程度。另一方面,在定性研究的基础上,应加强以指标体系和测度方法为重点的定量研究,以更好地为公共文化服务效能的建设实践提供决策的依据。四是必须立足于社会资本

的特征,注重公共文化多元化投入模式的建设。优化公共文化投入结构,建立以基础设施为主导、兼顾转移支付的公共文化财政模式,以保护弱势群体为关键,以加强农村公共文化服务为重点,建立兼顾公平与效率的公共财政投入机制。进一步探索市场化运作、多元化投入的新模式,促使各类资本和要素流入公共文化服务领域。

第二节 图书馆服务效能提升的成功经验

服务效能是目前我国公共文化服务与发达国家的主要差距。从整体上看,我国的公共文化服务还存在着效能不高的问题,许多设施建起来了,就是管不好、用不好,老百姓在政府提供的公共文化服务中受益率比较低,公共文化对老百姓的覆盖率也比较低。在"十三五"时期,如果我国的公共文化服务还不能够有效地解决服务效能提升的问题,那就很难实现构建现代公共文化服务体系的目标。

有效持证读者占总人口的比例,是国际上评价图书馆服务效能的一个通行的基本指标。有关资料显示,美国最好,达到了68%,日本达到了43%,我国在2014年年底仅有2.9%,这个差距是非常大的。在发达国家,图书馆的一本书每年都要转两圈,而我国人均只有0.59,就是全国公共图书馆的藏书,有将近一半的书没有人去动。一方面购书费很少,能买的书很少;另一方面买回来的书没人看,整体服务效能不高。

最近,清华大学公共管理学院对各省、自治区、直辖市公共文化的投入产出效能进行了研究,发现东部沿海经济发达地区的投入效能相对较好,其他很多地区的投入效能都比较差。公共文化的服务效能,实际上就是公共文化服务老百姓的受益率,公共文化服务对老百姓的覆盖能力,因此,构建现代公共文化服务体系,就必须解决好效能提升的问题。利用互联网等现代传播技术,提升公共文化服务效能,促进公共文化服务创新是一个很重要的方面。

第八章　图书馆服务效能提升与评价

一、"互联网+"促进服务创新

目前,在我国公共文化服务创新实践中,也出现了许多利用互联网、利用大数据来促进公共文化服务创新的一些丰富多彩的典型案例,互联网+公共文化服务已经成为新的发展趋势。

（一）建设综合性、一站式公共文化服务平台

所谓的综合性,就是把所有的公共文化服务集中起来,放到一个平台上。所谓的一站式,就是要让老百姓以最简单、最容易的方式获得公共文化的资源和服务,以提升老百姓的可获得性。在这个平台上,公共文化服务的信息,场地服务资源的预约,公共文化服务的提供和享有,以及公共文化服务的反馈和评价等都可以进行。实际上,老百姓在获取公共文化资源与服务时,他们并不关心服务的提供者是谁,关心的是这种资源和服务能不能迅速地得到,这就需要通过综合性一站式的平台来解决。在综合性一站式服务平台上,还要加强内容建设、资源建设,要适应现在无线网络、移动终端的发展趋势。目前,全国很多公共电子阅览室的使用率在大幅度下降,主要原因是无线网络、移动终端的发展,有线接入的固定台式计算机显然就不适应了。必须解决好无线网络、移动终端需要的数字资源服务问题,才能适应社会大众的需要。

构建现代公共文化服务体系的一个重要任务,就是要促进全民艺术普及、全民阅读,要让全体人民具有一些基本的文化艺术素养,包括怎样听歌曲,怎样看芭蕾舞,怎样写书法,怎样唱歌等。这里所讲的全民艺术普及,并不是需要专业化的艺术培训,它只是让老百姓学会怎样去做就行,一个基本的方法就是通过互联网向老百姓传播全民艺术方面的知识。比如近几年来兴起的慕课,大规模在线开放课程,就是最适合于面向公众的社会化普及性教育。现在的全民艺术教育,缺乏的就是能够适应无线环境和移动终端,以全民艺术普及为主要内容的这种慕课。

搞一两个小时的培训节目可能没有多少人看,但把它的内容按慕课形式单元化、节点化,五分钟、十分钟一个小单元,完了之后还要设计一些练习,测试或者辅导。如果有这样一些传播艺术知识,提高文化艺术欣赏水平,介绍文化艺术基本技能,面向老百姓普及性的慕课,我们的全民艺术普及就增加了一个有效的方式和手段,这也是互联网+公共文

化服务。

（二）线上线下结合

必须认识到的是，互联网与公共文化服务的结合，并不是公共文化服务的唯一方式，互联网在公共文化服务中的应用，有它特定的范围和领域。把线上线下的活动结合起来，才能够让互联网在公共文化服务领域发挥更大的作用。

江苏的镇江、嘉兴在公共文化服务中创造了一个互联网平台称为"文化有约"，这个平台把全市各种机构、各种力量、各方面的公共文化服务、资源服务都集中在这儿，讲座、培训、展览都有，老百姓通过"点单"就可以获得服务，当然也可以为别人提供服务，这种服务方式虽然要靠互联网，但互联网只完成了一半，还有一半是在线下完成的，这就是线上线下结合，公共文化服务需要这样的方式。[1]

最近，全国公共文化发展中心在搞广场舞大赛。广场舞风靡中国，这大概是最近十多年来我国公共文化的一个最具中国特色的独创性活动。这个活动怎么搞？那就是线上线下结合。先是线上的，任何地方的任何一个团队，把自己的舞蹈视频传到网上，让大家来看、来评、来打分。得分高的到了一定阶段，可以以县为单位搞一场线下比赛，然后再以地区为单位搞一场线下比赛，最后搞全国的现场比赛。传到网上的视频，一天有两百万人次在浏览。在过去，任何一个机构、任何一个团体搞的文化服务，都不可能得到两百万人的关注，但有了互联网就做到了。线上线下结合，把老百姓参与公共文化服务的程度，提高到了过去想都不敢想的程度。

有个图书馆有一项服务创新，称为网上预约社区投递。如果你想看什么书就网上约，约好之后图书馆负责给你投递到社区。现在许多社区都有电子收藏箱，投递员把书放到电子收藏箱后，给你发一个微信，告诉你放到了什么信箱，密码是多少，到时候你拿着手机去点开信箱就取到了书，这就是互联网+公共文化服务，它给老百姓带来了极大的方便。

（三）"互联网+"改变业务流程、提升服务效能

互联网与公共文化服务结合，还有一个重要的突破，就是依靠"互

---

[1] 中共重庆市委组织部，重庆市人力资源和社会保障局.互联网+公共服务创新[M].重庆：重庆大学出版社，2017.

第八章　图书馆服务效能提升与评价

联网+"改变业务流程，提升工作效能，提高公共文化服务的覆盖率。内蒙古图书馆搞了一个"彩云服务计划"，在2016年获得了美国图书馆协会颁发的图书馆服务国际创新奖。美国图书馆协会每年面向全世界只评选一个服务创新项目，2016年获奖的就是内蒙古图书馆的这个项目。这个项目把图书馆的图书采购权交给了老百姓，他们利用互联网把图书馆、实体书店、网上书店连起来，整合图书馆的读者数据库，书店的销售数据库，然后制订一些规则，进行"某人买多少本，每个人能买多少本"等数据集成，这样就把图书馆需要买什么书的选购权完全交给了读者，只要你是图书馆的读者，拿着图书馆的借书证，到了书店看见这个书好，现场你就办手续拿走，一个月以后还到图书馆，图书馆跟书店一个月结一次账。这实质上是把图书选购权完全交给了老百姓，这样做的结果是图书馆的图书外借率达到了100%。如果按照传统的图书馆管理模式，图书馆的书外借率达到100%是做不到的。内蒙古图书馆的这种创新，可以使基层图书馆不承担保存任务，或者基本不承担保存任务，这种公共服务的方式非常有效。我国现在图书馆的平均流通率只有0.59，如果采用了这种方式它就是100%。这就是依靠互联网改变了业务流程。技术改变了流程，流程的改变提升了效能。过去图书馆的业务流程先是工作人员采购，然后分类编目、典藏，最后才是流通，现在完全颠倒了过来，首先是流通，谁看的书好就拿走先看去，然后回来再做其他的，这就是互联网的威力。

最近，国内有许多图书馆开发了一个小的手机App，叫读者自助转接系统。过去从图书馆借了一本书，朋友觉得这本书挺好也想看，但得把这本书还到图书馆后他再来借，图书馆就认定是谁借走了，现在开发了手机App，另外的人想看，就在App一点就自动转接到他了。这就是利用互联网的技术手段解决公共文化服务的典型案例。

通常情况下，人们对无线覆盖、移动终端都能享受，但在大量的边远山区、人口稀疏地区没有网络，"互联网+"怎么办呢？有人就开发出了一个小型的无线服务器，小型无线服务器的天线不高，覆盖半径1.5千米，刚好解决了一个山村，特别是边疆牧区聚集点的问题，农民可以拿着手机来这儿享受无线服务。这些都是"互联网+"改变业务流程，提升服务效能的案例。

（四）利用大数据采集与分析，突破资源、服务与需求的对接

我国公共文化服务资源与需求不能实现有效对接的一个重要原因，就是政府不知道老百姓到底需要什么，仅凭一些人在办公室里拍脑袋，这可是不行的。当前，国家正在推进大数据产业，利用大数据、互联网，准确了解基层老百姓在公共文化方面的需要，前景十分广阔。在美国，只要进入它的博物馆，你走的每一步都有大数据在记录。你在这幅画面前停留了5秒，或者在那幅画面前停留了10秒，当你还没出门时，你参观这个博物馆的最佳线路已经被设计出来了。这是根据你大量的行踪数据给你作出的分析，为什么在这儿停了5秒、又在那儿停了10秒，你一定对那个比这个更感兴趣。这些大量的数据集合起来，就是你的兴趣和爱好，这就是大数据。把大数据应用到公共文化服务领域里，就可以准确地掌握老百姓的文化需要、文化诉求，这不但是一个有利的工具，也是互联网+公共文化服务。这些年来，我国互联网+公共文化服务的创新，已经有了许多探索和实践，通过"互联网+"能够促进服务创新，提高服务效能。

二、公共文化服务与科技深度融合

互联网+公共文化服务的另一个方面，就是公共文化服务和科技的深度融合，对公共文化服务空间的改造。前面讲的是网络平台，现在说说实体空间。

改变我国的图书馆文化和博物馆几十年一贯制的面貌，就是要让老百姓一进图书馆，看到的除了阅览桌，就是书架，一进文化馆见到的不是排练室就是培训室之外，还有其他的东西。现代化的图书馆或者文化馆，它一定有一些跟现代科技成果、高新技术紧密结合的设施空间，需要有一些新的服务载体，有一些新的媒体终端。

2015年，中共中央在印发的《关于加快构建现代公共文化服务体系的意见》中，提出要把公共文化的重大现实需求，转化为文化产业的增长点，要研发出公共文化的装备系统软件。在这个方面，我国还刚刚起步，但看看国外，情况就大不一样。美国克利夫兰美术馆，进去后就是一面数字墙，非常壮观，有2米多高，几十米长。这个数字墙是什么东西呢？通俗地讲就是一个个小的电视屏幕，它可以容纳二十几个人同时

第八章　图书馆服务效能提升与评价

在这里操作,游客如果想看里面的内容,用手一点它就放大了。这是利用多点触控技术,通过互联网把美术馆所有的作品连接在上面,利用这个电视屏幕大大拓展了知识信息获取的空间,它不仅仅有作品本身的画面,而且还有作品的介绍、背景,有这个美术馆里跟这个作品相关的,甚至全美所有美术馆里跟这个作品相关的东西,内容十分丰富。

美国加州水世界的数字展厅,它的状态使你身临其境,所有展览都在水中进行,这种效果靠的就是数字化。法国卢浮宫的希腊酒会幻影成像技术也是通过数字化实现的。希腊酒会是希腊的一个经典活动,过去都在画上才能见到它,现在把它动起来,就像上海世博会期间《清明上河图》一样,让它动起来,使人身临其境,这就是现代技术手段。卢浮宫里的数字模拟教堂,也是空间数字化。我国苏州市的文化中心也做了一个数字墙,它是一种全新的展览展示方式,如果全国的美术馆都是这种展览展示方式,那肯定就是现代信息技术,高新技术成果的集成和广泛应用,是空间的数字化。

可见,公共文化的"互联网+",它一方面是服务跟互联网的结合,是服务的创新;另一方面,它又是利用互联网技术、现代高新技术集成,打造数字空间。故宫在这方面做得就比较突出,最近许多媒体都在宣传。怎样按照习近平总书记的指示要求,让传统文化火起来,让传统文化进入老百姓的生活,需要做的事情还有很多很多。《韩熙载夜宴图》是中国的名画,故宫把它开发成手机 App 上线,一般老百姓看到画,兴趣可能不大,但现在动起来上线了,据说点击量很高。这很高的点击量,说明它不仅拓展了公共文化服务的内容、范围、方式、手段,它还促进了文化消费。它虽然是个信息产品,但是只要你一点就得交流量费,故宫跟中国电信是要分成的。故宫还开发了一个手机 App,叫作《皇帝的一天》,是个面向小孩的动画。皇帝从早到晚的一天,小孩很感兴趣,据说点击量非常高。点击量高就有流量,有流量故宫就可以跟中国电信去分成。这些都是我国公共文化服务作的一些探索与实践。

总的来看,"互联网+"应用于公共文化服务,需要进行服务平台建设、数字空间建设等,但必须清楚地认识到,"互联网+"绝不是公共文化服务载体、方式、手段、样态的全部,"互联网+"适应了新的形势,开辟了新的领域丰富了新的手段,它带来了新的体验,是公共文化服务发展的一个重点方向。目前,我国在互联网+公共文化服务方面还刚刚起步,要把公共文化真正融入互联网,融入国家的智慧城市建设,融入国家大数据发展战略,也是公共文化服务发展的一个重点任务,在这个方面我们还任重道远。

第三节 图书馆发挥服务效能存在的问题

一、在馆信息显示具有滞后性

调查发现,市图书馆和区县图书馆 App 或者官网显示图书外借状态信息具有滞后性。比如要找一本书,在图书馆 App 或者官网查找显示在库,但是实际上在书架上却找不到这本书。管理员解释,这本书是在市里 A 图书馆借的,还到了市里 B 图书馆,现在到区图书馆 C 查到这本书显示在库,虽然已经归还了但是还没有还回 C 图书馆,所以在书架上找不到。这样难免会给读者带来不便。现在随着智能服务水平的不断提升,这些小细节也应该完善,才能提高读者的体验度。另外,一些区县图书馆受到资金的限制,虽然开通了微信平台,但是功能还有待完善,如网上续借功能、馆藏查询功能。有的图书馆微信平台只是一些简单的馆藏检索服务,而且细节方面还存在很多不足。现在一个美团就能实现很多功能让用户足不出户就能搞定一切。在人工智能迅速发展的今天,网上银行可以让用户实现查询、转账等大部分功能,那么我们图书馆的官方微信、App 是不是也应该适应这样的趋势呢?以某图书馆为例,外借室书架都标注了架面列层。如果我要查找一本书,先用手机在官方公众号里面查询出这本书的索书号,然后再找出这本书在哪一个书架上。如果官方公众号里面的数据可以更加完善,把这个步骤简化一下,读者查询出索书号的同时就能找到这本书在哪个书架。此外,很多读者拿着手机搜索出索书号,但是在书架上怎么找不到这本书?这些都是因为信息滞后给读者带来的不便,建议改善这类现象,避免读者空跑。

二、官方 App 微信平台功能亟待完善

例如,某县图书馆公众号里只有简单的馆藏检索功能和信息发布,像市图书馆那样的网上续借、网上缴费功能都没有。现在支付宝、微信

如此普及,我们还只能用现金进行支付,很多读者表示确实不太方便。因为现在很多人出门都只带手机。市图书馆的微服务大厅,只要绑定一个手机号,读者的在借、临过期已过期图书和借阅清单就一目了然。既然都实现了通借通还,那图书馆微信服务平台可不可以实现区县"通用"呢?就像我们的借阅系统一样的原理,全市通用一个系统但是独自拥有各自的账号,这样既可以免去读者重复绑定账号的麻烦,又可以弥补很多区县因为经费不足导致的微服务滞后的现状。

三、服务模式单一,特色服务缺位

例如,某公共图书馆提供的服务类型主要是传统文献借阅、数字资源检索与利用、阅读推广活动和一般性(简单)信息咨询服务。在文献资源建设方面,对少儿英文文献、艺术类(音乐、舞蹈、设计)文献有所侧重,但对这些特藏文献的宣传和推广力度不足,仅提供传统借阅服务,没有对特藏文献进行内容挖掘,举办相关文化活动来提高这类文献的知晓率和利用率。在特色服务方面,"选书帮"上线后深得市民喜爱,在提高馆藏文献资源服务效能方面成效卓著。但选书帮还需进一步深化建设,将其打造成社群产品,而非工具导向的产品。选书帮的升级,不在于功能的增加,而在于赋予新的创造能力。盖了房子不等于就有村落,有了邻里的走动才能叫乡亲。从调研可知,尽管读者对公共图书馆的传统服务项目满意度较高,但这只满足了读者对信息服务的基本需求。特色资源和特色服务是公共图书馆的名片,是提高公共图书馆知晓度和美誉度的重要方面,更是满足读者深层次信息服务需求的必要方面。

四、文献资源利用率低,服务效能发挥受限

近年来,随着移动互联网络和移动通信技术的快速发展,即时在线浏览正在逐渐取代传统青灯黄卷式的经典阅读。以快餐式、跳跃性、碎片化为特征的"浅阅读"正慢慢成为阅读新趋势。为了顺应时代发展,有些公共图书馆每年投入很多经费购买数字资源,建设数字图书馆。数字资源已经成为公共图书馆信息资源的重要组成部分。同时,公共图书馆开通了数字图书馆的馆外访问服务,方便读者利用。然而,从调研结果可知,数字资源的利用率不容乐观,数据库综合利用率很低。究其原因,一方面,公共图书馆对数字资源利用的宣传力度不足;另一方面,公共图书馆在知识服务方面缺位。无论是数字资源还是纸本资源,都应该围绕读者价值,为读者提供一站式知识服务。公共图书馆资源需要进一步整合,知识服务的一体化进程也需进一步加快。

五、缺乏需求分析,读者满意较差

尽管确立了读者需求为导向的管理理念,但在深圳市福田区公共图书馆的服务效能工作中,该理念并没有得到较好的实践。从调研结果可知,公共图书馆馆员对读者需求的了解途径较单一,停留在简单、随意、主观的阶段,对读者需求仅有表面的感性认识。公共图书馆的现行管理系统仅仅是以传统公共图书馆业务为主线的自动化管理系统,关注的重点和管理对象仍然是纸本文献,不能对读者的信息行为进行分析与挖掘,难以实现公共图书馆与读者之间、读者与读者之间的信息交互,更无法科学、有效地分析读者的阅读偏好和行为习惯,掌握读者的需求,为公共图书馆提供决策支持。目前,读者被动地接受公共图书馆提供的服务项目,仅能通过公共图书馆网站的"读者留言"栏目提出意见和建议,或直接向一线馆员建言。更多的读者选择沉默或降低对公共图书馆服务的期望。在科学发掘读者潜在需求,主动为读者提供有针对性的信息服务方面,公共图书馆更是一片空白。

六、馆员队伍不济,服务质量不齐

调查发现,目前公共图书馆的馆员队伍中,绝大部分为协管员身份,工资待遇较低,进入门槛较低,人员素质参差不齐,人员队伍不稳定,流动性较大,严重影响公共图书馆的服务效能发挥。以读者服务作为切入点来提高公共图书馆的服务效能,是一个行之有效的途径。加强馆员的培训和学习,转变服务理念,合理利用公共图书馆中的辅助、宣传等工具,加强读者服务工作的针对性和预见性,不断提高自己的能力为读者提供更贴心的服务。一般来说,市公共图书馆承担了全市基层图书馆馆员的业务培训工作,内容包括岗前培训和继续教育。但因基层图书馆馆员的人事权属于街道办或社区工作站,人员频繁更换,导致人员管理效率低、效果差,严重制约了公共图书馆服务效能的发挥。

第四节　进一步提升图书馆服务效能的对策

一、改善公共图书馆阅读环境

公共图书馆提升服务效能的途径,应从当前图书馆服务结构缺失部分入手,寻找解决问题的空间,改善公共图书馆的服务环境,是打破国内图书馆平台区域性限制的有效方式。公共图书馆可以通过重新规划阅读空间的方式,改善公共图书馆在大众心中的形象,提升公众对图书馆阅读服务的认可。现在成都周边的言几又、方所等社会性质的书店整体阅读空间的打造较为成功。相比较而言,公共图书馆对阅读空间的打造还有待提升。为打造更具特色的阅读空间,某图书馆具体分为六大功能区域进行重点打造:饮茗品书、悦读空间、书画之源、屏读天下、拓展空间和文化讲坛。

饮茗品书:其功能及意义在于体现中国茶道文化和相关中华优秀传统文化,如古筝、古琴等,发扬中华传统美德,展示文化艺术,修身养性,陶冶情操。

悦读空间:其功能及意义在于让大家走出家门一起分享阅读的快乐、愉悦,进行诗歌朗诵、诗词分享、吟诗作对等文化活动。由此,"悦读分享"将成为社交新的选择,有利于构建新型人际关系,推动书香社会的建设。

书画之源:其功能及意义在于通过"书画之源"吸引文人雅士在此交流、探讨、创作。书画是集高雅、艺术、休闲、放松于一身的艺术,有利于培养人们的良好心态,个人修养,也对提升艺术才华和自我价值有着不可替代的作用。

屏读天下:其功能及意义在于通过现代数字设备来展示金堂历史文化、历史名人以及当代优秀文学作品等,促进本地区曾经和正在创作的优秀资源的传播,让群众深入了解本土优秀历史文化,提升本土优秀文化作品的大众认知度。

拓展空间:其功能及意义在于承担文化培训、开展青少年文化活动等用途史人物的群众知晓率,使人们体会到金堂文化艺术的精髓,通过了解本地文化而深刻领悟中华文化背后的底蕴,增强文化自信,增强民族自豪感。

二、公共图书馆服务用途多元化转换

公共图书馆可以和周边的中小学、高校联合举办游学活动。学校统一组织学生,参观图书馆、参加志愿者服务实践活动等多种形式,让学生们以轻松的方式了解图书馆关于上架、借阅相关知识,不仅可以丰富学生的业余生活,还可以提高公众对于图书馆知晓度,扩大图书馆的社会影响力。

一方面,公共图书馆服务不仅仅局限于传统的提供借还书服务,应该全方位多渠道为青少年提供各种服务。如开设科普馆服务的图书馆,科普馆就是针对青少年进行的服务延伸,以寓教于乐的方式为小读者们带来全新的科普体验。

另一方面,图书馆可以和学校进行长期合作,形成志愿者服务活动的长效机制,学校可以利用寒暑假组织学生到图书馆进行假期志愿者实践活动。组织学生到图书馆进行上架、帮助读者找书、借还书等服务,让学生能学习到关于图书馆的一些基本知识,如图书分类法,从而让学生走进图书馆、了解图书馆的同时获取一定的专业知识。

此外,公共图书馆服务效能水平的有效提升,在于充分利用社会资源优势,拓展公共图书馆服务模式的社会参与度,提升公共图书馆文化服务在人们生活中的作用。常见的公共图书馆服务效能形式有:加强服务理念传播,开展图书馆公共交流活动等,逐步引导公共图书馆服务效能的提升,向着更加广阔的方向延伸。

三、公共图书馆服务向个性化转变

公共图书馆服务在确保传统免费开放功能的前提下,还应该不断适应新时代发展的要求。随着网络覆盖率的不断提升,群众对于读物的选择越来越多,电子期刊、读书App、有声阅读软件比比皆是。现在读者对文化的需求也越来越高,公共图书馆能否改进服务适应新时代阅读要求?针对重点人群研究更为个性化的阅读推广服务势在必行。图书馆可以采取与社会力量合作的方式开展了一系列针对青少年的阅读活动。如引入 VR 实景体验活动,利用 VR 设备向青少年提供内容丰富的体验项目,其中传统文化、古诗词赏析、太空知识、安全教育等项目深受他们的喜爱。他们在虚拟的世界中学习各种知识,光怪陆离的空间让他们对学习充满兴趣,各种各样的景象也让他们对知识点记忆深刻。有的在体验《太阳系》的时候对太阳系的 8 大行星有了比较全面的认知;还有的在《消防教育》体验中提升了安全意识,对家里的安全隐患进行排除。体验过程中,他们都很好地掌握了 VR 手柄的基本操作,可以自如地在虚拟现实的场景里徜徉。

四、深耕线下阅读场景,加强特色升维服务

以 80 后、90 后为主体的新读者群体追求更美好的人生。学习和自我提升是让自己变得更美好的主题。阅读又是最能提高长期幸福感的行为,让你不错过美好人生重要但不紧急的事情。任何重要但不紧急的事情,往往都意味着长期才有结果(如读书的好处),但是长期的反馈往往不能刺激短期的行为,就需要外部服务者能够提供一些短期的反馈来帮你做这件事。以公共图书馆的馆舍空间为文化服务体验空间的物理载体,引入领读机制,提供"带读"功能,通过聚合相似的知识需求,由领读人和领读机制带领读者开始并持续地体验学习与自我提升的美好。

五、社会资源精准匹配,服务效益得以提升

当前,馆藏文献"架"满为患,资源建设和服务存在不同程度的同质化。我们需要用什么才能触发读者的阅读?未来最重要的不是公共图书馆占有什么资源,而是公共图书馆能不能把最合适的知识送到最合适的人手里,使社会资源精准匹配,各归其位。这是知识服务的服务模式应该遵循的基本逻辑。基于公共图书馆的知识大数据,实现标准化的图书借还服务向非标准化的知识服务过渡,彻底打通公共图书馆与读者、服务与需求,以及线上与线下之间的壁垒,实现双向互通,将会显著提升服务的效率和效益。服务双效的提升在于用更受读者喜爱的好书促进进馆读者流,以及重复到馆读者流的增加,从而进一步提升公共图书馆的服务效能、品牌价值和异业合作价值;同时,加快知识服务产品的

推出和升级,促进大量读者参与度极低、服务效能极低的文化服务项目退场,进而节约人力成本、财政成本。

六、知识严选服务+个性化知识推送

今天,时间是最宝贵的。在许多人愿意为了更高效率而支付一定溢价的时代,"知识严选"服务将会成为未来公共图书馆服务的核心。通过技术手段获取图书数据和读者的检索、借还、物流等数据,形成"知识大数据",分析读者的阅读行为和知识偏好,提供定制化的"知识严选"服务,包括书单、读书沙龙、讲座信息、文化演出活动等多元知识服务。"知识大数据"能让公共图书馆更准确地知道读者是谁、他们喜欢什么。最终基于大数据,公共图书馆能精准推送读者喜欢的知识服务内容。这样,每位读者看到的知识产品都是不同的。

七、创新公共文化服务机制

要大力推进建设普惠性、高质量、可持续的城市公共文化服务体系,就必须创新公共文化服务机制。例如,《深圳市文化广电旅游体育局2020年工作要点》提出,深化区级公共图书馆、文化馆总分馆制建设,全面推进区级公共图书馆总分馆人财物垂直管理。总分馆人、财、物垂直管理,是指将原本属于街道办或社区工作站的馆员人事权、基层图书馆的经费使用权和基层图书馆的固定资产产权统一归口到区公共图书馆,实现总馆的权、责、利相统一。在此基础上,引入"阿米巴模式",结合总分馆实际,通过"精细化管理",创新公共文化服务机制。每一个基层公共图书馆都是一个知识服务中心,独立运营,以辖区居民的文化需求为导向,持续增强特色服务能力。作为总馆,福田区公共图书馆承担总分馆体系的中枢神经的角色,通过总分馆管理信息系统,搜集各分馆的业务信息,并对业务数据加以整理分析,为基层分馆的业务开展工作提供决策支持。同时,为切实提升总分馆的服务效能,要科学制订以读者价值为第一顺位的公共图书馆服务"先行示范标准",重点评价馆员的人均服务效能。在公共文化服务评价的常规指标外,加大知识服务指标的权重,主要包括专题服务的数量和质量,读者活动的举办频率和社区参与度,知识服务与居民生产、生活的关联度等。

八、不断创新提高整体服务水平和质量

综上所述,在大数据、云计算、人工智能迅速发展的新时代,对公共图书馆提升服务效能提出更高的要求。在此基础上,为了进一步优化国内公共图书馆服务体系,应改善公共图书馆阅读环境、公共图书馆服务形式多元转换以及公共图书馆服务向个性化转变,促进公共图书馆整体服务效能提升。因此,浅析公共图书馆提升服务效能的提升方法,将为新阶段的文化产业发展提供更有效的创新渠道。

第五节 大数据环境下公共图书馆服务效能评价研究

近几年,我国大数据技术发展的速度是非常快的,而且大数据技术在公共图书馆中的应用也非常多。与此同时,我国政府还颁布了《关于加快构建现代公共文化服务体系的意见》,在这个意见中明确指出了要提升我国的公共图书馆的服务效能。从图书馆的发展来看,提升其服务效能是势在必行的,但是现阶段下需要利用最先进的大数据技术对其进行技术提升,积极利用大数据环境下的发展优势,完善公共图书馆的服务效能,从而更好地为社会民众服务。

计算机和网络技术的不断发展,促进了信息经济时代信息总量呈几何级数的快速增长,想要对这些信息进行更快更准确的分析,就需要借助强大的信息管理技术,大数据时代的到来开启了人们对信息重新管理的新时代。通过调查可以发现,大数据在我国各个行业中的应用都十分广泛,尤其是在公共图书馆中的应用,目前公共图书馆已经可以利用大数据对自身的服务绩效进行提升,也可以帮助更多的民众利用网络技术对相关的知识内容进行了解和学习。由此可见,大数据环境对公共图书馆的影响还是比较大的。

另外,大数据技术拥有很多优势和特点,大数据的信息存储量是非常大的,而且信息种类也比较多,能够对各种各样的信息进行处理和准确的分析。如果能够将大数据技术更好地应用在公共图书馆中,那么就

可以使得公共图书馆的服务效能以及管理水平得到极大的提升,而且对分析读者的阅读行为以及提高读者的服务质量都有着很大的帮助,能够吸引更多的读者通过图书馆来了解更多的信息。

一、公共图书馆服务效能评价发展现状

(一)公共图书馆服务效能

公共图书馆的服务效能的指标内涵主要跟图书馆的管理以及应用有关,在对其服务效能进行提升和管理的过程中,需要增加遵守公共图书馆服务理念和履行公共图书馆服务基本职责的内容。公共图书馆的服务效能评价本身就是对公共图书馆的管理水平进行提升的,通过对公共图书馆的服务效能进行评价可以使得图书馆的文化服务水平得到极大的提升,也能够帮助更多的读者阅读到需要的信息,从而全面提升民众的文化素质和道德修养。总而言之,公共图书馆的服务效能主要是指对图书馆中的各种硬软件设备进行合理的布局和分配,最终使得公共图书馆能够给阅读群众提供更多专业化的服务。

(二)公共图书馆服务效能发展现状

公共图书馆提升自我服务效能的重要意义显而易见。通过对我国目前公共图书馆的服务效能评价体系进行调查可以发现,很多公共图书馆的服务水平和管理水平并不是很高,主要就是因为这些公共图书馆没有利用更多的大数据技术对其服务水平和管理水平进行提升,无法帮助阅读者更好地对相关的信息进行了解和查询。基于这种情况,有一些公共图书馆开始利用大数据技术对自身的服务水平进行了提升,并且采购了相关的硬软件设备,通过这些设备和大数据技术来更好的优化资源配置,从而全面提升公共图书馆的服务效能,对其服务效能进行综合性的评价。但是,公共图书馆对大数据技术的应用程度仍旧不是很到位。目前,很多公共图书馆并不是很注重对服务效能的提升,而且公共图书馆中的工作人员的专业技能也不是很高,不能够对一些突发问题进行及时的处理。由此可见,目前我国公共图书馆的服务效能发展现状并不理想,需要接受大数据环境的熏陶,积极应用大数据技术来提升公共图书馆的服务绩效评价体系,给更多的民众提供良好的阅读环境。

第八章　图书馆服务效能提升与评价

二、大数据环境对公共图书馆服务效能评价的影响

（一）大数据环境推动读者对个性化服务的新需求

大数据技术的应用不仅使得图书馆的系统管理水平和效率得到了提升，而且也提高了读者对公共图书馆服务质量的要求。很多读者没有太多的时间去公共图书馆中对相关的书籍进行阅读，但是随着大数据技术的应用，读者可以足不出户就阅读到自己想要阅读的书籍，这为读者提供了非常大的便利。由此可见，大数据环境对公共图书馆的影响是非常大的，不仅帮助图书馆提高了自身的服务水平，而且还能够通过公共图书馆的高效工作来给读者提供更多便利的阅读，更好地满足读者对个性化服务的需求。

（二）巨量和复杂的数据对公共图书馆的存储及处理能力提出新的挑战

众所周知，大数据环境下公共图书馆对相关信息的存储以及分析处理能力得到了很大的提升，而且对信息整理能力也得到了快速发展。目前，越来越多的读者喜欢在电子产品上面，比如手机、平板以及电脑上面对自己喜欢的书籍进行阅读，这种情况下，公共图书馆就应该积极利用大数据技术来推出更多的电子资源满足读者的需求。但是将纸质资源转化为电子资源是非常复杂的，也是一项非常繁琐的工作，那么如何快速、准确地对信息进行处理，就考验着公共图书馆的信息管理水平，这也给图书馆带来了很大的挑战。因此，公共图书馆想要更好发展自身，提升自身的服务水平以及绩效评价体系，就必须加快对大数据技术的应用，争取能够利用大数据技术将更多的纸质资源转化为电子资源，从而给更多的民众提供阅读便利。

三、提升大数据环境下公共图书馆服务效能的具体策略

（一）建立完善的人才引进和管理制度

大数据环境下公共图书馆服务水平的改进以及绩效评价体系的构建是离不开优秀的人才和完善的图书馆管理制度的。基于此，公共图书馆应该招聘一些有着专业技能以及计算机文化水平的管理者，通过这些

优秀的管理者对公共图书馆的管理,可以帮助公共图书馆提升自身对大数据技术的应用程度,能够帮助公共图书馆更好地给读者提供周到的服务。另外,公共图书馆还应该对自身的管理制度进行改革和完善,要求每一个工作人员都能够按照制度的要求给读者提供更好的服务,提升工作人员的文化水平,使得公共图书馆能够进一步提升其服务效能。

(二)提高公共图书馆的数据整合能力

通常情况下,公共图书馆中的书籍数量是非常多的,想要提高图书馆的服务效能,就需要在图书馆中建立良好的数据库,通过数据库以及相关的数字资源服务系统来对公共图书馆的数据进行整合和分析处理,同时建立完善的存储平台,这样就可以使得公共图书馆的数据处理能力得到极大的提升,提高图书馆的服务水平和管理水平。此外,公共图书馆还应该定期对存储的数据信息进行维护,防止公共图书馆的数据信息被外界人员侵犯,确保公共图书馆的数据信息的安全性,防止读者隐私泄露,从而更好地带动公共图书馆的可持续发展。

参考文献

[1] 王晓芳. 公共图书馆服务体系建设研究 [M]. 哈尔滨：黑龙江人民出版社, 2020.

[2] 陈三保. 新形势下图书馆服务与创新 [M]. 昆明：云南科技出版社, 2018.

[3] 王少红. 图书馆服务与建设 [M]. 北京：团结出版社, 2020.

[4] 何津洁. 高校图书馆读者服务工作拓展与创新 [M]. 北京：北京工业大学出版社, 2018.

[5] 周甜甜. 高校图书馆管理与读者服务研究 [M]. 延吉：延边大学出版社, 2019.

[6] 周斌. 高校图书馆读者服务工作拓展与创新 [M]. 北京：现代出版社, 2020.

[7] 宋文秀. 公共图书馆资源建设与服务创新研究 [M]. 成都：成都时代出版社, 2021.

[8] 段琼慧. 高校图书馆读者服务研究 [M]. 西安：三秦出版社, 2020.

[9] 李科萱. 图书馆管理与信息服务 [M]. 北京：光明日报出版社, 2019.

[10] 王碧春. 高校图书馆信息化创新建设与服务研究 [M]. 长春：吉林教育出版社, 2019.

[11] 陶洁. 图书馆阅读推广与信息服务研究 [M]. 哈尔滨：哈尔滨出版社, 2020.

[12] 刘斌, 林蓉. 大数据时代图书馆信息服务创新与管理研究 [M]. 哈尔滨：哈尔滨出版社, 2021.

[13] 王大勇. 大学图书馆社会化服务探索实践 [M]. 北京：现代出版社, 2016.

[14] 龙斌. 高校图书馆社会化服务研究 [M]. 北京：吉林出版集团股份有限公司，2019.

[15] 傅春平. 公共图书馆智慧服务的探索与实践——以深圳市福田区总分馆为例 [M]. 广州：世界图书出版广东有限公司，2020.

[16] 朱明，周倩. 图书馆服务管理内化：概念、过程及整合因素 [M]. 北京：中国社会科学出版社，2020.

[17] 程静，鲁丹，陈金传. 技术视角下高校图书馆创新实践 [M]. 上海：上海社会科学院出版社，2021.

[18] 张旭煌. 专业图书馆转型与人才培养 [M]. 呼和浩特：远方出版社，2018.

[19] 张莉. 图书馆人力资源管理与培养 [M]. 长春：吉林教育出版社，2020.

[20] 王劲松. 当代图书馆服务效能提升途径与实践 [M]. 北京：北京日报出版社，2018.

[21] 李勇. 新时代公共图书馆的新使命与新挑战：河北省图书馆复馆30周年学术征文论文集 [M]. 石家庄：河北人民出版社，2018.

[22] 曾强，丁媛. 国内高校图书馆服务质量评价述评 [J]. 大学图书情报学刊，2022，40（4）：92-97.

[23] 庄卉卉. 高校图书馆智慧服务实践现状及优化策略 [J]. 图书馆研究与工作，2022（7）：65-68，85.

[24] 宋宜凯. 高校图书馆服务社会架构及实现路径研究 [J]. 科技风，2022（8）：141-143.

[25] 姚羽. 大数据时代图书馆服务创新路径研究 [J]. 中国新通信，2020，22（23）：43-44.

[26] 吴楠. 提高公共图书馆服务效能的有效方法 [J]. 文化产业，2021（26）：108-110.

[27] 徐玲. 基于用户需求的高校图书馆服务能力提升策略研究 [J]. 内蒙古科技与经济，2021（16）：112-114.

[28] 陈巧红，陈淑宜，吴志强. 公共图书馆服务如何实施标准化 [J]. 中国质量监管，2021（7）：90-91.

[29] 潘文君. 数字人文环境下图书馆服务研究 [J]. 兰台内外，2021（20）：63-65.

[30] 高峰. 公共图书馆服务高质量发展研究 [J]. 图书馆学刊，2021，

43（6）：80-83.

[31] 莫泽瑞.国内公共图书馆服务效能研究现状及展望[J].图书馆研究,2021,51（5）:75-81.